プリント形式のリアル過去問で本番の臨場感！

福岡県

明治学園中学校

2025年春 受験用

解答集

本書は，実物をなるべくそのままに，プリント形式で年度ごとに収録しています。
問題用紙を教科別に分けて使うことができるので，本番さながらの演習ができます。

■ 収録内容

・解答集（この冊子です）

書籍ＩＤ番号，この問題集の使い方，最新年度実物データ，リアル過去問の活用，
解答例と解説，ご使用にあたってのお願い・ご注意，お問い合わせ

・2024（令和６）年度 ～ 2020（令和３）年度　学力検査問題

JN132657

〇は収録あり

	年度	'24	'23	'22	'21	'20	
■ 問題収録		〇	〇	〇	〇	〇	
■ 解答用紙		〇	〇	〇	〇	〇	
■ 配点							

全教科に解説
があります

2022年度より英語の試験を実施(リスニングの原稿は収録していますが音声は収録していません)
注)問題文等非掲載:2022年度社会の問6，2021年度国語の【三】と【四】，2020年度国語の【二】

問題文などの非掲載につきまして

著作権上の都合により，本書に収録している過去入試問題の本文や図表の一部を掲載しておりません。ご不便をおかけし，誠に申し訳ございません。

本文の一部を掲載できなかったことによる国語の演習不足を補うため，論説文および小説文の演習問題のダウンロード付録があります。弊社ウェブサイトから書籍ＩＤ番号を入力してご利用ください。

なお，問題の量，形式，難易度などの傾向が，実際の入試問題と一致しない場合があります。

教英出版

■　書籍ＩＤ番号

入試に役立つダウンロード付録や学校情報などを随時更新して掲載しています。
教英出版ウェブサイトの「ご購入者様のページ」画面で，書籍ＩＤ番号を入力してご利用ください。

書籍ＩＤ番号　112440

（有効期限：2025年9月30日まで）

【入試に役立つダウンロード付録】
「要点のまとめ（国語／算数）」
「課題作文演習」ほか

■　この問題集の使い方

年度ごとにプリント形式で収録しています。針を外して教科ごとに分けて使用します。①片側，②中央のどちらかでとじてありますので，下図を参考に，問題用紙と解答用紙に分けて準備をしましょう（解答用紙がない場合もあります）。

針を外すときは，けがをしないように十分注意してください。また，針を外すと紛失しやすくなりますので気をつけましょう。

① 片側でとじてあるもの

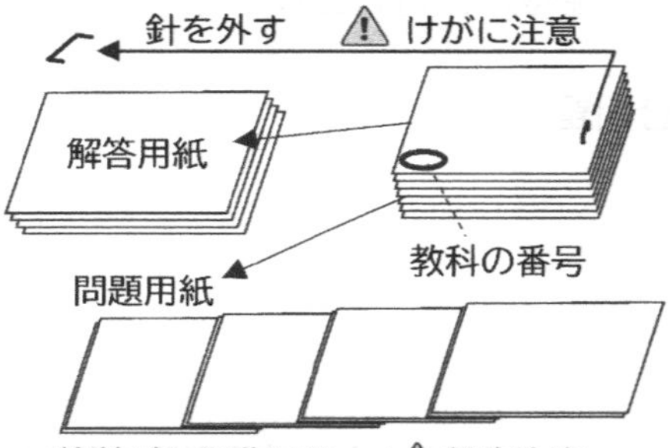

② 中央でとじてあるもの

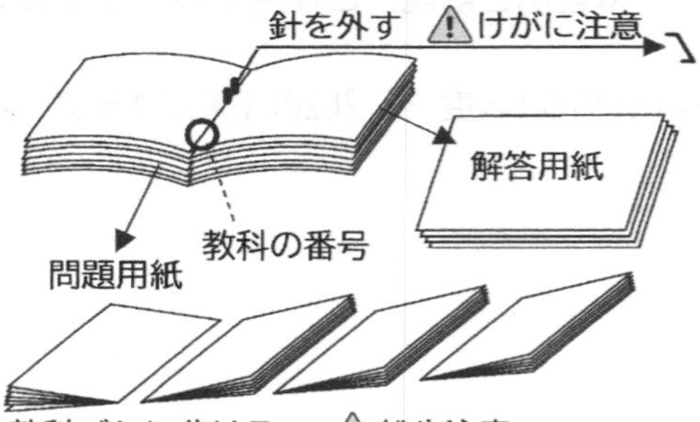

※教科数が上図と異なる場合があります。
解答用紙がない場合や，問題と一体になっている場合があります。
教科の番号は，教科ごとに分けるときの参考にしてください。

■　最新年度　実物データ

実物をなるべくそのままに編集していますが，収録の都合上，実際の試験問題とは異なる場合があります。実物のサイズ，様式は右表で確認してください。

問題用紙	Ｂ４片面プリント
解答用紙	Ｂ４片面プリント

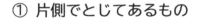

リアル過去問の活用

～リアル過去問なら入試本番で力を発揮することができる～

本番を体験しよう！

問題用紙の形式（縦向き／横向き），問題の配置や余白など，実物に近い紙面構成なので本番の臨場感が味わえます。まずはパラパラとめくって眺めてみてください。「これが志望校の入試問題なんだ！」と思えば入試に向けて気持ちが高まることでしょう。

入試を知ろう！

同じ教科の過去数年分の問題紙面を並べて，見比べてみましょう。

①　問題の量

毎年同じ大問数か，年によって違うのか，また全体の問題量はどのくらいか知っておきましょう。どのくらいのスピードで解けば時間内に終わるのか，大問ひとつにかけられる時間を計算してみましょう。

②　出題分野

よく出題されている分野とそうでない分野を見つけましょう。同じような問題が過去にも出題されていることに気がつくはずです。

③　出題順序

得意な分野が毎年同じ大問番号で出題されていると分かれば，本番で取りこぼさないように先回りして解答することができるでしょう。

④　解答方法

記述式か選択式か（マークシートか），見ておきましょう。記述式なら，単位まで書く必要があるかどうか，文字数はどのくらいかなど，細かいところまでチェックしておきましょう。計算過程を書く必要があるかどうかも重要です。

⑤　問題の難易度

必ず正解したい基本問題，条件や指示の読み間違いといったケアレスミスに気をつけたい問題，後回しにしたほうがいい問題などをチェックしておきましょう。

問題を解こう！

志望校の入試傾向をつかんだら，問題を何度も解いていきましょう。ほかにも問題文の独特な言いまわしや，その学校独自の答え方を発見できることもあるでしょう。オリンピックや環境問題など，話題になった出来事を毎年出題する学校だと分かれば，日頃のニュースの見かたも変わってきます。

こうして志望校の入試傾向を知り対策を立てることこそが，過去問を解く最大の理由なのです。

実力を知ろう！

過去問を解くにあたって，得点はそれほど重要ではありません。大切なのは，志望校の過去問演習を通して，苦手な教科，苦手な分野を知ることです。苦手な教科，分野が分かったら，教科書や参考書に戻って重点的に学習する時間をつくりましょう。今の自分の実力を知れば，入試本番までの勉強の道すじが見えてきます。

試験に慣れよう！

入試では時間配分も重要です。本番で時間が足りなくなってあわてないように，リアル過去問で実戦演習をして，時間配分や出題パターンに慣れておきましょう。教科ごとに気持ちを切り替える練習もしておきましょう。

心を整えよう！

入試は誰でも緊張するものです。入試前日になったら，演習をやり尽くしたリアル過去問の表紙を眺めてみましょう。問題の内容を見る必要はもうありません。どんな形式だったかな？受験番号や氏名はどこに書くのかな？…ほんの少し見ておくだけでも，志望校の入試に向けて心の準備が整うことでしょう。

そして入試本番では，見慣れた問題紙面が緊張した心を落ち着かせてくれるはずです。

※まれに入試形式を変更する学校もありますが，条件はほかの受験生も同じです。心を整えてあせらずに問題に取りかかりましょう。

2024 解答例 令和6年度

明治学園中学校

《国　語》

【一】 一．ウ　二．a．エ　b．ア　三．ウ　四．(1)自分の軸を持つことが大事だということ。
(2)Ⅰ．ア，エ　Ⅱ．ウ，オ　(3)乃木くんにプレゼントする化石を買うところを花音と瑠美に見られ、ばかにされたが、笑顔でかわした。

【二】 一．A．オ　B．エ　C．イ　二．毛織物がヨーロッパにしか通用しなかったのに対して、綿織物は世界中でたいへん好まれ、使われたから。　三．ア　四．ウ　五．a．世界商品　b．生産物　c．アジアやアフリカ、アメリカ　d．独り占め　e．大きな利益　六．プランテーション　七．ウ，オ

【三】 一．①被災　②貯蔵　③差す　④忘れる　⑤経て　⑥縮小　⑦垂れる　⑧敗れる　⑨しゅっしょ　⑩じょうそう　⑪ふなで　⑫あやま　二．A．照　B．勝　C．証　三．C→B→A→D

《算　数》

1 (1)1916　(2)6　(3)4　(4)10　(5)740　(6)3　(7)①4.2　②4　③3　(8)①12　②48　(9)10　(10)25　(11)①1720　②1428

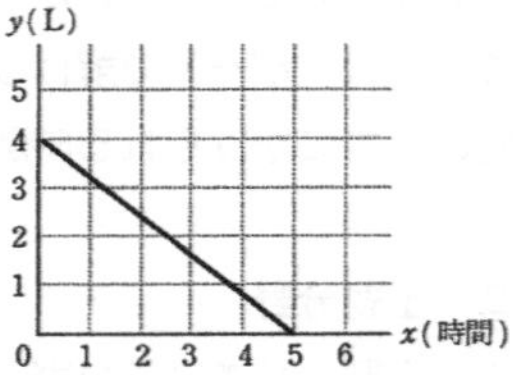

2 (1)$\frac{3}{8}$　(2)A．72　B．45　C．27　(3)23

3 (1)ア，イ，カ，ク　(2)①10　②15

4 (1)①1.6　②右グラフ　※(2)6時間15分後　(3)6時間40分

5 (1)28　(2)正三角形
(3)「C2，A6，B70，A6，B110，C」「C2，A6，B110，A6，B70，C」などから1つ
(4)[①72　②144][①144　②72][①216　②288][①288　②216]のうち1つ

※の考え方は解説を参照してください。

《英　語》

1 (1)2　(2)1　(3)3　(4)1　(5)2

2 (1)1　(2)3　(3)2　(4)3

3 (1)3　(2)2　(3)2　(4)1

4 (1)1　(2)1　(3)2　(4)4

5 (1)1　(2)2　(3)4　(4)3

6 (1)4　(2)1　(3)3　(4)2

7 (1)Do you walk your dog after dinner?　(2)My sister is not hungry now.

8 (1)20　(2)あなた…Tour G　ケン…Tour D　(3)イ，ウ

《理　科》

1 ⑴ア．○　イ．○　ウ．×　エ．○　⑵薬品名…ヨウ素液　色…青むらさき色　⑶オ
⑷あ．A　い．C　う．大きくなっていない　⑸二酸化炭素　⑹イ，ウ　⑺10mL
⑻お．イ　か．イ　き．ア　⑼イ　⑽ベーキングパウダーと水が反応することで気体が発生した

2 ⑴あ．ベガ　い．デネブ　う．わし座　⑵C　⑶天の川　⑷ウ　⑸イ　⑹イ
⑺地球が自転しているから。　⑻目をいためるから。　⑼エ　⑽ウ　⑾イ

《社　会》

1 問1．エ　問2．衆議院の行き過ぎを防ぎ，国民の意見をより広く反映しながら，審議を慎重に行うため。
問3．イ　問4．AI　問5．ア

2 問1．オ　問2．カ　問3．イ　問4．エ　問5．ウ　問6．自然災害…地震　原因…プレートの動きによって地下でひずみが生じ，活断層がずれ動いたこと。

3 問1．エ　問2．自分の娘を天皇のきさきにし，生まれた男子を次の天皇にすることで，天皇の外戚として摂政になった。　問3．六波羅探題　問4．大塩平八郎の乱　問5．米騒動　問6．ウ

《2024　国語　解説》

【一】

一　直前に「それぞれがそれぞれでいいって」とあるので、ウの「多様性」が適する。多様性とは、いろいろな種類や傾向《けいこう》のもの、あるいは人が集まった状態のこと。

三　サクちゃんから、イエスは人間であり、みんなに「あなたたちは、私のしもべではなく友だ」と言ったという話を聞いた「わたし」は、「隠《かく》れキリシタンは友達を踏《ふ》んだのね」と言った。また、その後に、「なんだかそれって、神様を踏むよりもつらいことのような気がした」とある。少し後で、「わたし」は「たったひとりの友達にひどいことしちゃった」と言っているので、傍線部①の時点では、自分が友達にひどいことをしたことと、隠れキリシタンが友達を踏んだことを重ね合わせ、つらくなっていることがわかる。よって、ウが適する。

四(1)　サクちゃんは、ト音記号について説明し、「すべてのことは変わりゆくんだ～このト音記号だって、千年後はこの形じゃないかもしれない」と言った後、「でも～軸《じく》がはっきりしていれば狂《くる》わないだろ。名曲はずっと美しく奏《かな》でられる」と言っている。さらに、「誰《だれ》に笑われたってへっちゃらって思えるような、いちかオリジナルの『ソ』の軸を持つといい。そしたらこれから先、どんなに状況《じょうきょう》が変わっても自分を見失ったりしないし、本当に大切な仲間を得られるよ」と続けた。つまり、サクちゃんは、ト音記号について説明しながら、人間関係において軸を持つことの大切さを伝えようとしている。　(2)Ⅰ　傍線部①の少し後で、「わたし」は、「みんなから外れないようにって必死で合わせてるうち～たったひとりの友達にひどいことしちゃった」と言っている。ト音記号の話を聞く前の「わたし」は、自分が仲間外れにされないようにふるまううちに、真の友達を傷つけてしまった。よって、アとエが適する。　Ⅱ　サクちゃんは、ト音記号について説明した後、「誰に笑われたってへっちゃらって思えるような、いちかオリジナルの『ソ』の軸を持つといい。そしたらこれから先、どんなに状況が変わっても自分を見失ったりしない」と言った。これは、相手の反応を気にせずにすむような軸を持てば、自分を見失わずにすむということを伝えている。「わたし」は、この後、花音と瑠美に笑われても、それに構うことなく乃木くんにプレゼントするための化石を買っている。よって、ウとオが適する。　(3)「わたし」は、サクちゃんの話を聞いて、誰に笑われたって平気だと思えるような軸を持つことや自分を見失わないことの大切さを学んだ。乃木くんにプレゼントするための化石を買おうとした「わたし」は、花音と瑠美に声をかけられ、笑われた。声をかけられた時は、一瞬《いっしゅん》足がすくんだ「わたし」だったが、サクちゃんの話を思い出し、二人の相手をすることなくレジをすませて、最後は「笑顔でかわして」その場を去った。

【二】

二　「世界商品」とは、少し後にあるように、「アフリカの奥地《おくち》でも、ヒマラヤでも使われているような商品」、つまり、世界中で好まれ、求められ、使われている商品のことである。「むし暑いインドやアフリカでは、分厚い毛織物などは、ほとんど受け容《い》れられませんでした」とあるように、毛織物は「ヨーロッパにしか通用しなかった」。一方、綿織物は、「薄《うす》くて、洗濯《せんたく》がしやすく、鮮《あざ》やかな色のプリントができる」とあり、もともと生産されていたアジアだけでなく、「アフリカやヨーロッパにもたいへん好まれ」た。

五　同じ段落に、もともと「『世界商品』は、アジアやアフリカ、アメリカの鉱山や農場でとれる生産物が多かった」とある。これらの「世界商品」を「独《ひと》り占めにできれば、大きな利益があげられることはまちがい」ないため、ヨーロッパ諸国はこうした土地を植民地として囲い込《こ》んだのである。

六　「数千万人のアフリカの黒人が」「つれてこられた」場所を指す。

七　傍線部⑤の２～４行前の「ブラジルやカリブ海の島々には～集中していったのです」より、ウが適する。また、最後の３段落の内容から、オも適する。

【三】

三　Ｃの文章の終わりで「それはなぜだろうか」と疑問を投げかけ、Ａ・Ｂ・Ｄの文章でその疑問に答えているので、Ｃの文章が「初め」にあたる。Ｂの文章では欧米《おうべい》で求められてきた犬について説明し、Ａの文章ではこれを受けて、「それに対して、日本では」と、日本で求められてきた犬について説明している。Ｄの文章はここまでの内容をまとめたものであり、「終わり」にあたる。

《2024　算数　解説》

1　(1)　与式＝2024－24×$\frac{3}{4}$×６＝2024－108＝**1916**

(2)　与式＝８－10÷（８－３）＝８－10÷５＝８－２＝**6**

(3)　与式より，$\frac{5}{7}$÷(14－□)＝$\frac{5}{14}$－$\frac{2}{7}$　　$\frac{5}{7}$÷(14－□)＝$\frac{1}{14}$　　14－□＝$\frac{5}{7}$÷$\frac{1}{14}$　　14－□＝10　　□＝14－10＝**4**

(4)　**【解き方】濃度４％の食塩水 300ｇに入っている食塩の量は，４％＝0.04 より，300×0.04＝12(ｇ)である。**

食塩 20ｇを入れると，食塩の量は 20＋12＝32(ｇ)になり，食塩水の量は 300＋20＝320(ｇ)になるので，濃度は，$\frac{32}{320}$×100＝**10**(％)である。

(5)　**【解き方】分速 70mで 18 分歩いた道のりは，70×18＝1260(m)である。**

２km＝2000ｍより，残りの道のりは，2000－1260＝**740**(m)である。

(6)　**【解き方】$\frac{5}{37}$を小数で表すと，５÷37＝0.135135…となり，１，３，５の３つの数字がこの順で続く小数になる。**

小数第 20 位の数は，20÷３＝６余り２より，７回目の１，３，５のくり返しの中の２番目の数だから，**3**である。

(7)　図１より，平均値は，（２×６＋３×７＋４×６＋５×３＋６×４＋７×２＋８×２）÷30＝**4.2**(人)である。

30 個のデータの中央値は，30÷２＝15 より，大きさ順に並べたときの 15 番目と 16 番目の値《あたい》の平均である。

図１より，15 番目も 16 番目も４人だから，中央値は**4**人である。

最頻値は，最も個数の多かったデータなので，**3**人である。

(8)　一番小さい正方形を作るときは，１辺の長さが３cmと４cmの最小公倍数である 12 cmの正方形を作ればよい。この正方形は，縦に 12÷３＝４(枚)，横に 12÷４＝３(枚)のタイルが並ぶので，必要なタイルの枚数は，４×３＝**12**(枚)である。また，この正方形を縦に２つ横に２つ並べると，タイルは合計 12×（２×２）＝**48**(枚)で，一番大きい正方形になる。

(9)　**【解き方】Ａ以外の５人のうち，２人部屋になる人の組み合わせを考える。**

２人部屋になる人の組み合わせは，（Ｂ，Ｃ），（Ｂ，Ｄ），（Ｂ，Ｅ），（Ｂ，Ｆ），（Ｃ，Ｄ），（Ｃ，Ｅ），（Ｃ，Ｆ），（Ｄ，Ｅ），（Ｄ，Ｆ），（Ｅ，Ｆ）の **10** 通りである。

(10)　図２で，角ＡＢＥ＝90°－20°＝70°

三角形ＡＢＥは二等辺三角形なので，角ＥＡＢ＝180°－70°×２＝40°

角ＥＡＤ＝90°－40°＝50°　　ＡＢ＝ＡＥ＝ＡＤだから，三角形ＡＥＤは二等辺三角形なので，角ＥＤＡ＝(180°－50°)÷２＝65°

よって，㋐の角の大きさは 90°－65°＝**25°**である。

図２

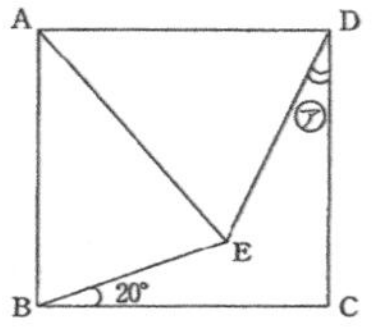

⑾　**【解き方】この立体は，図４の色つき部分を底面とする高さが 20 cmの柱体である。柱体の側面積は，（底面の周の長さ）×（高さ）で求められることを利用する。**

図４

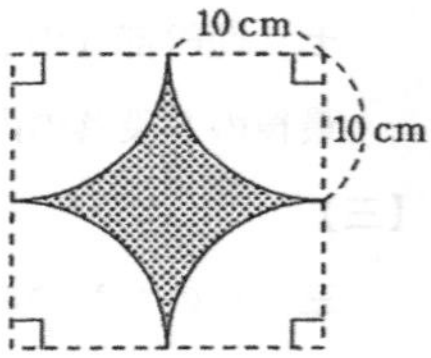

図４でくりぬいた４つのおうぎ形を合わせると半径が 10 cmの円になるから，図４の色つき部分の面積は，20×20－10×10×3.14＝86(cm²)である。よって，この立体の体積は，86×20＝**1720**(cm³)　図４の色つき部分の周の長さは，半径 10 cmの円の円周に等しく，10×２×3.14＝20×3.14(cm)である。したがって，この立体の側面積は，(20×3.14)×20＝400×3.14＝1256(cm²)だから，この立体の表面積は，1256＋86×２＝**1428**(cm²)

2　⑴　それぞれが持っている玉の個数の合計は，ＢがＡの$\frac{5}{8}$倍でＣがＢの$\frac{3}{5}$倍だから，ＣはＡの$\frac{5}{8}\times\frac{3}{5}=$**$\frac{3}{8}$**(倍)である。

⑵　**【解き方】⑴より，Ａの個数とＣの個数の比は８：３であり，この比の数の８－３＝５が 45 個にあたる。**

それぞれが持っている玉の個数の合計は，Ａが$45\times\frac{8}{5}=$**72**(個)，Ｂが$72\times\frac{5}{8}=$**45**(個)，Ｃが 72－45＝**27**(個)である。

⑶　Ａが持っている白玉の個数は，$72\times\frac{5}{5+4}=40$(個)である。５個をＢに渡すと，Ａの白玉は 40－５＝35(個)，Ｂの白玉は$35\times\frac{4}{5}=28$(個)になる。よって，求める個数は，28－５＝**23**(個)である。

3　⑴　展開図の面を右の図Ⅰのように Ａ～Ｅとおき，組み立てると，図Ⅱのような上の底面のない立体になる。展開図のなかで，上の底面にあたるのは，**ア，イ，カ，ク**である。

図Ⅰ

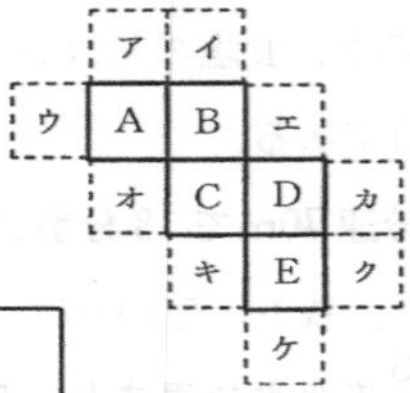

図Ⅱ

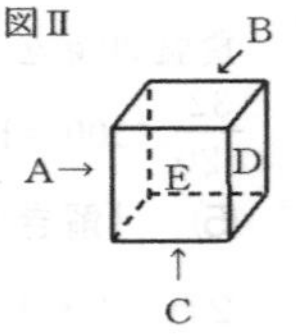

⑵①　**【解き方】図１の紙テープが貼ってある面を展開すると，右の図のようになる。**

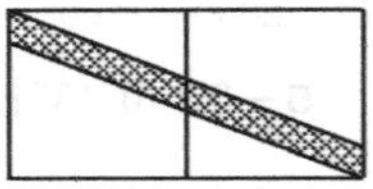

紙テープの部分は，底辺１cm，高さ５＋５＝10(cm)の平行四辺形だから，面積は，１×10＝**10**(cm²)である。

②　**【解き方】紙テープはまっすぐ貼られるので，展開図では直線となる。紙テープを１周させて立方体を展開すると，右の図のようになる。**

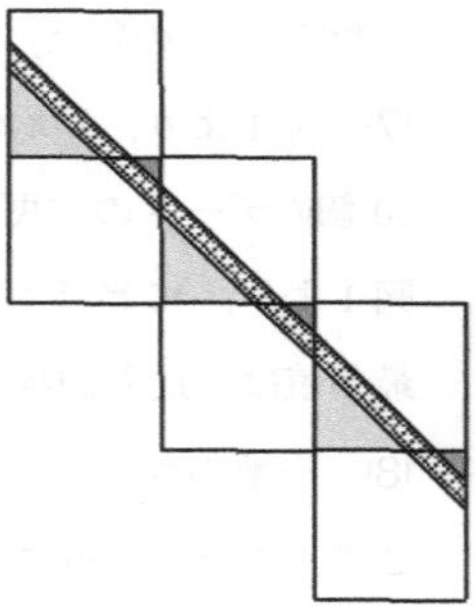

図の対称性から，こい色をつけた三角形はすべて合同になり，直角をはさむ辺の長さが１cmの直角二等辺三角形である。うすい色をつけた三角形もすべて合同になり，直角をはさむ辺の長さが５－２＝３(cm)の直角二等辺三角形である。紙テープの部分は，底辺１cm，高さ５＋５＋５＝15(cm)の平行四辺形だから，面積は，１×15＝**15**(cm²)である。

4　⑴①　**【解き方】「強」の設定で運転すると，１時間に 0.8 Ｌの灯油を使うから，３時間「強」で運転すると 0.8×３＝2.4（Ｌ）の灯油を使う。**

灯油の残量は，４－2.4＝**1.6**(Ｌ)である。

②　４Ｌの灯油は，「強」で運転すると，１時間に 0.8 Ｌずつ減って，４÷0.8＝５(時間)でなくなるから，xが０のときyが４の点と，xが５のときyが０の点を直線で結んだグラフをかけばよい。

⑵　**【解き方】１Ｌで 120 円の灯油を 600 円分入れたとき，灯油の量は 600÷120＝５（Ｌ）である。**

「強」で運転すると，灯油は１時間に 0.8 Ｌずつ減って，$5\div0.8=6\frac{1}{4}$(時間)でなくなる。灯油がなくなるのは，$6\frac{1}{4}$時間後＝６時間($\frac{1}{4}\times60$)分後＝**６時間 15 分後**である。

⑶　**【解き方】つるかめ算を利用する。**

灯油は 10 時間で８－１＝７（Ｌ）減った。「弱」で 10 時間運転すると，灯油は 0.5×10＝５（Ｌ）減るから，実際より７－５＝２(Ｌ)少ない。１時間の運転を「弱」から「強」におきかえると，使う灯油の量は0.8－0.5＝0.3(Ｌ)増えるから，「強」で運転していた時間は，２÷0.3＝$\frac{20}{3}$＝$6\frac{2}{3}$(時間)→６時間($\frac{2}{3}$×60)分＝**６時間40分**である。

5 (1)　右の図Ｉの長方形がかけるから，面積は，４×７＝**28**(㎠)

図Ｉ

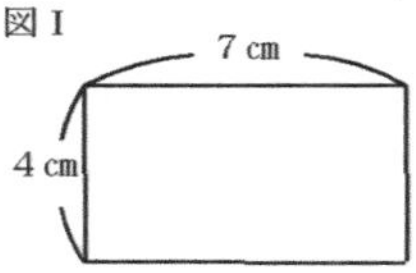

図Ⅱ

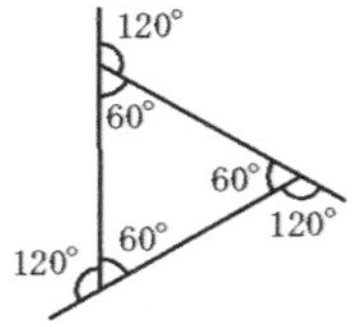

(2)　図Ⅱのように，１辺が１㎝の**正三角形**がかける。

(3)　**【解き方】図３はひし形であり，ひし形は平行四辺形にふくまれるから，となりあう内角の和が180°になる。**

図３のひし形の内角は，110°が２つ，180°－110°＝70°が２つである。

したがって，「６㎝直進し，70°その場で時計回りに回転し，６㎝直進して，110°その場で時計回りに回転する」のを２回くり返せば図３がかけるから，

プログラムは，**「Ｃ２，Ａ６，Ｂ70，Ａ６，Ｂ110，Ｃ」**である。

図Ⅲ

(4)　**【解き方】右の図Ⅲような星形の図形は，○の角度がすべて等しく，その角度の和は180°÷５＝36°になる。180°－36°＝144°だから，「Ｃ５，Ａ３，Ｂ144，Ｃ」を実行してかかれる図形は，星形の図形である。**

問題の別のプログラムでは，直線の長さはすべて１㎝で同じになるから，星形の図形の中で同じ長さの部分を見つける。

●＝(180°－36°)÷２＝72°だから，「Ｃ５，Ａ１，**Ｂ72**，Ａ１，Ｂ**144**，Ｃ」とすると，「Ａ１，Ｂ72，Ａ１，Ｂ144」を２回くり返したときに図Ⅳができ，あと３回くり返すと星形になる。

また，「Ｃ５，Ａ１，**Ｂ144**，Ａ１，**Ｂ72**，Ｃ」とすると，２回のくり返しで図Ⅴができ，「Ｃ５，Ａ１，**Ｂ216**，Ａ１，**Ｂ288**，Ｃ」とすると，２回のくり返しで図Ⅵができ，「Ｃ５，Ａ１，**Ｂ288**，Ａ１，**Ｂ216**，Ｃ」とすると，２回のくり返しで図Ⅶができ，いずれも最終的には星形になる。

図Ⅳ

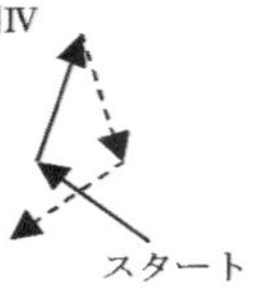

図Ⅴ

図Ⅵ

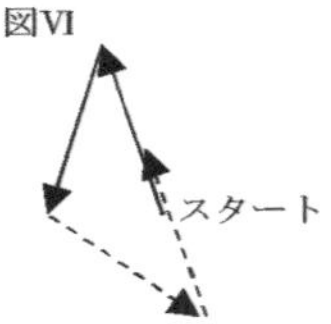

図Ⅶ

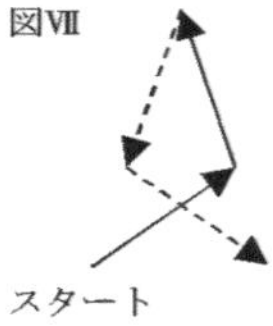

《2024　英語　解説》

1 (1)　１×「私は会社員になりたいです」　２○「私は警察官になりたいです」　３×「私は消防士になりたいです」

(2)　１○「鳥が自転車に乗っています」　２×「鳥が自転車の下にいます」　３×「鳥が自転車の上にいます」

on はあるものに接して上にあり，over は離れて上にある状態を表す前置詞である。

(3)　１×「彼は皿を洗っています」　２×「彼はバスに乗っています」　３○「彼はお風呂に入っています」

(4)　１○「彼女は歩いています」　２×「彼女は働いています」　３×「彼女は遊んでいます」

(5)　１×「太郎は６時に起き，花子も６時に起きます」　２○「太郎は６時に起き，花子は７時に起きます」　３×「花子は６時に起き，太郎は７時に起きます」

2 (1)　「ニューヨークに行ったのはいつですか？」…１「昨年」が適切。２「友達と」，３「アメリカ」は不適切。

(2)　「これは誰の傘ですか？」…３「ケビンのものです」が適切。１「はい，こちらはケビンです」，２「ケビンです」は不適切。

(3)　「テニスは好きですか？」…２「はい。テニス部に入部します」が適切。１「はい，それは500円です」，３「はい，私は動物が好きです」は不適切。

⑷　「すごい！君は素晴らしいピアニストだね！どうやってピアノを習っているの？」…３「叔母が教えてくれるの」が適切。１「３時間」，２「私は疲れています」は不適切。

3　⑴　質問「ルーシーは次に何を言うでしょうか？」…Ａ「マイク，塩を渡してくれない？」→Ｂ「もちろん。どうぞ，ルーシー」より，３「ありがとう」が適切。

⑵　質問「サッカーをするのは誰ですか？」…Ａ「メアリー，サッカーはするの？」→Ｂ「いいえ，ボブ。でも，私の妹はするよ」より，２「メアリーの妹です」が適切。

⑶　質問「ピーターのクラスには生徒が何人いますか？」…Ａ「ジャネット，クラスには何人の生徒がいる？」→Ｂ「34人よ。あなたのクラスは，ピーター？」→Ａ「僕のクラスは30人だよ」より，２「30人」が適切。

⑷　質問「彼らはどこにいますか？」…「ご案内いたします。当機は今，静岡エリア上空を飛んでいます。みなさんの左手に富士山が見えます」より，１「飛行機の中」が適切。

4　⑴　質問「それはどこですか？」…「人々はよくそこに行きます。彼らはそこで本を買うことができます」より，１「書店」が適切。２「駅」，３「映画館」，４「図書館」は不適切。

⑵　質問「それは何ですか？」…「教師は通常，それを使って黒板に書きます」より，１「チョーク」が適切。２「鉛筆」，３「ペン」，４「消しゴム」は不適切。

⑶　質問「それはどこですか？」…「この国ではクリスマスは夏です。コアラやカンガルーが生息しています」より，２「オーストラリア」が適切。１「イタリア」，３「カナダ」，４「中国」は不適切。

⑷　質問「それは何ですか？」…「バット，グローブ，白いボールを使用します」…４「野球」が適切。１「バレーボール」，２「卓球」，３「バドミントン」は不適切。

5　⑴　質問「なぜ彼はすぐに寝る必要がありますか？」…Ａ「12時よ。もう寝なさい」→Ｂ「うん，わかってるよ。でも，この動画はとてもおもしろいよ」→Ａ「明日見ることができるでしょ」→Ｂ「わかったよ，お母さん」より，１「彼にとってとても遅いから」が適切。２「それを明日見たいから」，３「昼食を食べなければならないから」，４「コンピュータが壊れているから」は不適切。

⑵　質問「彼らは最初にどこへ行きますか？」…Ａ「お父さん，今年の夏は四国に行くんだよね？」→Ｂ「ああ，そうだよ！まずは香川県で讃岐うどんを食べるよ」→Ａ「いいね。その後どこへ向かうの？」→Ｂ「瀬戸大橋を渡って車で倉敷まで行くよ」より，２「香川」が適切。１「岡山」，３「徳島」，４「広島」は不適切。

⑶　質問「誰がペットボトルと缶を回収しますか？」…Ａ「お母さん，金曜日だよ」→Ｂ「あら，ペットボトルと缶は回収したの？」→Ａ「それは僕の仕事じゃないよ。お父さんの仕事だよ」→Ｂ「いいえ，あなたの仕事よ。今すぐやって」より，４「少年」が適切。１「少年の母」，２「少年の父」，３「少年の犬」は不適切。

⑷　質問「彼は今，どのような気持ちですか？」…Ａ「どうしたの？顔色が悪いよ」→Ｂ「風邪をひいたみたいだ。だから，今日はサッカーの試合に出られないよ」→Ａ「ああ，それは残念ね。でも，次回はプレイできるよ」→Ｂ「いや，今日が最後の試合なんだ」→Ａ「それはつらいね。元気出して」より，３「悲しい」が適切。１「うれしい」，２「ラッキーな」，４「怒っている」は不適切。

6　⑴　「私はいつも家で(　　)」より，４「勉強する」が適切。１「～を買う」，２「行く」，３「～が好きだ」は不適切。

⑵　「東京スカイツリーはできてから(　　)10年です」より，１「約」が適切。

⑶　「信号機は(　　)です。止まらなければなりません」より，３「赤」が適切。１「青」，２「緑」，４「黄色」は不適切。

(4)　「日曜日は週の最初の日です。(　　)は週の５番目の日です」より，２「木曜日」が適切。１「水曜日」，３「金曜日」，４「土曜日」は不適切。

7　(1)　「犬の散歩をする」＝walk one's dog　「夕食後」＝after dinner

(2)　「私の姉はおなかがすいている」＝My sister is hungry.という文を否定文にするときは，is の直後に not を入れる。

8　【本文の要約】参照。

(1)　Tickets の表で，13 歳のあなたは Adults，７歳の弟は Children，66 歳の祖母は Seniors である。３人が動物園に来たのは水曜日だから，Weekdays「平日」の金額を合計する。10＋５＋５＝($)20 となる。

(2)　午後のツアーだから，C，D，G，H の中から選ぶ。ペンギン(⑥)が好きなあなたは Tour G，ライオン(⑫)が好きな弟は Tour D に参加する。

(3)　ア×「日曜日は子どもの入場料が無料です」…Tickets の表より，正しくない。　イ○「すべての Land Animal Tour でパンダを見ます」…Tours の表より，パンダ(⑩)はすべての Land Animal Tour で見られるので正しい。
ウ○「この動物園にはゴリラはいません」…MAP より，ゴリラはいないので正しい。　エ「この動物園にはライオンが１頭しかいません」…MAP より，ライオンは２頭いるので正しくない。

【本文の要約】

(1)**祖母は水曜日にあなたと弟をＡＢＣ動物園に連れて行きました。あなたは 13 歳で，弟のケンは７歳です。祖母は 66 歳です。**(2)**あなたはペンギンが好きで，ケンはライオンが好きです。**

《2024　理科　解説》

1　(1)　水にものをとかした液体を水溶液《すいようえき》という。水溶液は(色がついていることはあるが)とう明で，とけたものが一様に広がっていて，時間がたってもとけているものが底に集まるようなことはない。

(4)　Ｂの「生地をこねる(段階②)」で空気が入っているとすれば，Ｂの後のＣの生地はＢの前のＡの生地よりも大きくなっているはずだが，ここではＢの前後で大きさが変化していないので，予想は誤りだと判断できる。

(6)　蒸発は液体が気体に変化する現象である。アは気体が液体に，エは固体が液体に変化する現象である。

(7)　〔断面積×高さ〕より，４×2.5＝10(㎤)→10mL となる。

(8)　酵母《こうぼ》が砂糖を分解することで気体が発生するのであれば，気体が発生しなくなった原因は，酵母がなくなったか，砂糖がなくなったかのどちらかである。よって，気体が発生しなくなった後，新たに砂糖を加えたとき，再び気体が発生すれば砂糖がなくなったことが原因で，気体が発生しなければ酵母がなくなったことが原因だと判断できる。

(9)　酵母と砂糖の量は実験１と同じだから，発生する気体の最大量は実験１と同じであり，すき間の長さの最大値も実験１と同じになる。また，温度を低くすることで，酵母のはたらきが低下するのであれば，気体が発生する速度がおそくなるので，すき間の長さが最大になるまでの時間が長くなる。

2　(1)(2)(3)　図１で，Ａがベガ，Ｂがデネブ，Ｃがアルタイルである。ＡとＣの間に天の川があり，その上をはくちょう座が飛んでいるように見える。

(4)　ウは冬の代表的な星座である。オリオン座のベテルギウス，こいぬ座のプロキオン，おおいぬ座のシリウスの３つを結んでできる三角形を冬の大三角という。

(5)　午後８時に見ることができる半月は，南の空で右半分が光って見える上弦《じょうげん》の月である。上弦の月は，正午ごろに東の地平線からのぼり，午後６時ごろに南の空で最も高くなり，午前０時ごろに西の地平線にしずむ。よって，午後８時ごろの上弦の月は真南より少し西にある。

⑹　月の形は，約１週間ごとに，新月→上弦の月→満月→下弦の月（南の空で左半分が光って見える半月）→新月…の順に変化する。上弦の月から３日後の月は，上弦の月よりも左側が少し満ちた形になる。

⑺　地球は南極と北極を結ぶ直線を軸《じく》（地軸）として，１日で１回転している。この動きを自転という。太陽や月，星座などが１日の中で動いて見えるのは，地球の自転によるものである。なお，月は地球の周りをまわっているため，同じ方向に見える時刻が１日で約50分ずつおそくなっていく。

⑻　焦点《しょうてん》には，凸《とつ》レンズを通った光がすべて集まる。この点は，紙を燃やすことができるほど高温になる。

⑼　実像は上下左右が逆さまになってできる。

⑽　図７のように，反射した光が鏡の中心に向かって集まるように進むのは，ウのような凹《おう》面鏡で光が反射したときである。アでは反射する前の光と反射した後の光は同じ道すじを通り，イでは反射した光が外に広がっていく。

⑾　図ｉ参照。光が平面鏡で反射するとき，鏡に垂直な線と反射する前の光（入射光）の間にできる角（入射角）と，鏡に垂直な線と反射した後の光（反射光）の間にできる角（反射角）の大きさは等しい。90度の方向に反射するのは，入射角と反射角の合計が90度になるときであり，入射角が90÷２＝45（度）になるとき，つまり，入射光と鏡の間にできる角の大きさが90－45＝45（度）になるときである。

図ｉ

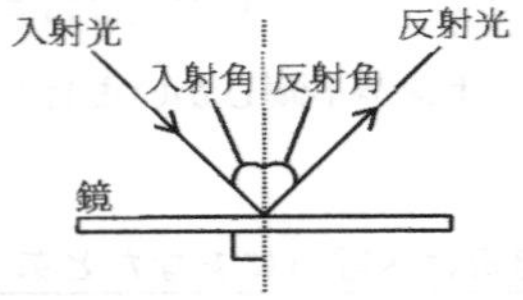

《2024　社会　解説》

1　問１　エ　　日本国憲法では，第１条で天皇の地位・国民主権，第９条で平和主義（戦争の放棄・戦力不保持・交戦権の否認），第11条で基本的人権の享有を定めている。

問２　二院制をとる目的を考える。参議院には衆議院の行き過ぎを抑える役目もある。また，予算は必ず衆議院から審議される（衆議院の優越）。

問３　イ　　アとエは国会，ウは裁判所の役割である。

問４　ＡＩ　　人工知能（Artificial Intelligence）の略称である。

問５　ア　　オーストラリアからは石炭，鉄鉱石，天然ガスなどが大量に輸入されている。イ．誤り。自動車生産台数の世界１位は中国，輸出台数の世界１位は日本である。ウ．誤り。日本の最大の輸出入相手国は，アメリカから中国に代わっている。エ．誤り。サウジアラビアは今でも日本の最大の石油輸入相手国である。

2　問１　オ　　冬の降水量が多いＡは，日本海側の気候の③である。夏の降水量が多いＢは，太平洋側の気候の①である。１年を通して降水量が少なく比較的温暖なＣは，瀬戸内の気候の②である。

問２　カ　　①の熊本県はトマトの生産量が日本一である。②の和歌山県はみかんの生産量が日本一である。③の新潟県は米の生産量が日本一である。

問３　イ　　アは福岡県，ウは鹿児島県。

問４　エ　　ア．誤り。建物数を数えても人口は調べられない。イ．誤り。住宅数の増加は把握できても，世帯ごとの人数がわからないので人口は調べられない。ウ．誤り。農産物の生産量の推移から人口は調べられない。

問５　ウ　　熊本城公園から見て東にＪＲの路線は見られない（右図）。
また，熊本藩主細川家墓所は南西にある。

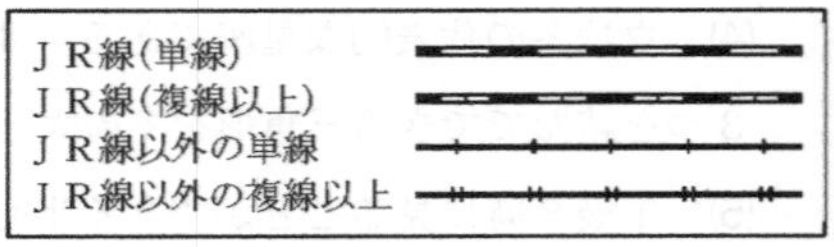

問６　地震　　2016年に震度７の地震が２度発生した。写真には横ずれ断層が見られる。熊本地震は，地下の活断層がずれ動いたことで引き起こされた内陸型地震である。東日本

大震災のような海溝型地震と区別すること。

3 **問1**　エ　埼玉県の稲荷山古墳から出土した鉄剣に刻まれていた「ワカタケル大王」の文字が，熊本県の江田船山古墳から出土した鉄刀にも刻まれていたことから，ヤマト政権の支配は九州から関東にまで及んでいたことがわかる。

問2　自分の娘を天皇のきさきにすること，生まれた子を天皇にして自らが外戚として権力を握ることの２つを盛り込む。藤原道長は摂政には就いているが関白には就いていないので注意する。

問3　六波羅探題　鎌倉幕府を開いた当時，幕府の勢力範囲は東日本だけであった。源氏の将軍が三代で途絶えたのを契機として，政権を奪回しようとした後鳥羽上皇が，当時の執権北条義時に対して挙兵したのが承久の乱である。承久の乱に勝利した鎌倉幕府は，朝廷の監視と西日本の武士の統制のために六波羅探題を設置し，上皇に味方した公家や西国の武士の土地を没収して，新たに東国の御家人をその土地の地頭に任命した。こうして，幕府の勢力は西日本にも広がった。

問4　大塩平八郎の乱　大阪町奉行所の元役人である大塩平八郎の反乱は，幕府や世間の人々にとって大きな衝撃であり，乱が鎮圧された後，大塩の門人を名乗る一揆が全国で起きた。

問5　米騒動　シベリア出兵をみこした商人による米の買い占めによって，米価が急に高くなり，富山県の漁村で女性たちが米の安売りを求める暴動を起こしたことが新聞で報道されると，各地で民衆が米屋や精米会社を襲う米騒動に発展した。

問6　ウ　国家総動員法が成立し，議会の承認を経ずに，戦争遂行に必要な人や物資を投入することができるようになると，国民は軍需工場で働かされたり，生活全体にわたって厳しい統制を受けたりするようになった。

2023 解答例
令和5年度

明治学園中学校

《国　語》

【一】一．a．さっくりとした食感　b．柔らかさと口当たり　二．エ　三．イ　四．ア　五．ウ
六．一時の人気で量産するよりも、勝目のレシピを丁寧に守り、おいしいお菓子を長く作り続けようということ。
七．a．合理性よりおいしさを　b．東京會舘らしさ　c．無駄を出してでもおいしさを守る

【二】一．a．オ　b．ウ　c．イ　二．仕組み　三．植物の気持ちは、人間の持つ感覚や感情とはまったく別のものだ。　四．Ⅰ．燃やそうというふり　Ⅱ．植物は人間の感情を読むことができる〔別解〕植物は、人間の殺意を察して動揺した　Ⅲ．植物は、人物を認識し記憶することができる　Ⅳ．人間と同じような感情がある
五．誤り　六．ウ　七．エ　八．(1)イ　(2)ウ

【三】一．①練る　②悲願　③臨海　④刷る　⑤省く　⑥補う　⑦接触　⑧志向　⑨損益　⑩従い
⑪ぎょうそう　⑫けっぱく　⑬うやま　⑭くめん　⑮ちょうほう　二．①枝葉末節　②平身低頭
③品行方正　④十人十色　⑤大同小異

《算　数》

1　(1)0　(2)17.5　(3)12　(4)①3600　②22.5　(5)8　(6)27　(7)①3.5　②5.1　(8)52　(9)24

2　(1)ウサギ…38　カメ…20　※(2)5　(3)5

3　(1)6　(2)2　(3)①28　②10

4　(1)250　(2)150　(3)$1333\frac{1}{3}$　(4)1600

5　(1)168　(2)248　(3)2：3　(4)右図／9：13

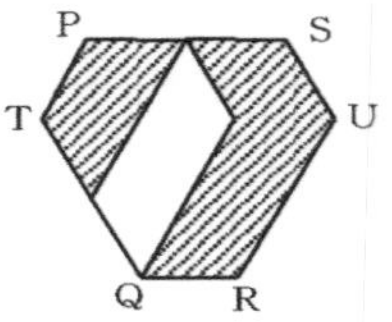

※の考え方は解説を参照してください。

《英　語》

1　(1)3　(2)1　(3)3　(4)1　(5)2

2　(1)2　(2)3　(3)1　(4)1

3　(1)3　(2)1　(3)2　(4)2

4　(1)4　(2)4　(3)1　(4)1

5　(1)4　(2)3　(3)1　(4)4

6　(1)3　(2)2　(3)4　(4)1

7　(1)can watch TV tonight.　(2)do you want for your birthday?

8　問1．(1)カ　(2)キ　(3)エ　問2．(1)Osaka　(2)Tokyo

《理　科》

1　⑴①消化　②だ液　③でんぷん〔別解〕炭水化物　④じん臓　⑵表面積を大きくし，養分の吸収の効率を良くするため。　⑶右図　⑷内骨格…イヌ　外骨格…トノサマバッタ　⑸ア　⑹エ　⑺Q　⑻支点…エ　力点…ウ　作用点…ア　⑼①短い　②イ

2　⑴①エ　②キ　③ク　④ケ　⑤シ　⑥ス　⑵A．しん食　B．運ぱん　C．たい積　⑶太陽　⑷食塩…9　水…291　⑸水蒸気　⑹4.5　⑺濃度が高い塩水を取り出すことができる。　⑻12.5

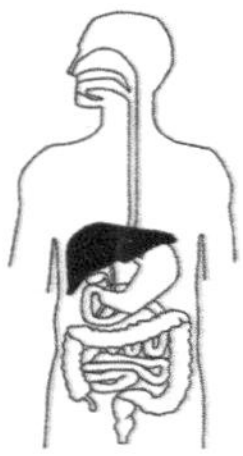

《社　会》

問1．⑴(例文)中国のめずらしい物や王の地位を得ることで，ほかの国より優位に立つため。　⑵奴(国)　⑶卑弥呼

問2．エ　問3．ア　問4．エ　問5．ア　問6．ウ　問7．リアス海岸　問8．⑴液状化現象が起こる。　⑵ウ　問9．天皇　問10．イ　問11．⑴基本的人権の尊重　⑵イ

問12．当時，沖縄はアメリカの統治下におかれていて，アメリカの通貨が使われていたから。

問13．イ→エ→ウ→ア　問14．エ

《2023　国語　解説》

【一】一　空らんの前後の「會舘《かいかん》で食べる通りの」や「そこなうものには絶対にしない」などの表現に着目する。傍線《ぼうせん》部《ぶ》①の９～10 行後に「會舘で食べる通りのさっくりとした食感にすること。この柔《やわ》らかさと口当たりをそこなうものには絶対にしないこと」とある。

二　「安堵《あんど》した」のは、試作品を食べた人全員が「おいしい」と言った時なので、「一抹《いちまつ》の不安を抱《かか》えていた」というのは、試作品に対する評価を気にしていたということである。つまり、傍線部②は、「おいしい」と言われてほっとしたことで、試作品に対する評価を気にしていたことに気づいたということ。「不安を抱えていた」のは勝目なので、「社長と田中本部長は」とあるアとウは適さない。また、勝目は「おいしい」と言われて初めて不安を自覚しているので、イの「心のどこかで心配していた」は適さない。よって、エが適する。

三　空らんの直前にある「言葉」とは、前の段落にある「店売りの菓子が評判を呼べば～製菓部にも力を入れるようになる。人員と場所をきちんと確保するようになる」という小沼《こぬま》の言葉である。小沼は「土産《みやげ》用の菓子の開発には積極的に協力をしてくれている」とあるので、自分の言葉に責任をもって協力していることがわかる。よって、イが適する。

四　目を見開くというのは、驚《おどろ》いたり興奮したりして大きく目を開けることである。傍線部③の直前の６行前からのやりとりに着目する。社長は、勝目が「崩《くず》れにくくする工夫《くふう》」をしたと思っていたので、何もしていないと聞いて驚いた。この後も、商品への強い思い入れから発せられた勝目の言葉が続いたことで、社長は大きな衝撃《しょうげき》を受けている。よって、アが適する。

五　５～６行前に「勝手なことばかり言ってと相手を睨《にら》みそうになる」とある。勝目は、社長の言うことは、実際に商品を作る職人の苦労を知らない勝手な言い分だと感じている。よって、ウが適する。

六　「ロングセラー」とは長く売れ続ける商品のことである。田中は、６～８行後で、「ベストセラー」ではなく「ロングセラー」を作るとはどういうことなのかを説明しつつ、「険悪なムード」になった場をとりなし始めた。この田中の言葉を使いながらまとめる。

七ａ　勝目と田中が「同じことを言っている」部分を見つける。勝目は「合理的であるよりもおいしさを守り続ける」と言い、田中は「合理性よりおいしさを」と言っている。　ｂ　３行後に「社長は田中さんの言葉を聞いてしばらく動かなかったとあるよね」とある。文章中でこの場面を探すと、傍線部⑤の４行前に「田中の言葉に社長はしばらく、動かなかった」とある。したがって、「社長の胸に響《ひび》いた」田中の言葉は、その前の行の「東京會舘らしさ」である。　ｃ　社長の「わかった」という言葉は、田中や勝目の意見を受け入れて開発を進めることに決めたということを表す。それは、「合理的であるよりもおいしさを守り続ける」ことを選ぶということであり、ロスが出ることを容認するということである。

【二】二　直前の１文に、人間以外の生物も「外界の環境《かんきょう》条件を感じながら生きて」いるとある。つまり、「外界の環境条件を感じながら生きて」いるという点は、人間も人間以外の生物も同じである。では「人間とは異なる」のは何かというと、それらを感じる「仕組み」である。

三　この問いについて、傍線部①の１～９行後で考察している。そして、10～11 行後の「植物がどのような気持ちなのかは～明らかです」の部分で、この問いに対する筆者の考えを書いている。

四Ⅰ　この実験の「反応」の欄《らん》に「反応なし」と書かれていることを手がかりにする。傍線部②の７行後に「燃やそうというふりをしただけでは～反応はなく」とある。　Ⅱ　３つの実験について書かれた部分の直後の段落に「植物は人間の感情を読むことができると結論づけられた」とある。また、「植物は、人間の殺意を察して動揺《どうよう》した」という部分も、これらの実験の結論になっている。　Ⅲ　この実験について書かれた段落の最後に「植物は、人物を認識し記憶《きおく》することができることがわかった」とある。　Ⅳ　５つの実験について説明した後で、筆者は「植物には、本当に人間と同じような感情があるのでしょうか？」と問いかけている。これら５つの実験の「考察（解釈《かいしゃく》）」からは、植物には「人間と同じような感情がある」という「結論」が導かれる。

五　この実験の結果をふまえて、９～10 行後で「こうした思い込みによって、データは誤った解釈がされて、誤った結論がなされてしまう危険が、科学には常にあります」と述べている。よって、この実験結果は「誤り」であったことがわかる。

八(1)　イの擬人法《ぎじんほう》とは、人間でないものを人間にたとえて表現する方法。ここでは、「科学」という人間でないものが「ウソをつ」くと表現している。　(2)　10～11 行前に「科学では仮説を立てて検証します～あまりに決めつけてしまうと、どんなデータもそうであるかのように見えてしまうのです」とある。これは、仮説を信じるあまり、データを誤って解釈したということである。よって、ウが適する。

《2023　算数　解説》

1　(1)　与式＝10－10＝0

(2)　与式＝12.6＋1.4×$\frac{7}{2}$＝12.6＋4.9＝17.5

(3)　{60÷(15－□)}÷５＝４　　60÷(15－□)＝４×５　　20×(15－□)＝60　　15－□＝60÷20

15－□＝３　　□＝15－３　　□＝12

(4)　**【解き方】80％の利益を見込んだ定価は，仕入れ値の１＋0.8＝1.8(倍)と表せる。**

定価は，2000×1.8＝①3600(円)となる。

品物を 2450 円で売った利益は 2450－2000＝450(円)で，これは仕入れ値の 450÷2000×100＝②22.5(%)となる。

(5)　**【解き方】３段目以降のある段までの上がり方は，(その段の１段下までの上がり方)＋(その段の２段下までの上がり方)で求められる。具体的には，以下のようになる。**

１段目までの上がり方は，０段目から１段上がる場合の１通りである。

２段目までの上がり方は，０段目から２段上がる場合と，０段目から１段ずつ上がる場合の，合わせて２通りである。

３段目までの上がるとき，最後に１段上がる場合は，３段目の１段下(２段目)から１段上がる場合である。最後に２段上がる場合は，３段目の２段下(１段目)から２段上がる場合である。したがって，３段目までの上がり方は，(１段目までの上がり方)＋(２段目までの上がり方)＝１＋２＝３(通り)ある。

同様に考えると，４段目までの上がり方は，(２段目までの上がり方)＋(３段目までの上がり方)＝２＋３＝５(通り)，５段目までの上がり方は，(３段目までの上がり方)＋(４段目までの上がり方)＝３＋５＝８(通り)

(6)　**【解き方】先に１＊２を求め，もう一度ルールにしたがって計算する。**

１＊２＝(１＋２)×２＝６となるから，(１＊２)＊３＝６＊３＝(６＋３)×３＝27

(7)　**【解き方】右の表のように，小さい順に並べて考える。**

１日の平均気温(℃)						
2.8	2.8	2.9	3.5	3.5	3.5	4.9
5.3	5.4	5.8	5.8	6.5	6.5	7.8

最頻値は現れる回数が最も多い値だから，①3.5℃である。中央値は，14÷２＝７より，７番目と８番目の値《あたい》の平均だから，(4.9＋5.3)÷２＝②5.1(℃)となる。

⑻　**【解き方】右図のように点をおくと，角ＣＡＢは正三角形の内角なので 60°，角ＣＡ′Ｂも角ＣＡＢを折り返した角なので 60°である。**

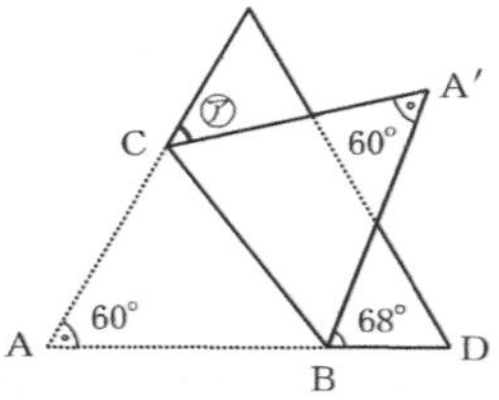

角Ａ′ＢＤ＝68°より，角ＡＢＡ′＝180°－68°＝112°となるから，

角Ａ′ＣＡ＝360°－(60°×２＋112°)＝128°となる。よって，㋐＝180°－128°＝52°

⑼　**【解き方】求める面積は，半径３cmの半円の面積，半径４cmの半円の面積，直角をつくる２辺が６cmと８cmの直角三角形の面積の和から，半径５cmの半円の面積を引いた値になる。**

３×３×3.14÷２＋４×４×3.14÷２＋６×８÷２－５×５×3.14÷２＝(９＋16－25)×3.14÷２＋24＝24(cm²)

2　⑴　５月のグラフより，ウサギは 38%，カメは 86－66＝20(%)とわかる。

⑵　５月にウサギとふれあった人は，５月の来場者 650 人の 38%だから，650×0.38＝247(人)，７月は 500 人の 40%だから，500×0.4＝200(人)である。よって，ウサギとふれあった人数が多いのは，５月となる。

⑶　**【解き方】７月にカメまたはヤギとふれあった人の割合は全体の 100－81＝19(%)である。カメにふれあった人数とヤギにふれあった人数の比は１：2.8＝５：14 だから，人数の割合の比も５：14 となる。**

カメにふれあった人数の割合は，来場者全体の $19\times\frac{5}{5+14}=5$ (%)にあたる。

3　⑴　最初に取り出すカードは３通りあり，２回目に取り出すカードは最初の３通りそれぞれに対して２通り，３回目は残った１枚を取り出すから１通りとなる。よって，３×２×１＝６(通り)

⑵　**【解き方】ロボットはグー→チョキ→パー→グーの順番で手を出す。２回勝ったのが何回目かで場合を分けて調べるが，パーは１枚しかないので，１回目と４回目に勝つことはない。それ以外の２回勝つ勝ち方は右表の㋐～㋔の５通りあり，勝つために必要なカードのみ表に記してある。**

	ロボット	グー	チョキ	パー	グー
㋐	カード	パー	グー		
㋑		パー		チョキ	
㋒			グー	チョキ	
㋓			グー		パー
㋔				チョキ	パー

㋐は(３回目，４回目)＝(グー，チョキ)となれば条件に合う。㋑は(２回目，４回目)＝(グー，グー)となり条件に合わない。㋒は残ったパーを１回目か４回目に出さなければならないので，条件に合わない。㋓は(１回目，３回目)＝(チョキ，グー)となれば条件に合う。㋔は(１回目，２回目)＝(グー，グー)となり条件に合わない。

よって，条件に合う取り出し方は全部で２通りある。

⑶　**【解き方】ロボットは１回目にチョキを出しているので，この後はパー→グー→チョキ→…の順番で手を出す。残りの 29 回でロボットは，グーとパーを 30÷３＝10(回)ずつ，チョキを 29－20＝９(回)出すことになる。**

１回目でパーを１枚使っているので，箱の中にはグーが 10 枚，チョキが 10 枚，パーが９枚入っている。

よって，ロボットのチョキ９回に対してグーを９枚，グー９回に対してパーを９枚，パー10 回に対してチョキを 10 枚使うことになる。したがって，ロボットのグー１回に対し，グーのカードを１枚出すことになるので，勝てる回数は最大で９＋９＋10＝①28(回)である。カードの取り出し方は，ロボットの 10 回のグーのうち，どれに対してグーのカードを出すかと考えることができるので，②10 通りとなる。

4　⑴　**【解き方】グラフの傾《かたむ》きかたが変わる(グラフが折れた)ところで何が起きたかを考える。二人の間の距離《きょり》は出発して８分後まで広がっていたが，８分後からちぢまっていった。よって，太郎さんは８分で 2000mを走り，地点Ｂを折り返した。**

太郎さんの走る速さは，2000÷８＝250 より，分速 250mである。

⑵　**【解き方】太郎さんは出発して８分後に地点Ｂに到着したので，出発して 10 分後には地点Ａから 2000－250×２＝1500(m)離《はな》れた位置にいる。ここで花子さんとすれ違《ちが》ったと考えればよい。**

花子さんは 10 分で 1500m走ったことになるから，花子さんの走る速さは，1500÷10＝150 より，分速 150mである。

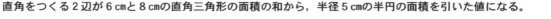

⑶　【解き方】出発して10分後に二人がすれ違ってから，二人の間の距離が大きくなっていくが，アの後にグラフの傾きがゆるやかになるのは，二人のどちらかが折り返したからである。したがって，太郎さんが初めて地点Aで折り返す時間と，花子さんが初めて地点Bで折り返す時間を比べる。

太郎さんが初めて地点Aで折り返すのは，$8\times2=16$(分後)，花子さんが初めて地点Bで折り返すのは，$2000\div150=\frac{40}{3}=13\frac{1}{3}$(分後)である。したがって，アは$\frac{40}{3}$分後のときの二人の距離である。

太郎さんは$\frac{40}{3}$分で$250\times\frac{40}{3}=\frac{10000}{3}=3333\frac{1}{3}$(m)進むから，ア$=3333\frac{1}{3}-2000=1333\frac{1}{3}$

⑷　【解き方】⑶より，イは太郎さんが地点Aに戻ってきたときの二人の間の距離である。

太郎さんが地点Aに戻ってきたのは出発してから16分後であり，このときまでに花子さんは$150\times16=2400$(m)進んでいる。よって，イ$=2000\times2-2400=1600$(m)

5　⑴　**【解き方】切り取る前の体積から切り取った部分の体積を引けばよい。**

1辺の長さが6cmの立方体の体積は，$6\times6\times6=216$(cm³)，切り取った直方体の体積は，$4\times2\times6=48$(cm³)

よって，求める体積は，$216-48=168$(cm³)

⑵　【解き方】右の展開図で考えると計算しやすい。上面と底面の面積と，側面の長方形の面積の和を考える。

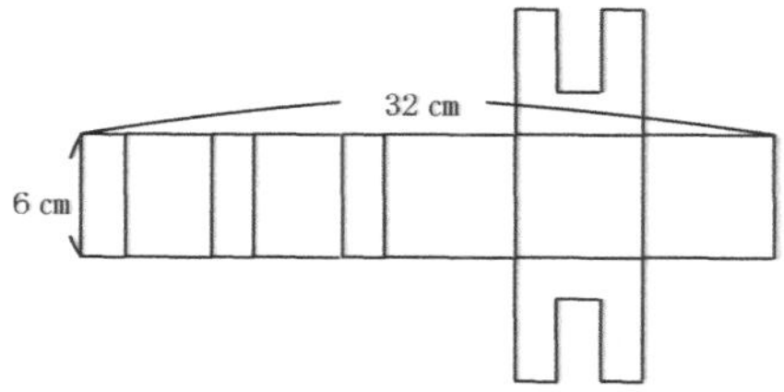

右の展開図で，側面の長方形は，たての長さを6cmとすると，横の長さは，$2\times3+4\times2+6\times3=32$(cm)となるので，面積は，$6\times32=192$(cm²)

上面と底面の面積は1辺が6cmの正方形の面積から，たてと横が4cmと2cmの長方形の面積を引いた値になるから，

$(6\times6-4\times2)\times2=56$(cm²)　　よって，求める面積は，$192+56=248$(cm²)

⑶　【解き方】この立体を平面ABCDで切断したときの切り口を入れた部分は上から見ると右図の太線部になる。このとき，図のような直角を作る2辺が2cm(図の●がついた辺)の直角二等辺三角形が3つできるので，太線1つの長さはADの$\frac{1}{3}$となる。

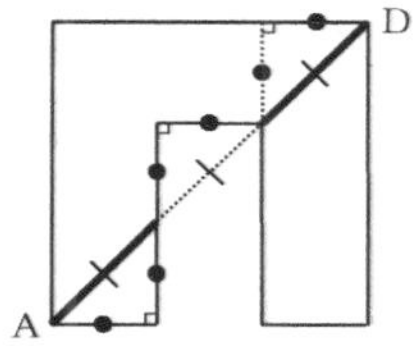

長方形ABCDの横の長さをADとすると，たての長さは6cmである。

切り口は，横の長さが図の太線1つの長さで，たての長さが6cmの長方形が2つとなる。

よって，求める面積比は，図の太線の長さの和とADの長さの比に等しく，$\frac{1}{3}\times2:1=2:3$となる。

⑷　【解き方】まず，立方体を平面PQRSで切ったときの切り口を考える。図1のように立方体の面を延長した平面上に切り口の線を延長し，切り口の頂点が同一平面上にあるようにしてから，頂点を結ぶ。うすい色をつけた1辺2cmの直角二等辺三角形とこい色をつけた1辺4cmの直角二等辺三角形はそれぞれ合同だから，切り口は，PT=QR=US=①，SP=TQ=RU=②の長さの比になるような六角形PTQRUSとなる。

図1

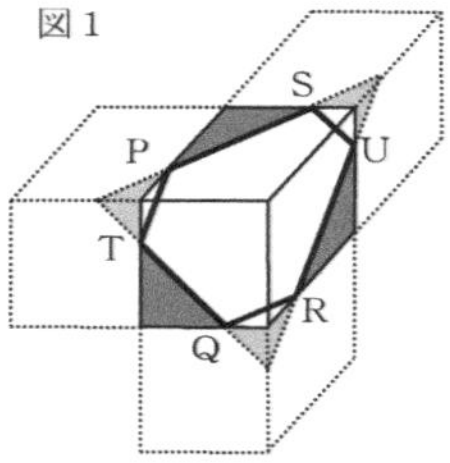

図2

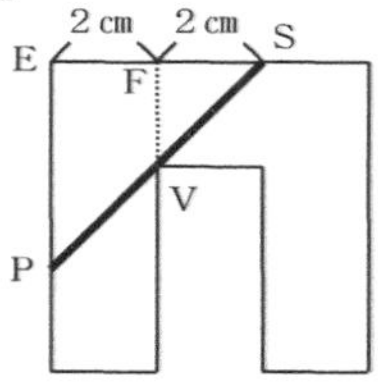

図2は，この立体を平面PQRSで切ったときに上から見た図であり，太線が切り口である。三角形SEPは直角二等辺三角形になるから，切り口はコの字形の内側の頂点Vをちょうど通る(三角形SFVが直角二等辺三角形となる)。「平行な面を通る切り口の線は平行になる」という原則から，立体にできる切り口の線は図3のようになる(PSとQR

図3

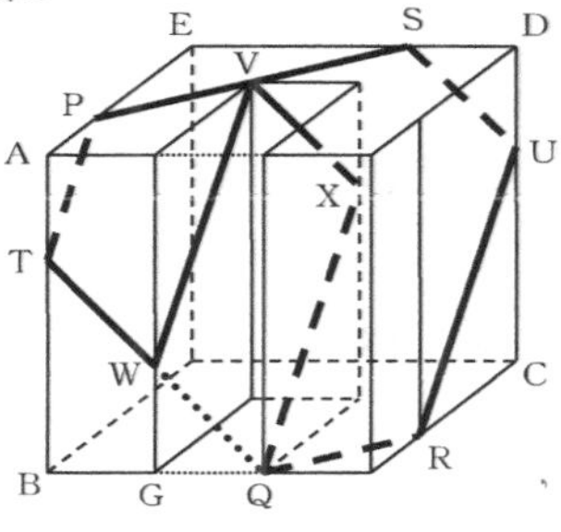

が平行，ＰＴとＶＷとＸＱとＵＲが平行，ＴＱとＶＸとＳＵが平行)。
ＶがＰＳの真ん中の点となったように，ＷはＴＱの真ん中の点となる
(ＧがＢＱの真ん中の点だから，ＷはＴＱの真ん中の点，と考えてもよい)。
したがって，四角形ＶＷＱＸは平行四辺形となるので，切り口の図は
解答例のようになる。
また，六角形ＰＴＱＲＵＳは図４のように，合同な13個の正三角形に
分けることができ，切り口の面積はこの正三角形９個分だから，
求める面積比は９：13となる。

図４

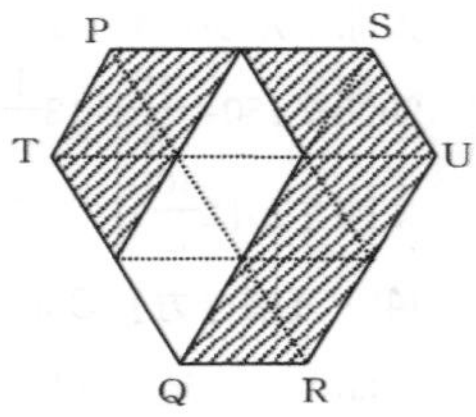

《2023　英語　解説》

1 ⑴　１×「これはスーパーマーケットです」　２×「これは遊園地です」　３○「これはスタジアムです」

⑵　１○「テーブルの上に本があります」　２×「かべにぼうしがあります」　３×「ベッドの上に iPad があります」

⑶　１×「その家は町の中にあります」　２×「その家は川の近くにあります」　３○「その家は丘の上にあります」

⑷　１○「男性は写真をとっています」　２×「男性はぼうしをぬいでいます」　３×「男性は入浴中です」

⑸　１×「彼女はふだん，午前中音楽をきき，夜英語を勉強します」　２○「彼女はふだん，午前中英語を勉強し，夜音楽をききます」　３×「彼女は午前中，英語の勉強はしませんが，音楽をききます」

2 ⑴　「日曜日は何をするの？」…１×「サッカーボールが欲しいな」　２○「サッカーをするよ」　３×「サッカーが好きだよ」

⑵　「いつ日本に来たの？」…１×「学校で」　２×「明日だよ」　３○「先週だよ」

⑶　「君の妹はペンケースかノートを買ったの？」…１○「うん，そうだよ」　２×「いや，違うよ」　３×「ペンケースだよ」

⑷　「なんてかわいいんだ！」…１○「うん，彼女はとてもきれいな目をしているね」　２×「もちろん。彼女は病気で寝込んでいたよ」　３×「うん。彼女は４さいだよ」

3 ⑴　質問「彼女は今日，何時に起きましたか？」…Ａ「今朝は何時に起きたの？」→Ｂ「５時 30 分に起きたよ」より，３「５時30分に」が適切。

⑵　質問「男の子はどこにいますか？」…Ａ「動物に関する本が読みたいです」→Ｂ「わかりました。ご案内します。私と一緒に来てください」→より，１「図書館」が適切。

⑶　質問「彼の電話番号は何番ですか？」…Ａ「電話番号を教えてください」→Ｂ「はい。881-2608 です」より，２「881-2608」が適切。

⑷　質問「だれが今，食たくにいますか？」…Ａ「トム，夕食の時間よ。メアリーがお待ちかねよ」→Ｂ「わかったよ，お母さん。今行くよ！」より，２「メアリー」が適切。

4 ⑴　質問「それは何ですか？」…「それは動物です。耳が長いです。速く走ることができます」より，４「ウサギ」が適切。１「キリン」，２「コアラ」，３「カメ」は不適切。

⑵　質問「それらは何ですか？」…「それらは文ぼう具です。私たちは紙を切るときにそれらを使います」より，４「はさみ」が適切。１「消しゴム」，２「ホチキス」，３「えんぴつ」は不適切。

⑶　質問「どの季節ですか？」…「これは季節です。人々は桜を楽しみます。日本の学校はこの季節に始まります」

より，１「春」が適切。２「夏」，３，「秋」，４「冬」は不適切。

(4)　質問「どこですか？」…「これは広い場所です。ここではたくさんのクラゲ，ペンギン，イルカを見ることができます」より，１「水族館」が適切。２「お城」，３「体育館」，４「博物館」は不適切。

5　(1)　質問「だれの自転車が青色ですか？」…A「見て！あの赤い自転車はかっこいいね。ケヴィン，君が買ったの？」→B「違うよ，あれは兄の自転車だよ。ぼくの自転車は青色だよ」より，４「ケヴィンの自転車」が適切。１「ケヴィンの友達の自転車」，２「ケヴィンの兄の自転車」，３「ケヴィンの父の自転車」は不適切。

(2)　質問「彼はいくつのホットドッグを食べましたか？」…A「ホットドッグをいくつ食べた？」→B「２つ食べたよ。ジョンは３つ食べたよ」より，３「彼らは５つ食べました」が適切。１「彼らは２つ食べました」，２「彼らは３つ食べました」，４「彼らは８つ食べました」は不適切。

(3)　質問「彼らはなぜ，買い物に行きたいのですか？」…A「もうすぐおばあちゃんの誕生日だね」→B「おばあちゃんのために誕生日ケーキを作りたいな」→A「いいね。まずは買い物に行こうよ。卵と牛乳が必要だよ」より，１「ケーキを作りたいから」が適切。２「プレゼントを買いたいから」，３「牛乳が飲みたいから」，４「祖母に卵をあげたいから」は不適切。

(4)　質問「男性の仕事は何ですか？」…A「何をされているかたですか？」→B「仕事ですか？当てることができますか？私は制服を着ます。毎日ゆかをそうじしてたくさんの食べ物を運びます。」→A「シェフですか？」→B「いいえ，違います。では最後のヒントです…。動物の世話をします」より，４「飼育員」が適切。１「コック」，２「科学者」，３「ハウスキーパー」は不適切。

6　(1)　「私はダンスが(　　)です。一緒におどりましょう」より，３「得意な」が適切。１「簡単な」，２「むずかしい」，４「上手に」は不適切。４のwellは，I can dance well.「私は上手におどることができます」のように使う。

(2)　「私は部屋をそうじしています。(　　)してくれませんか？」より，２「手伝って」が適切。１「曲がって」，３「きいて」，４「考えて」は不適切。

(3)　「あなたのベースボールキャップは(　　)色ですか？」より，４「何」が適切。１「どのように」，２「いつ」，３「だれの」は不適切。

(4)　A「遠足はどうでしたか？」→B「とても楽しい(　　)を過ごしました」より，１「時間」が適切。２「場所」，３「友達」，４「質問」は不適切。　・have a good time「楽しい時間を過ごす」

7　(1)　「(あなたは)～してもいいですよ」＝You can＋動詞の原形　「テレビを見る」＝watch TV

(2)　疑問詞 What で始まる疑問文。What のうしろは〈do you＋動詞の原形?〉の疑問文の形になる。
「誕生日に」＝for your birthday

8　問１(1)　「今日は２月６日です。今日は何曜日ですか？」…表より，２月６日は金曜日だから，カが適切。

(2)　「福岡と大阪は晴れでしたが，東京はくもりでした。それは何曜日でしたか？」…表より，１月 31 日土曜日だから，キが適切。

(3)　「福岡はくもが多く雨が降っていて，大阪は雪で，東京はくもりでした。それは何曜日でしたか？」…表より，２月４日水曜日だから，エが適切。

問２(1)　「先週末は晴れでしたが，今日は雨です」より，大阪である。Osaka が適切。都市名は大文字で書き始める。

(2)　「昨日は雨でしたが，今はたくさんの雪が降っています」より，東京だから，Tokyo が適切。

《2023　理科　解説》

1 (2)　小腸の微絨毛と同じように肺の肺ほうや植物の根の根毛も表面積を大きくするつくりである。

(3)　かん臓は最も大きな臓器である。

(4)　ヒトやイヌなどの背骨をもつ動物は内骨格をもつ。一方，バッタなどのこん虫やエビ，カニなどのなかまは外骨格をもつ。

(5)　図２－１では，アを引くと矢印の向きに動き，イを引くともとに戻る。

(6)　図２－２では，エを引くと矢印の向きに動き，ウを引くともとに戻る。

(7)　てこを支える動かない点を支点という。●が支点のてこと考える。てこでは，左右にかたむけるはたらき〔加える力×支点からの距離《きょり》〕が等しくなるときにつり合うので，支点から作用点までの距離が近いQの方が，てこを左にかたむけるはたらきが小さく，ひもを引く力も小さくてすむ。

(8)(9)　(7)解説と同様に考える。支点(エ)から力点(ウ)までの距離が一定だから，力点の筋肉が一定の強さで収縮するとき，〔加える力×支点からの距離〕の値は一定である。よって，支点から作用点までの距離が短い方が，作用点に大きな力がはたらく。

2 (2)　しん食によってできる地形にはＶ字谷，たい積によってできる地形にはせん状地や三角州がある。

(4)　食塩は300×0.03＝９(g)，水は300－９＝291(g)である。

(5)　水がふっとうして出てくるあわは水蒸気である。

(6)　水が 100 g 減って 191 g になっているので，200 g の食塩水に９ g の食塩がとけている。〔濃度《のうど》(%)＝$\frac{\text{とけているものの重さ(g)}}{\text{水よう液の重さ(g)}}\times100$〕より，$\frac{9}{200}\times100=4.5$(%)となる。

(7)　実験の方法では食塩の固体を取り出せないので，濃度が高い食塩水を作らないと，加熱して水を蒸発させても食塩が出てこないと考えられる。海水から食塩をつくる方法の②，③では，海水を砂場の塩田にまいてかわかしたものに海水を注いで濃度が高い塩水を取り出している。

(8)　300 g の食塩をつくるためには，塩分のうち 100%が食塩の海水が 300÷0.03＝10000(g)必要だから，塩分のうち 80%が食塩の海水は 10000÷0.8＝12500(g)→12.5 kg必要である。

《2023　社会　解説》

問１(2)　志賀島で発見された金印には「漢委奴国王」と刻まれていて，『後漢書』東夷伝に記されていることから，１世紀に後漢の皇帝から奴国の王に授けられたものと考えられている。　**(3)**　『魏志』倭人伝には，邪馬台国の女王卑弥呼が魏に使いを送り，「親魏倭王」の称号のほか，銅鏡を授かったことが記されている。

問２　エ　752 年は奈良時代である。(あ)天武天皇は飛鳥時代の天皇，桓武天皇は都を平安京に移した天皇。(い)平等院は平安時代，藤原頼通が建てた。　(う)(え)シルクロードを通って中国にもたらされた物や文化は，遣唐使などによって日本にももたらされ，この頃の天平文化は国際色豊かで，はなやかな文化であった。

問３　ア　瀬戸内の気候は，季節風が中国山地と四国山地にさえぎられるので，年間降水量が少ない。イは太平洋側の気候，ウは日本海側の気候，エは北海道の気候である。

問４　エ　元寇は防衛戦だったので，幕府は新たな領地を得たわけではなく，御家人に十分な恩賞を与えることができなかった。御家人の中には分割相続で領地が少なくなり，生活が苦しくなって，領地を手放す者もいた。幕府は 1297 年に永仁の徳政令を出し，御家人に領地をただで取り戻させようとしたが，かえって混乱を招いた。　ア．守護・地頭は平氏が倒された後，1185 年に置かれたので誤り。　イ．参勤交代は江戸時代の制度なので誤り。　ウ．

鉄砲は1543年に種子島(鹿児島県)に流れ着いたポルトガル人が伝えたので，誤り。

問5　ア　日明貿易を始めたのは足利義満である。金閣は足利義満が京都の北山に建てた。イは足利義政，ウ・エは江戸幕府による。

問6　ウ　フランシスコ＝ザビエルが日本に来たのは1549年なので，当時の幕府は室町幕府である。

問8(1)　液状化現象は砂を多くふくむ地盤《じばん》で発生し，埋立地では液状化現象が起こりやすい。液状化現象が起こると，地面の沈下《ちんか》や陥没《かんぼつ》，地中から水や砂がふき出すなどの現象が起こる。　**(2)**　ウ　地域とその交流相手国はそれぞれ，Aは松前藩でアイヌ，Bは長崎(出島)でオランダ，Dは薩摩藩で琉球王国である。

問10　イ　1925年当時は出生率・死亡率ともに高いので，人口ピラミッドは富士山型となる。人口ピラミッドはイ→エ→ア→ウと進行する。

問11(2)　イ　アの建国記念日は2月11日，ウの憲法記念日は5月3日，エの勤労感謝の日は11月23日である。

問13　アテネは温帯の地中海性気候なのでイ，北京は冷帯の湿潤大陸性気候なのでエ，ロンドンは温帯の西岸海洋性気候なのでウ，東京は温帯の温暖湿潤気候なのでアである。

2022 解答例
令和4年度

★明治学園中学校

《国　語》

【一】一．a．ウ　b．ア　c．ア　　二．科学的に見ないとちゃんと正しくものが理解できない
三．1．ア　2．イ　3．エ　　四．エ　　五．(1)イ　(2)Ⅰ．現実には存在しない〔別解〕実証されていない
Ⅱ．信じさせる　　六．D　　七．(1)Ⅰ．イ　Ⅱ．ウ（ⅠとⅡは順不同）(2)自分の中に複数の視点を持ち、どんなものの見方も相対化して考えなさいということ。

【二】一．Ⅰ．イ　Ⅱ．ウ　　二．c　　三．ア　　四．得るものがあるはずよ　　五．(1)さきほど注意したばかりなのに、風汰がまた爆睡しているから。　(2)去年の転園以来一度も保育園で眠ったことがないしおん君が、風汰と眠っているから。　　六．イ　　七．エ　　八．エ

【三】一．①みっぺい　②あんぴ　③おが　④じきひつ　⑤けだか　⑥検討　⑦改修　⑧規模　⑨就任　⑩資源　⑪導く　⑫招待　⑬退ける　⑭容易　⑮再び　　二．①投　②公　③聞　④無　⑤機

《算　数》

1　(1)32　(2)20　(3)2.5　(4)2400　(5)24　(6)12　(7)①36　②4　(8)133　(9)114　※(10)52.5

2　(1)50　(2)350　(3)42，30

3　(1)中央値…20.5　最頻値…24　(2)21.2　(3)(ウ)　(4)(ア)　(5)18.5

4　(1)300　(2)210　(3)①辺GC　②$\frac{2}{3}$

5　(1)①48　②$\frac{2}{9}$　(2)78　(3)$1\frac{1}{6}$，$1\frac{1}{2}$，2，$3\frac{1}{2}$

※の考え方は解説を参照してください。

《英　語》

1　(1)3　(2)2　(3)3　(4)1　(5)2

2　(1)3　(2)1　(3)3　(4)2　(5)1　(6)2

3　(1)2　(2)2　(3)3　(4)1　(5)1　(6)2

4　(1)1　(2)4　(3)3

5　(1)1　(2)2　(3)3

6　(1)3　(2)2　(3)4　(4)1

7　(1)have a question abut today's homework.　(2)do you want to be in the future?

8　手順①…イ　手順②…イ　手順③…ア

《理　科》

1　(1)吸気…オ　呼気…カ　(2)①固体X…石灰石　液体Y…(うすい)塩酸　②イ
③石灰水に通して白くにごることを確かめる。　(3)①右グラフ　②4.5 g
(4)光合成　(5)①ア　②オ　③キ

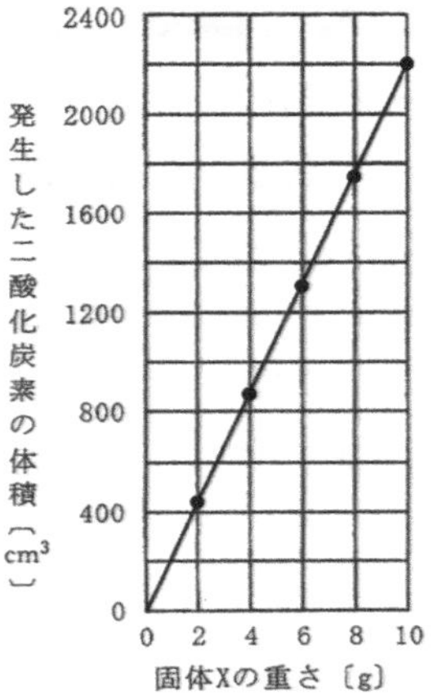

2　(1)①イ　②オ　③ク　(2)①ア　②オ　(3)①イ　②エ　(4)1413　(5)ウ
(6)午後6時ごろ　(7)①1：3　②4600 km

《社　会》

問1．エ　問2．イ　問3．東日本大震災での原子力発電所の事故の影響で，原子力発電の割合が減り，地球温暖化対策の1つとして，二酸化炭素の排出が少ない太陽光が増えた。　問4．(1)エ　(2)ウ
問5．(1)A．(イ)　B．(エ)　(2)難民　(3)①ア　②ウ　問6．(1)ウ　(2)ア　(3)カ　(4)エ　(5)災害時のひ難場所や火災が発生したときの延焼をおさえる機能をもたせるため。　(6)ハザードマップ　問7．ア　問8．イ

2022 解説 令和４年度　明治学園中学校

←解答例は前のページにありますので，そちらをご覧ください。

《2022　国語　解説》

【一】

二　４行後の「普《ふ》通の人も日常生活を科学的に考えなければ」が、傍《ぼう》線部①とほぼ同じ主張であり、そのような主張の背景には、直後の「『科学的に見ないとちゃんと正しくものが理解できない』」という意見があった。

四　筆者には、「人間は理屈《くつ》にしたがってものを考えるので、理屈が通ると実証されなくても信じてしまう」という考えがあり、『鼻《び》行類』という架空《かくう》の動物の本を翻《ほん》訳したのである。研究者なのになぜうそだとわかっている本を翻訳したのかという批判に対しても、「人間はどんな意味であれ、きちんとした筋道がつくとそれを信じ込《こ》んでしまうということがおもしろかったので、そのことを笑ってやりたいと思って出したのです」と答えている。また、傍線部②の２行前には「鼻行類は、徹《てっ》底的に理屈をこねるとほんとうに存在することになるという、よい例だろう」とある。以上から、エが適する。

五(2)　ここでいう「そうした遊び」は、「本来いない動物」（鼻行類）について、徹《てっ》底的に理屈をこねて示すことで「ほんとうに存在する」と思わせたことである。

六　抜《ぬ》けている文の直前には、筆者が、科学によって正しい世界が見えると信じ込む人間にならずにすんだ原因となることがらが書かれているはずである。また、「おかげで」とあるから筆者が感謝をしているできごとが入る。よって、直前に「科学もひとつのものの見方にすぎないと教えてくれるいくつかの書物に早く出会えて、ほんとうによかったと思っている」とある、〔Ｄ〕に入る。

七(1)　児童Ｚの言う、「科学的に論理が通っているなら、ないものだって存在することになる」ことの例が「鼻行類」である。また、「幽霊《ゆうれい》」（傍線部②の３行後）も同じで、「ちゃんとした理屈に則《のっと》っていると思えるような議論をすると～存在すると証明できてしまう」。よって、イとウが適する。　**(2)**　人は論理が通れば実際は存在しないものも存在すると思ってしまう。そのことについて、〔Ｃ〕の後で、「そこをカバーする（補う）には、自分の中に複数の視点を持つこと、ひとつのことを違《ちが》った目で見られることではないかと思う」「誰《だれ》にとってもものごとを相対化して見ることは必要だ」と述べている。また、〔Ｄ〕の後でも「どんなものの見方も相対化して考えてごらんなさい」と述べている。以上のことから、①複数の視点を持つこと、②相対化して考えること、という２点をまとめる。

【二】

二　風汰《ふうた》が事務室に入った時、しおん君は絵本を読んでもらっていたが、終わったので絵本を持って廊《ろう》下に出ていった。その後に続くのは、波線部ｃをふくむ「『しおん君』園長が顔の横で右手を動かした。しおん君は照れたように笑い、新しく持ってきた絵本を風汰に差し出した」という場面。

三　直前の「ムリムリ～音読好きくねーし」より、アの「なんとかして断りたい」が適する。この後で園長が読むように説得していること、「仕方なく～風汰は絵本を開いた」とあることから、照れや恥《は》ずかしさからのしぐさではなく、本当に読み聞かせをしたくないと思っていることが読み取れる。

四　ここは倒置《とうち》的な表現になっているので、傍線部③をふくむ文と直前の内容の順序を入れかえ「子どもたちにとっても～それにわたしたちだって」「人と人が出会って、そこからなにも得るものがないなんてことはないでしょ」とすると分かりやすい。下線部からまとめる。

五(1)　前書きと本文の最初の場面を参照。風汰が寝《ね》かしつけの最中に寝てしまったので、林《はやし》田《だ》は「『きみが寝てどうするのよ』」と注意していた。それにも関わらず、風汰がまた寝ていたので、腹が立ったのである。　(2)　直後の「爆睡《ばくすい》中の中学生の膝《ひざ》に頭をのせて、しおん君が眠っている。しおん君は去年転園してきてから、一度も保育園で眠ったことがない」からまとめる。風汰といることで、しおん君が眠れるほど安心しているということに気づき、驚《おどろ》いたのである。

六　林田は、保育園での職場体験にやる気が感じられない風汰に不満を感じているが、園長は、「人と人が出会って、そこからなにも得るものがないなんてことはないでしょ」と、前向きに広い視野でとらえている。また、五で見たように、風汰と一緒《いっしょ》にいるしおん君が眠ることができたことから「斗羽《とば》風汰君、おもしろい子ね」と評価している。以上から、園長は風汰のよいところに目を向けるよう、促《うなが》していると考えられるので、イが適する。

八　林田は風汰の言葉づかいに「あいつ、子どもたちになんて言いかたを……」と思ったが、子どもたちが風汰にまとわりつき、楽しそうにしている様子を見て「子どもたちはあの子を受け入れている～あの子は、子どもたちに好かれている」と感じた。そこで、園長の言葉も思い出し、風汰に注意をするのをやめたのである。よって、エが適する。

【三】

二①　「意気投合《いきとうごう》」は、気持ちが合って仲良くなること。　②　「公明正大《こうめいせいだい》」は、公平でやましいところがなく、堂々としていること。　③　「前代未聞《ぜんだいみもん》」は、これまでに一度も聞いたことがないこと。　④　「完全《かんぜん》無欠《むけつ》」は、完全で、欠点や不足が全くないこと。　⑤　「心機一転《しんきいってん》」は、あることをきっかけにして、気持ちがすっかりよい方向に変わること。

《2022　算数　解説》

1

(1)　与式＝(50－12)－6＝38－6＝32

(2)　与式＝$45-15\times\frac{5}{3}=45-25=20$

(3)　与式より，□＋4.9＝37÷5　　□＋4.9＝7.4　　□＝7.4－4.9＝2.5

(4)　3000×(1－0.20)＝2400(円)

(5)　3つの数字でつくる3桁の整数は，3×2×1＝6(通り)でき，4枚のカードから3枚のカードを選ぶ選び方は，選ばない1枚のカードの決め方に等しく4通りあるから，できる整数は全部で，6×4＝24(個)

(6)　**【解き方】班の数は，60と84の最大公約数になる。**

60＝2×2×3×5，84＝2×2×3×7だから，60と84の最大公約数は，2×2×3＝12であり，できるだけ多くの班をつくると，12班できる。

(7)　**【解き方】yがxに比例するとき，y＝(決まった数)×xと表され，yがxに反比例するとき，$x\times y$＝(決まった数)と表される。**

yがxに比例するときの決まった数は，12÷2＝6だから，アに入る数は，6×6＝①36

yがxに反比例するときの決まった数は，2×12＝24だから，アに入る数は，24÷6＝②4

(8)　**【解き方】右図のように記号をおいて，㋐の角を㋑と㋒に分けて求める。**

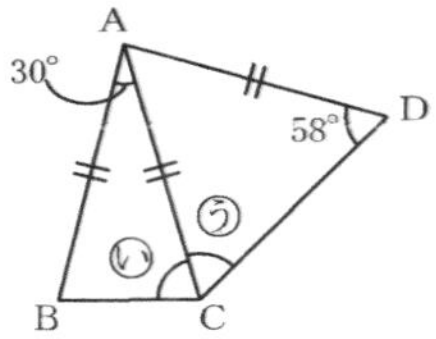

三角形ABCは，AB＝AC，角BAC＝30°の二等辺三角形だから，

角㋑の大きさは，(180°－30°)÷2＝75°である。三角形ACDは，AC＝AD，

角ADC＝58°の二等辺三角形だから，角㋒＝角ADC＝58°である

よって，角㋐＝75°＋58°＝133°

⑼　**【解き方】右図のように，内側の正方形の位置を変えても，色をつけた部分の面積は変わらない。**

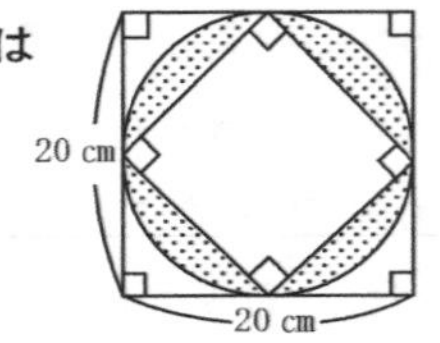

円の半径は 20÷２＝10(cm)，内側の正方形の対角線の長さは 20 cmだから，

色をつけた部分の面積は，10×10×3.14－20×20÷２＝114(cm²)

⑽　**【解き方】時計の長針は１分あたり６°，短針は１分あたり 0.5°進む。10 時ちょうどを基準として，45 分後の長針と短針の角度の差を求める。**

時計の文字盤《もじばん》の文字は，円周を 12 等分するから，10 時ちょうどのときの長針と短針のつくる角は，360°×$\frac{2}{12}$＝60°である。長針は短針より１分あたり６°－0.5°＝5.5°多く進むから，45 分後には，２つの針でつくる角は，60°＋5.5°×45＝307.5°になるので，小さい方の角の大きさは，360°－307.5°＝52.5°

2　⑴　**【解き方】グラフより，学さんは 15 分間で 2000－1250＝750(m)を歩いている。**

分速(750÷15)m＝分速 50m

⑵　**【解き方】学さんが再び家に向かって歩き始めたのは，15 時 15 分＋20 分＝15 時 35 分だから，お父さんは５分間歩いている。**

お父さんは，家から 70×５＝350(m)の地点にいる。

⑶　**【解き方】学さんが再び家に向かって歩くと，２人が１分間に進む道のりの和は，50＋70＝120(m)になる。**

２人の進む道のりの和が，1250－350＝900(m)になったときに，２人は出会うから，２人が出会うのは，学さんが再び家に向かってから，900÷120＝7.5(分後)，つまり，７分 30 秒後である。

よって，求める時刻は，15 時 35 分＋７分 30 秒＝15 時 42 分 30 秒

3　⑴　**【解き方】20 人の資料の中央値は，資料を大きさの順に並べたときの 10 番目と 11 番目の平均である。**

小さい方から 10 番目が 20 分，11 番目が 21 分だから，中央値は，$\frac{20+21}{2}$＝20.5(分)

最頻値は，最も資料の個数の多い 24 分である。

⑵　**【解き方】(Ｃ組の通学時間の合計)と(Ｄ組の通学時間の合計)から，35 人の通学時間の平均値を求める。**

Ｃ組の通学時間の合計は 21.5×20＝430(分)で，Ｄ組の通学時間の合計は 20.8×15＝312(分)だから，35 人の通学時間の合計は，430＋312＝742(分)，平均値は，742÷35＝21.2(分)

⑶　**【解き方】例えば，Ａ組の 14 分以上 18 分未満の児童の人数を，実際の資料で数える。**

Ａ組の 14 分以上 18 分未満の児童は４人いるから，ヒストグラムは(ウ)があてはまる。

⑷　**【解き方】表２より，Ｂ組の人数が 20 人と偶数で，中央値が 21.5 分になっていることから，資料を小さい方から数えて 10 番目の資料が 22 分未満にあるヒストグラムを探す。ただし，(イ)は合計が 15 人だからＤ組のヒストグラムとわかる。**

(ア)の 22 分未満には 10 人，(エ)の 22 分未満には９人いるから，(ア)がＢ組のヒストグラムである。

⑸　**【解き方】表２より，Ｄ組 15 人の中央値が 19 分とわかっているから，15 人を大きさの順に並べたときの８番目の通学時間は 19 分である。**

転校生を除く 15 人の７番目の通学時間は 19－１＝18(分)と決まる。16 人の資料の中央値は，大きさの順の８番目と９番目の資料の平均値になる。通学時間が 13 分の転校生が入ってくると，先ほどの７番目と８番目の資料が，８番目と９番目に変わるから，中央値は，$\frac{18+19}{2}$＝18.5(分)

4　⑴　５×６×10＝300(cm³)

(2)　【解き方】平行線の錯角《さっかく》は等しいから，右図のように記号をおくと，角(い)の大きさは角(あ)の大きさに等しく45°になる。

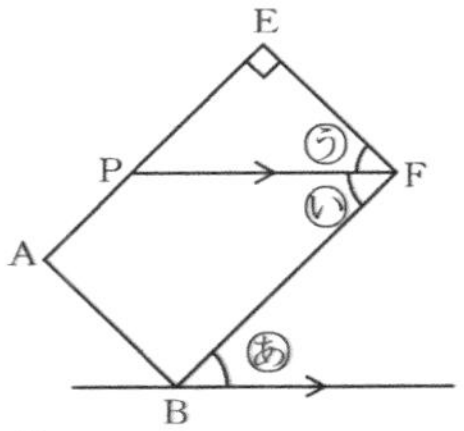

長方形の１つの角の大きさは90°だから，角(う)の大きさも90°－45°＝45°になるので，三角形ＥＰＦは，ＥＰ＝ＥＦ＝６㎝の直角二等辺三角形になる。水の入っていない部分の体積は，６×６÷２×５＝90(㎤)だから，容器に入っている水の体積は，300－90＝210(㎤)

(3)①　【解き方】こぼれた水の体積の合計は，90＋50＝140(㎤)である。

図１

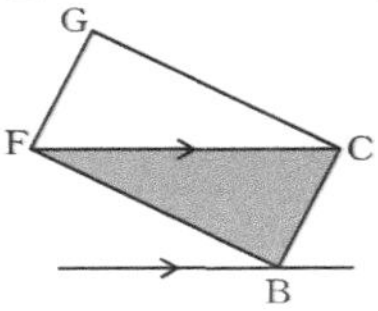

図２

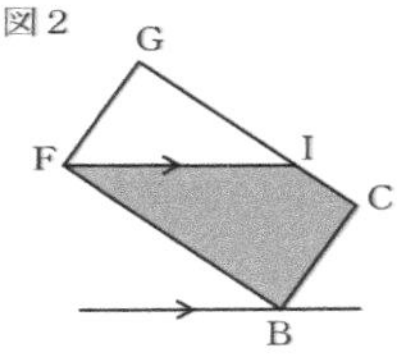

右図１のように，水面がＣを通るとき，こぼれた水の量は，容器の体積の半分の150㎤になるから，水面はＣまで到達《とうたつ》していないことがわかる。したがって，ちょうど50㎤の水がこぼれたとき，水面は辺ＧＣと交わっている。

②　【解き方】①をふまえる。

こぼれた水の体積の合計は140㎤だから，右図２の三角形ＧＦＩの面積は，$140 \div 6 = \frac{70}{3}$(㎠)になる。

ＦＧ＝５㎝だから，ＧＩ＝$\frac{70}{3} \times 2 \div 5 = \frac{28}{3}$(㎝)になるので，イ＝ＩＣ＝$10 - \frac{28}{3} = \frac{2}{3}$(㎝)

5　**(1)　【解き方】横に並んだ〇は足し算，縦に並んだ〇はかけ算，｜は割り算を表している。**

①　６×６＋６＋６＝48　　②　$48 \div (6 \times 6 \times 6) = 48 \div 216 = \frac{2}{9}$

(2)　【解き方】５個の〇とあるので｜を使わずに〇だけでつくっていく。

最も小さい数は，〇を横に５つ並べた，６＋６＋６＋６＋６＝30である。次に小さいのが６×６＋６＋６＋６＝54，３番目に小さいのが，６×６＋６×６＋６＝78

(3)　【解き方】４個の〇でつくることができる数，３個の〇でつくることができる数，２個の〇でつくることができる数を考える。

４個の〇でつくることができる数は，６＋６＋６＋６＝24，６×６＋６＋６＝48，６×６＋６×６＝72，６×６×６＋６＝222，６×６×６×６＝1296がある。

３個の〇でつくることができる数は，６＋６＋６＝18，６×６＋６＝42，６×６×６＝216がある。

２個の〇で作ることができる数は，６＋６＝12，６×６＝36がある。

(４個の〇)｜(１個の〇)の最小値は，24÷６＝４だから，４未満になることはない。

(３個の〇)｜(２個の〇)が１より大きく４より小さくなるのは，$\frac{18}{12} = \frac{3}{2} = 1\frac{1}{2}$，$\frac{42}{12} = \frac{7}{2} = 3\frac{1}{2}$，$\frac{42}{36} = \frac{7}{6} = 1\frac{1}{6}$の３通りがある。

(２個の〇)｜(３個の〇)が１より大きく４より小さくなるのは，$\frac{36}{18} = 2$の１通りがある。

(１個の〇)｜(４個の〇)の最大値は$6 \div 24 = \frac{1}{4}$だから，１より大きくなることはない。

よって，１より大きく４より小さい数は，$1\frac{1}{6}$，$1\frac{1}{2}$，２，$3\frac{1}{2}$である。

《2022　英語　解説》

1　(1)　１×「これは鳥です」　２×「これはペンギンです」　３〇「これはゾウです」

(2)　１×「これは警察署です」　２〇「これは図書館です」　３×「これは郵便局です」

(3)　１×「彼らは駅にいます」　２×「彼らは病院にいます」　３〇「彼らは空港にいます」

(4)　１〇「彼女は犬と散歩しています」　２×「彼女はオレンジジュースを飲んでいます」　３×「彼女は公園で

走っています」

⑸　1×「女性はピアノを弾いています」　2○「女性は歌を歌っています」　3×「女性は友達と話しています」

2　⑴　「去年の冬，北海道にスキーに行ったよ」…1×「もちろん」　2×「私はそれが好きだよ」
3○「なんてすばらしいんだ！」

⑵　「夕食に大きなステーキを食べようか？」…1○「うん，そうしよう」　2×「ありがとう」
3×「美味しいよ」

⑶　「帽子をかぶった男の子を知ってる？」…1×「なるほど」　2×「いや，彼はしないよ」
3○「うん，彼は友達だよ」

⑷　「普段は何時に起きる？」…1×「学校で」　2○「6時30分だよ」　3×「5冊の本を使うよ」

⑸　「毎日どのくらい勉強する？」…1○「2時間だよ」　2×「4メートルだよ」　3×「元気だよ」

⑹　「これはあなたの筆箱？」…1×「どうぞ」　2○「うん，それは私のだよ」　3×「じゃあね」

3　⑴　質問「彼女は今おなかが空いていますか？」…A「おなかがすいたの？」→B「ええ。私は朝食を食べなかったわ」より，女性は空腹だとわかる。Is she ～?に対しての返答である2 Yes, she is.「はい，そうです」が適切。

⑵　質問「彼のバスは毎日何時に来ますか？」…A「私のバスは毎日8時15分に来ます」→B「すみません，8時15分ですか，それとも8時50分ですか？」→A「8時15分です」より，2「8時15分」が適切。

⑶　質問「トムは何が好きですか？」…A「あなたは理科が好き，トム？」→B「いや，僕は国語が好きだよ」より，3「国語」が適切。

⑷　質問「男性はどこに行きたいですか？」…A「僕はオーストラリアに行きたいよ。カンガルーとコアラが大好きだよ」→B「私はパンダが好きなので，中国に行きたいわ」より，1「オーストラリア」が適切。

⑸　質問「彼らはどこにいますか？」…A「こんにちは。何名様でしょうか？」→B「3人です」→A「こちらへどうぞ。はい。こちらのお席にどうぞ。こちらがメニューです」より，1「レストランの中」が適切。

⑹　質問「彼らは何のスポーツについて話していますか？」…A「現在8人の選手がいるので，もう1人必要なんだ。僕らと一緒にやらない？」→B「いいよ。僕はボールを投げてバットで打つのが得意なんだ」より，2「野球」が適切。

4　⑴　質問「それはなんですか？」…「それは果物です。色は黄色です。甘い味がします」より，1「バナナ」が適切。2「レモン」，3「ブドウ」，4「イチゴ」は不適切。

⑵　質問「私は誰ですか？」…「私は毎日多くの病気の人を診察します。私は彼らを診察するとき，いつも白いコートを着ています」より，4「医者」が適切。1「教師」，2「科学者」，3「獣医」は不適切。

⑶　質問「私はどこにいますか？」…「ここでは多くの有名な寺院や神社に行くことができます。そこはかつて日本の都でした」より，3「京都」が適切。1「福岡」，2「東京」，4「名古屋」は不適切。

5　⑴　質問「彼らはピザを食べました。なぜですか？」…A「お寿司を食べましょう」→B「ああ，僕は魚が好きではないんだ」→A「では，代わりにピザはどう？」→B「いいね」より，1「彼は魚が好きではないからです」が適切。2「彼はピザが好きではないからです」，3「彼は昨日寿司を食べたからです」，4「彼は昨日ピザを食べたからです」は不適切。

⑵　質問「彼はいくらのお金を必要としていますか？」…A「お母さん，2本のペンと消しゴムが必要なんだ」→B「あなたはいくらお金が必要なの？」→A「ペンは1本200円，消しゴムは1個100円だよ」より，2「500円」が適切。

(3)　質問「彼女は今朝，どうやって学校に来ましたか？」…A「遅刻だよ」→B「ごめんなさい。いつもは自転車で通学していますが，今朝はバスに乗りました」→A「どうして？」→B「今日は雨が降っているからです」より，3「バスで」が適切。1「自転車で」，2「車で」，4「徒歩で」は不適切。

6　(1)　「クリスマスは(　　)25日です」より，3「12月」が適切。1「9月」，2「11月」，4「10月」は不適切。

(2)　「寒いです。どうか窓を(　　)ください」より，2「閉めて」が適切。1「見て」，3「掃除して」，4「壊して」は不適切。

(3)　「あなたは(　　)に雪を見ることができます」より，4「冬」が適切。1「春」，2「夏」，3「秋」は不適切。

(4)　A「あなたのおばあさんは(　　)？」→B「彼女は大丈夫です」より，容態を尋ねる1 How「どう」が適切。2「何」，3「なぜ」，4「誰」は不適切。

7　(1)　主語のI「私」のあとに，動詞のhave「あります」，目的語a question「質問」の順に続く。

(2)　疑問詞Whatで始まる疑問文。Whatのうしろはdo you ～?の疑問文の形になる。want toの直後は「動詞の原形」または「be(Be動詞の原形)」が来る。　・want to ～「～したい」

8　【手順①】ア×「まっすぐ進み，最初の角で左折します」　イ○「まっすぐ進み，2番目の角で左折します」

【手順②】ア×「通りを歩くと，左側にあります」　イ○「通りを歩くと，右側にあります」

【手順③】ア○「それはプールのとなりにあります」　イ×「それは博物館のとなりにあります」

・next to ～「～のとなりに」

《2022　理科　解説》

1　(1)　呼吸によって，酸素が血液中にとりこまれ，二酸化炭素が血液中から排出《はいしゅつ》される。ただし，吸気中の酸素がすべてとりこまれるわけではなく，呼気においても酸素の割合は二酸化炭素の割合よりも大きい。また，ちっ素は空気中に最も多く含《ふく》まれる気体で，その割合は吸気と呼気で変化しない。

(2)①　固体Xは石灰石の他に，卵のからや貝がらなど，炭酸カルシウムを多く含むものであればよい。　②　アは水にとけにくい気体を集める水上置換《ちかん》法，イは水にとけやすく空気より軽い気体を集める上方置換法，ウは水にとけやすく空気より重い気体を集める下方置換法である。二酸化炭素は水にとけ，空気より重いのでウで集めることができる。また，水にとける量はそれほど多くないので，発生した二酸化炭素が少し水にとけてもよいのであれば，アで集めてもよい。

(3)①　表より，Xの重さが2g増えるごとに発生した二酸化炭素の体積が440㎤ずつ増えているから，比例のグラフになる。　②　2gのXが反応すると二酸化炭素が440㎤発生するから，二酸化炭素を1000㎤発生させるのに必要なXは$2\times\frac{1000}{440}=4.54\cdots\to4.5$gである。

(5)　①光が弱い条件では，二酸化炭素が追加なしと追加ありのどちらでも「＋」が1個である。　②光が強い条件では，二酸化炭素が追加なしのときには「＋」が2個，追加ありのときには「＋」が3個だから，二酸化炭素を追加すると水草の成長がよくなる。　③二酸化炭素を追加しなくても，光を強くするだけ水草の成長がよくなったのだから，光が不足していたと考えられる。

2　(1)　高気圧が近づいてくると天気がよく，低気圧が近づいてくると天気が悪くなりやすい。春や秋には，日本の上空をふく西よりの風(偏西風《へんせいふう》)によって，日本付近を高気圧と低気圧がこうごに通過するため，天気が変わりやすい。

(2)　大陸は海洋に比べて温度が変化しやすい。このため，夏になると大陸の方が先にあたたまり，大陸上の空気が先にあたたまる。空気はあたためられると軽くなって上に移動する(上昇《じょうしょう》気流が生じる)。大陸上で上昇気流が盛んになると，そこに海洋上の空気が流れこんでくるようになる。これが南東の季節風となる。なお，冬になると大陸の方が先に冷え，大陸上の空気が先に冷える。空気は冷やされると重くなって下に移動する(下降《かこう》気流が生じる)。この空気が太平洋上にふき出していくことで，北西の季節風となる。

(3)① 光には直進する性質があるため，光をさえぎるものの後ろには光が届かず，影ができる。　② 太陽は東の地平線からのぼり，南の空で最も高くなって西の地平線にしずむ。棒の影《かげ》の先端《せんたん》は太陽と反対方向にできるから，西→北→東の順に移動する。また，夏の日の出の位置は，真東よりも北よりになるため，日の出直後の棒の影の先端は南西にできる。よって，エが正答となる。

(4) 地球が自転したとき，北九州市が通る円の円周は(5400×２×3.14)kmであり，これを24時間で移動するから，$\frac{5400\times 2\times 3.14}{24}$＝(時速)1413(km)である。

(5) 太陽が南中している地点を太陽から見ると，その地点は地球の正面にある。また，夏至《げし》の日では，北半球が太陽の方向にかたむいていて，北極点には１日中太陽の光が当たる(太陽から見ると北極点が１日中見える)から，ウが正答となる。

(6) 満月は，午後６時ごろに東の地平線からのぼってきて，午前０時ごろに南中し，午前６時ごろに西の地平線にしずんでいく。

(7)① 支点の左右で棒をかたむけるはたらき〔おもりの重さ(g)×支点からの距離《きょり》(cm)〕が等しいとき，つり合う。この関係が成り立つのは，支点からの距離の比がおもりの重さの逆比と等しくなるときだから，300ｇ：100ｇ＝３：１より，Ａ：Ｂ＝１：３となる。　② ①解説より，地球と月の重さの比が81：１であれば，地球の中心から共通重心までの距離と月の中心から共通重心までの距離の比は１：81である。地球の中心から月の中心までの距離は380000kmだから，地球の中心から共通重心までの距離は380000×$\frac{1}{1+81}$＝4634.1…→4600kmである。

《2022　社会　解説》

問１　エ．米はアジア諸国や，新潟・北海道・東北地方が上位だから，【Ｂ】である。じゃがいもはウクライナや，近郊農業の盛んな茨城・千葉が上位だから，【Ａ】である。小麦はフランスや，筑紫平野で二毛作が盛んな福岡・佐賀が上位だから，【Ｃ】である。

問２　イが正しい。育児休暇や時短勤務などの制度がある。　ア．男女雇用機会均等法成立後も男女間に格差があり，女性の収入の方が低い。　ウ．日本では，管理職や国会議員における女性の割合は１割ほどで，先進国の中で最下位である。

問３　2017 年度において，原子力発電は大きく減っており，太陽光発電は大きく増えていることに注目する。2011 年 3 月 11 日の東日本大震災での福島第一原子力発電所放射能漏れ事故の影響を受け，全国の原子力発電所が稼働を停止した。半永久的に使える太陽光などの再生可能エネルギーは，地球温暖化の原因となる二酸化炭素などの温室効果ガスをほとんど発生させないため，今後の活用が期待されている。

問４(1)　エ．産業用ロボットの稼働台数が急増した【Ａ】は，「世界の工場」「世界の市場」と呼ばれる中国である。次いで多い【Ｂ】は，医療用や福祉用のロボット活用が盛んな日本である。　**(2)**　ウ．1980年代に日米間で自動車においての貿易摩擦が起き，その解消のために日本は現地に工場を移すようになった。

問５(1)【Ａ】　日清戦争直前の 1894 年に陸奥宗光が治外法権(領事裁判権)の撤廃を実現させたから，(イ)を選ぶ。
【Ｂ】　日露戦争後の 1911 年に小村寿太郎が関税自主権の完全回復を実現させたから，(エ)を選ぶ。

(2) イスラム地域やアフリカ諸国では，深刻な難民問題が起きている。 (3)① 日本国憲法には，基本的人権の保障や第９条に「戦争放棄」「戦力不保持」「交戦権の否認」なども規定しているので，アが誤り。

② ウ．大日本帝国憲法のもとでは，臣民は法律の範囲内で自由権が保障されていた。

問６(1) ウ．少子高齢化や過疎化が進んだ結果，地方都市の人口減少や労働力流出などといった問題が生じている。

(2) アが正しい。縄文時代の人々は，食料が得やすい場所に，たて穴住居と呼ばれる家をつくって定住していた。また，食料の煮炊きや保存には表面に縄目の模様のついた縄文土器が用いられていた。イとウは弥生時代，エは古墳時代。 (3) カが正しい。【Ａ】は鎌倉時代の武家屋敷だから，Ｚである。【Ｂ】は平安時代後期の貴族の屋敷(寝殿造)だから，Ｙである。Ｘは平安時代前期までの貴族。 (4) 解放令が出されたのは明治時代だから，エが誤り。江戸時代はえた・ひにんなどの身分の人々が差別されていた。 (5) 一帯が焼け野原となるのを防ぐため，防災用緑地をつくって延焼をおさえようとした。関東大震災後，災害時避難場所の確保などを目的として錦糸公園・隅田公園・浜町公園がつくられた。 (6) ハザードマップ(防災マップ)には，洪水や地震，火山噴火，津波，土砂災害などの自然災害について，災害が起きたときに被害が発生しやすい地域や緊急避難経路，避難場所などが示される。

問７ アが誤り。鎖国体制下の江戸時代は，限られた資源を最大限に活かして経済を維持する循環型社会であった。新しい品物は高価で簡単には手に入らなかったので，ほとんどすべてのものがごみにならずに使われ続けた。人の排せつ物も肥料として農家に買い取られ，「肥料を作るのはその農作物を食べる消費者」というような，消費と生産が循環する社会が営まれていた。

問８ 日本の国際連合加盟は 1956 年だから，イが誤り。日ソ共同宣言を発表してソ連と国交を回復したことで，日本の国際連合加盟にソ連の反対がなくなり，日本は国際連合への加盟を果たすことができた。

★明治学園中学校

《国　語》

【一】 一. A. ウ　B. エ　　二. 電車が自由に使えるようになり、行動範囲が広がった　　三. 1. これまでとは違う　2. ア　　四. エ　　五. a. 音楽　b. 広田先生のところに通っている　c. 好意をいだいている　六. 音楽に対してとても真剣に向き合っている

【二】 ①きんもつ　②かくさく　③ちょうこう　④ひかく　⑤ぜっこう　⑥復旧　⑦台頭　⑧物色　⑨清潔　⑩保証　⑪納得　⑫便乗　⑬均等　⑭非難　⑮収拾

【三】 一. A. イ　B. オ　C. エ　D. ア　　二. 探究活動　　三. 1. a. 人間の子ども　b. 自然変革したい！　2. エ　　四. 直立二足歩行　　五. 自分の意志～を変えたり　　六. ウ　　七. エ　　八. イ　九. ウ

【四】 一. 幼齢の子犬・子猫を、新しい飼い主に譲渡できる月齢まで預かり、育てるボランティア　　二. 放置すると死んでしまう可能性の高い　　三. ウ　　四. ミルクボランティア制度が始まるまでは、収容数の5割前後を占める子猫の世話ができず、ほとんどが殺処分されてきたから。　　五. イ

《算　数》

1　(1)14　(2)$\frac{13}{30}$　(3)21　(4)18　(5)6　(6)A　(7)105　(8)43.96　(9)①3　②4.5　(10)(ウ)　※(11)(ウ)

2　(1)7，35　(2)38　(3)3分の曲…15　5分の曲…6

3　(1)黄色，青色　(2)5　(3)22　(4)120

4　(1)54　(2)10　(3)12

5　(1)①60　②19.5　③16.5　(2)(F)　(3)$453\frac{1}{3}$

※の理由は解説を参照してください。

《理　科》

1　(1)ウ　(2)エ　(3)樹液に集まるこん虫などを食べるため。　(4)エ　(5)①二酸化炭素　②ア　③15000　(6)ア，イ　(7)外来種

2　(1)白くにごる。　(2)①酸素　②液体…イ　固体…ク　(3)ア　(4)ア　(5)ウ　(6)長いろうそくの方がほのおのまわりの酸素が早く不足するから。　(7)イ　(8)エ，オ

3　(1)①冬至　②秋分　③夏至　(2)日の出…ウ　南中…カ　日の入…キ　(3)ウ　(4)太陽　(5)月　(6)ウ　(7)キ　(8)1，13，4，00

4　(1)①水蒸気　②蒸発　(2)水が水蒸気になるときに，まわりから熱をうばうから。　(3)右図　(4)右図　(5)電気をためるはたらき。　(6)①反時計回り　②イ　(7)風力発電　(8)ア

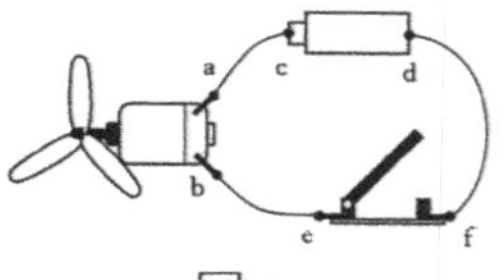

4(3)の図

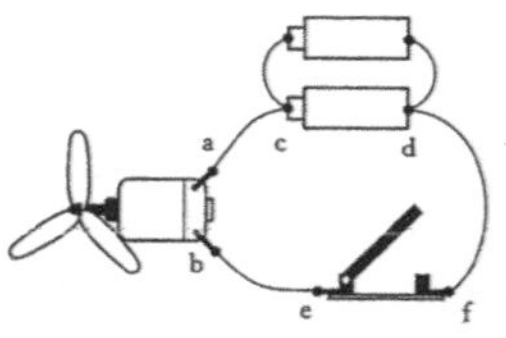

4(4)の図

《社　会》

1 問1．1．○　2．○　3．×　　問2．火力…イ　水力…ア　地熱…ウ　　問3．茶…ア　かんしょ…ウ　肉用牛…イ　　問4．エ　　問5．大王を頂点とする大和朝廷の支配が，九州から関東まで及んでいたこと。　問6．ウ　　問7．壇ノ浦…ア　種子島…エ　有田…ウ　　問8．エ　　問9．ア　　問10．イ　問11．1．広島　2．長崎　　問12．ウ　　問13．被災地からの部品の供給がなくなったから。

2 問1．ア　　問2．エ　　問3．原料の輸入と製品の輸出に船を使うので，沿岸部につくられている。　問4．H．自　I．共　　問5．山地の谷間にあるので，大雨による土石流が発生した。

3 問1．イ　　問2．西アジアの宝物や文化がシルクロードを経由して，遣唐使によって日本に持ちこまれたから。　問3．エ　　問4．1．○　2．×　　問5．伊能忠敬　　問6．生糸　　問7．ウ　　問8．東海道

4 問1．ウ　　問2．ユニセフ…エ　ユネスコ…ア　　問3．イスラム教の戒律にのっとった処理がされていて，安心・安全であること。　　問4．ア　　問5．ウ　　問6．NGO　　問7．イ

←解答例は前のページにありますので，そちらをご覧ください。

《2021　国語　解説》

【一】

一Ａ　ウの「押《お》し問答」とは、互《たが》いに自分の言いたいことを言い張って、譲《ゆず》らないこと。「早朝の列車で東京に戻るか、それともその日のうちに引き返すかで、百合子《ゆりこ》と克久《かつひさ》は」互いに自分の意見を主張して譲らなかったという文脈。　よってウが適する。　　Ｂ　エの「タカをくくる」とは、たいしたことはないとみくびるという意味。遅《おそ》くなると言っても、たいして遅くはならず、せいぜい八時ぐらいだろうと百合子は軽く考えていたが、十時になることもあると聞いて驚いたという文脈。　よってエが適する。

二　傍線《ぼうせん》部①の直後に「克久は電車に乗って行動することを覚えた」とあるため、広田《ひろた》先生の家に出掛《でか》けるには、電車に乗る必要があることがわかる。また、傍線部①の３～４行後に「克久のそれまでの行動範囲《はんい》からすれば、電車が自由に使えるというのは飛躍《ひやく》的な進歩だった」とあることに着目する。この部分に克久の成長が描《えが》かれている。

三１　３つ目の波線部の８行後に「暮れから」とあり、その後に「何か変だった」「いつもの年とは違《ちが》った感じがする」などとあることから、久夫(父)の態度や表情がこれまでとは違うことがわかる。　　２　１つ目の波線部から、久夫は「腹をすえてかかれ」と、自分自身にも言い聞かせているのがわかる。２つ目の波線部の「声がシリアス」からは、父の真剣さがうかがえる。３つ目の波線部は、久夫の深いため息を表す。これらから、久夫には、何か腹をすえてかからなければならないことがあり、真剣に考え込んでいることが読み取れる。また、名古屋駅で交わした会話の中で、久夫は「人間はアレだな、腹をすえろと言われても～やっぱり何かしら、迷いというものは出るから」と言っていることや、「暮れから」で始まる段落の中で、克久が久夫について「何か迷っているのかもしれない」と感じていることから、アが適する。

四　ア．心の中に「壁塗《かべぬ》りをする」のは、感情を覆《おお》い隠《かく》すことで、「思ったことをすぐ言ってしまおうとする」とはむしろ逆なので、適さない。　イ．克久と同じ楽器を担当しているアズモは女の子だが、二人の親しげな会話の様子から、「緊張している」という間柄《あいだがら》ではないことがわかるため、適さない。　ウ．「誰かの恋のうわさ話」ではなく、自分自身のことなので、適さない。　エ．田中さんとのことを「うわさになっているよ」と言われ、理由を問い返すと「いつも一緒《いっしょ》に帰るから」と言われた。「いつもじゃないよ」と否定したが、これ以上田中さんとのことを聞かれるのは、自分の本当の気持ち(＝田中さんに好意をいだいている)と向き合うことになり、面倒《めんどう》なことになると思ったので、何も感じないようにしようとしたのだ。　よって、エが適する。

五ａ　克久は吹奏楽《すいそうがく》部で、田中さんも元吹奏楽部である。二人とも音楽が趣味《しゅみ》であることが共通している。

ｂ　「奥田《おくだ》克久が広田先生のところに通い出して四カ月があっという間に過ぎた」「広田先生のところに通い出してからはフルートのホームレッスンに通っている田中さんと」とあることから、二人とも広田先生のところに通っている点も共通していることがわかる。　　ｃ　「うわさになっているよ」とアズモに言われても「そんなんじゃないよ」と否定しなかったのは、「田中さんとは話が合う」「田中さんと話していて、おもしろかった」などからわかるように、田中さんに対して好意をいだいているからである。自分の気持ちにうそをつきたくなかったのだ。

六　傍線部④の中で、克久の音楽に対する姿勢がわかる言葉として「異様な真剣《しんけん》さを生む」「触《ふ》れたら切れるような真剣さ」が挙げられ、音楽に対してとても真剣に向き合っている姿勢がうかがえる。

【三】

著作権に関係する弊社《へいしゃ》の都合により本文を非掲載《ひけいさい》としておりますので、解説を省略させていただきます。ご不便をおかけし申し訳ございませんが、ご了承《りょうしょう》ください。

【四】

著作権に関係する弊社の都合により本文を非掲載としておりますので、解説を省略させていただきます。ご不便をおかけし申し訳ございませんが、ご了承ください。

《2021　算数　解説》

1　(1)　与式$=18-2\times2=18-4=14$

(2)　与式$=\frac{5}{6}-\frac{1}{4}\times\frac{2}{3}\times\frac{12}{5}=\frac{5}{6}-\frac{2}{5}=\frac{25}{30}-\frac{12}{30}=\frac{13}{30}$

(3)　15は$\frac{1}{4}$の$15\div\frac{1}{4}=15\times4=60$(倍)だから，与式より，$\frac{3}{10}\times60=\square-3$　　$\square=18+3=21$

(4)　$6\%=\frac{6}{100}$だから，求める食塩の重さは，$300\times\frac{6}{100}=18$(g)である。

(5)　あるチームは自分以外の３チームと試合をするので，全部で３試合する。このことから全部で$3\times4=12$(試合)と計算すると，１つの試合を二重に数えていることになる(例えば，Ａチーム対ＢチームとＢチーム対Ａチームで２試合と数えていることになる)。したがって，全部の試合数は，$12\div2=6$(試合)である。

(6)　①の条件より，ＡはＢより速いから，Ａは４着ではない。よって，②の条件からＣは４着，③の条件からＢは３着とわかる。これより，④の条件から，Ｄが２着とわかるので，１着はＡである。

(7)　**【解き方】三角形の１つの外角は，これととなりあわない２つの内角の和に等しいことを利用する。**

右図のように記号をおく。角ＥＣＤ$=90°-45°=45°$なので，三角形ＣＤＥについて，外角の性質より，㋐の角度は，$60°+45°=105°$である。

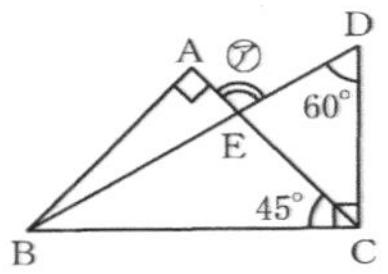

(8)　**【解き方】できる立体は，右図のように底面の半径が２cm，高さが$2+2=4$(cm)の円柱から，半径が$2-1=1$(cm)，高さが２cmの円柱を取り除いた立体となる。**

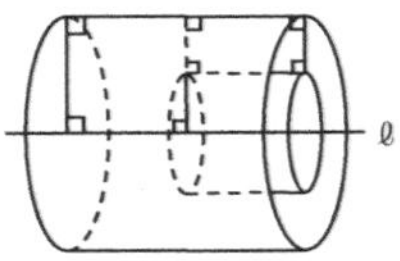

求める体積は，$2\times2\times3.14\times4-1\times1\times3.14\times2=(16-2)\times3.14=14\times3.14=43.96$(㎤)である。

(9)①　度数(人数)が最も多いのは３冊借りた人数だから，最頻値は３冊である。

②　10人の中央値は，$10\div2=5$より，借りた冊数が少ない(または多い)順に並べたときの５番目と６番目の平均である。少ない順に並べると，１，３，３，３，４，５，…(単位は冊)だから，中央値は，$(4+5)\div2=4.5$(冊)

(10)　(ア)2.0m以上2.2m未満の児童が２人いることはわかるが，２人とも2.1m以上かどうかはわからないので，正しいとはいいきれない。　(イ)記録が2.4未満の児童は$2+6=8$(人)だから，正しくない。　(ウ)2.6m以上の児童は$12+9+2=23$(人)で，半数である$40\div2=20$(人)をこえているから，正しい。　(エ)3.0m以上3.2m未満の児童が２人いるから，正しくない。

よって，正しいものは，(ウ)である。

(11)　**【解き方】底辺と高さが等しい三角形の面積は等しいことを利用する。(三角形ＡＢＣの面積)＝(三角形①の面積)＋(三角形②の面積)，(三角形ＤＢＣの面積)＝(三角形③の面積)＋(三角形②の面積)である。**

ＡＤとＢＣは平行だから，三角形ＡＢＣと三角形ＤＢＣは，ともにＢＣを底辺とすると，高さが等しくなる。

よって，三角形ＡＢＣと三角形ＤＢＣの面積は等しく，ともに三角形②を含《ふく》むから，三角形①と三角形③の面積も等しいことがわかる。

2 (1)　２時間＝120分である。全部で20＋10＝30(曲)録音するから，曲と曲の間は30－１＝29(回)ある。
よって，曲で３×20＋５×10＝110(分)，曲と曲の間で５×29＝145(秒)，つまり，２分25秒録音するから，残りの録音できる時間は，120分－110分－２分25秒＝７分35秒である。
なお，この30曲を録音するときは曲と曲の間に５秒の間をあけたが，ここでは残りの録音可能な時間を問われている。つまり，30曲目を終えた後，５秒の間をあけるかはわからないので，７分35秒から，曲と曲の間の５秒をひく必要はないであろう。

(2)　**【解き方】３分の曲と間の５秒を合わせると，３分５秒＝３$\frac{5}{60}$分＝$\frac{37}{12}$分となる。よって，間の５秒を含めた１曲にかかる録音の時間は，$\frac{37}{12}$分である。**
120÷$\frac{37}{12}$＝38.9…より，38曲録音すると，残りの録音時間が120分－３分５秒×38＝120分－114分190秒＝120分－117分10秒＝２分50秒となり，これ以上３分の曲を入れることができないから，最大で38曲録音できる。

(3)　**【解き方】曲と曲の間は５×(21－１)＝100(秒)，つまり，１分40秒だから，録音する曲の時間は，１時間16分40秒－１分40秒＝１時間15分＝75分である。５分の曲を21曲録音した場合について考え，実際の時間との差から，それぞれ何曲録音したのかを考える。**
５分の曲を21曲録音した場合，録音する曲の時間は５×21＝105(分)であり，実際より105－75＝30(分)長い。
５分の曲を３分の曲に置きかえると，１曲につき５－３＝２(分)短くなるから，３分の曲は30÷２＝15(曲)，
５分の曲は21－15＝６(曲)録音した。

3 (1)　赤色のライトは，２，４，６，８，…秒のとき，黄色のライトは，１，４，７，…秒のとき，青色のライトは，２，７，12，…秒のときに光るから，７秒後に光るライトの色は，黄色と青色である。

(2)　**【解き方】２と３，３と５，２と５の最小公倍数はそれぞれ，６，15，10である。よって，２つのライトは初めて同時に光ってから，赤色と黄色は６秒ごと，黄色と青色は15秒ごと，赤色と青色は10秒ごとに同時に光ることがわかる。**
(1)より，赤色と黄色が初めて同時に光るのは４秒のときだから，15秒間では，４秒と10秒のときに同時に光る。
黄色と青色が初めて同時に光るのは７秒のときだから，15秒間では，７秒のときに同時に光る。
赤色と青色が初めて同時に光るのは２秒のときだから，15秒間では，２秒と12秒のときに同時に光る。
スタートしてから15秒間では，３つのライトが同時に光ることはないので，求める回数は，２＋１＋２＝５(回)

(3)　(2)より，赤色と黄色が同時に光るのは，４，10，16，22，…秒のとき，黄色と青色が同時に光るのは，７，22，…秒のとき，赤色と青色が同時に光るのは，２，12，22，…秒のときだから，３つのライトが初めて同時に光るのは，スタートしてから22秒のときである。

(4)　**【解き方】２と３と５の最小公倍数は30だから，初めて３つのライトが同時に光ってから，30秒ごとに３つのライトが同時に光ることがわかる。**
１時間＝60分＝(60×60)秒＝3600秒である。初めて３つのライトが同時に光ってから残りの3600－22＝3578(秒間)で，3578÷30＝119余り８より，119回だけ３つのライトが同時に光るから，求める回数は，１＋119＝120(回)

4 (1)　立体を上下左右前後から見たときの図形は，いずれも１辺の長さが１×３＝３(㎝)の正方形となる。

よって，求める表面積は，(3×3)×6＝54(㎠)である。

(2)　色が塗られた面が3つである立方体は，右図の色付きの立方体と，右図の位置からは見えない，太線の点線でできた立方体がある。よって，全部で10個ある。

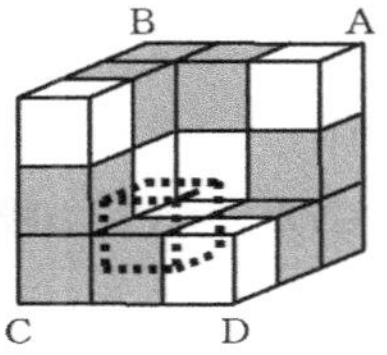

(3)　切断する面は，右図の太線のようになるから，切断される立方体は，右図の色付き部分の7個ある。よって，切断されていない立方体は，19－7＝12(個)ある。

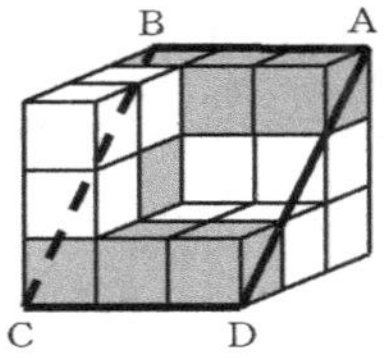

5 (1)　山頂の標高は620mだから，図1より，山頂にいた時間は，12時から13時までの13－12＝1(時間)，つまり，①<u>60</u>分間である。

図2より，12時の登山口の気温は②<u>19.5</u>(℃)である。山頂は登山口より620－120＝500(m)高いから，気温は $0.6\times\frac{500}{100}=3$ (℃)下がる。よって，山頂についたときの気温は，19.5－3＝③<u>16.5</u>(℃)である。

(2)　**【解き方】10時から1時間ごとの太郎さんがいた場所の気温を求める。**

10時のときの気温は図2と同じく18℃である。10～12時までは一定の速さで登っていて，12－10＝2(時間)で図2と比べて気温が3℃下がるから，1時間で3÷2＝1.5(℃)下がる。よって，11時のときの気温は18.5－1.5＝17(℃)である。(1)より，12時のときの気温は16.5℃である。13時のときの気温は，図2と比べて気温が3℃下がる(12時のときと同じ場所にいるので)から，20.0－3＝17.0(℃)である。

ここまでで，太郎さんがいた場所の気温は，10時～12時まではだんだんと低くなり，12時から13時は高くなっているので，そのようなグラフを探すと，(D)と(F)が見つかる。また，10～12時の太郎さんがいた場所の気温の変化は，1時間ごとに18.0－17.0＝1(℃)，17.0－16.5＝0.5(℃)と下がっており，下がり方が一定ではないので，(F)のグラフが適当であるとわかる。

(3)　**【解き方】(2)より，登り始めた時以外で気温が18.0℃になるのは，下山しているときである。図1より，14時30分－13時＝1時間30分＝90分で下山している。山頂の気温は登山口の気温より3.0℃低いから，下山している間は，30分ごとに気温が3÷3＝1(℃)ずつ，山頂の気温より高くなる。よって，13時30分の太郎さんがいる場所の気温は，図2と比べて気温が3－1＝2(℃)低いから，20.0－2＝18.0(℃)となる。よって，13時30分の太郎さんがいる場所の標高を求める。**

90分で標高が500m下がるから，30分で $500\times\frac{30}{90}=\frac{500}{3}=166\frac{2}{3}$ (m)下がる。

よって，求める標高は，$620-166\frac{2}{3}=453\frac{1}{3}$ (m)である。

《2021　理科　解説》

1 (1)　ソメイヨシノの花は，花びらが5枚で，1本のめしべのまわりに十数本のおしべがある。

(2)　チョウはこん虫のなかまである。こん虫のからだはあたま，むね，はらの3つの部分に分かれており，6本のあしはすべてむねから出ている。

(3)　タヌキやカラスは雑食《ざっしょく》性の動物で，クヌギに集まるこん虫も食べる。

(4)　エ○…ア，イ，ウ，カはは虫類，オは魚類のなかまである。

(5)①　生物は呼吸によって，酸素をとりこみ，二酸化炭素を発生させている。　②　ア○…(い)では，ガスバーナーでの加熱によって土の中の生物が死んでしまうため，呼吸による二酸化炭素の発生がない。　③　10㎝→0.1mより，明くんが調べた区画の面積は0.1×0.1＝0.01(㎡)である。ここに10匹のトビムシがいたので，15㎡の空き地には，$10\times\frac{15}{0.01}=15000$ (匹)のトビムシが存在している。

(6) ア，イ×…図1は春の学校の風景画である。アブラゼミが木にとまって鳴いたり，ヒマワリの花が咲いたりするのは夏である。

2 (1) ろうそくが燃えると二酸化炭素が発生する。石灰水に二酸化炭素を通すと白くにごる。

(2)② うすい塩酸と亜鉛によって水素が発生する。また，うすい塩酸と石灰石によって二酸化炭素が発生し，アンモニア水を加熱するとアンモニアが発生する。

(3) ア○…ほのおのまわりの空気(酸素)とふれやすい部分の温度が最も高い。

(4) ア○…そうそくのしんから出る白いけむりは，ろうの気体が冷やされて液体になったものである。ろうは気体になると軽くなるため，しんから上に動いていく。

(5) ウ○…ものが燃えるには酸素が必要である。Aではろうそくが燃えてできた気体が上から出て，かわりに外からの酸素をふくむ空気が入ってくるので，長く燃え続ける。

(6) ろうそくが燃えてできた気体は軽いので，びんの上から順にたまっていく。長いロウソクの方がほのおの位置が高いので，ほのおのまわりの酸素が不足しやすい。

(7) イ○…ろうそくは，ろうの固体があたためられて液体となってしんをのぼり，しんの先で気体になったものが燃えている。したがって，しんが最も太いイで，一度に多くのろうが気体になって燃えるので，最も火が大きく燃える。

(8) エ，オ○…ろうそくでは，しんの先でろうの気体が燃え続ける必要があるので，しんには熱でとけず，液体がしみこみやすい素材が選ばれている。

3 (1) 昼間の長さは夏至のころに最も長くなり，冬至のころに最も短くなる。また，春分，秋分のころに昼と夜の長さが同じになる。

(2) 冬至では，太陽が真東よりも南よりから出て真西よりも南よりにしずみ，南中高度は最も低くなる。

(3) ウ○…北半球では，太陽は東→南→西の順に動く。

(4)(5) 太陽の直径は月の約400倍だが，地球から太陽までの距離は地球から月まで距離の約400倍だから，地球から見る太陽と月はほぼ同じ大きさに見える。

(6) ウ○…太陽は東からのぼるので，より東側にある東京の方が日の出，南中，日の入の各時刻が早くなる。

(7) 地球が24時間で360度回転することで時差が生じるので，経度が360÷24＝15(度)異なると1時間の時差が生じる。日本の時刻は東経135度が基準となっているので，イギリスと日本の時差は135÷15＝9(時間)であり，日本の方が東にあるので，日本が1月13日の13時のとき，イギリスは1月13日の4時00分である。

4 (3) モーター，乾電池，スイッチを一続きの回路になるようにつなぐ。

(4) 乾電池を並列つなぎにすると，乾電池1個のときと比べて電池が長持ちする。したがって，長時間はねが回るのは，乾電池を並列つなぎにしたときである。

(6)① 図3と図4では，電流が同じ向きに流れている。図3ではモーターは乾電池からの電流によって回転し，図4ではモーターは電流を流す発電機の役割をしているので，はねの正面から見て，図3と図4ではねの回転の向きは反対になる。したがって，反時計回りである。　② イ○…図5で発光ダイオードの＋たんしとコンデンサーの＋たんしをつなぐ。コンデンサーは図4で電流が流れこむ方が＋たんしにつなぐので，コンデンサーのhが＋たんし，gが－たんしである。

(8)　ア×…風力発電では，風がふかなければ発電できないので，天候に左右されると言える。　イ○…風力発電では，石油，石炭，天然ガスなどの化石燃料を使わない。　ウ○…風力発電では化石燃料を使用しないので，二酸化炭素の排出量をおさえられる。　エ○…海上での風力発電では，周囲に風をさえぎるものがなく，安定した風力を得やすい。

《2021　社会　解説》

1　問１　１・２．正しいから「○」である(右図参照)。　３．東日本大震災に見まわれた宮城県の温泉湧出量は，上位 10 位以内ではないから「×」である。

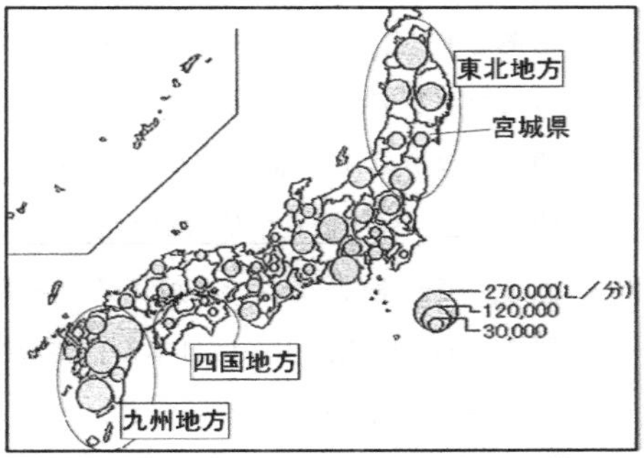

問２　火力発電所は燃料の輸入がしやすい臨海部に多いからイ，水力発電所は河川の近くや貯水ダムを作ることのできる山間部に多いからア，地熱発電所は地熱を利用するため火山の近くに多いからウを選ぶ。

問３　茶の収穫量は静岡県＞鹿児島県＞三重県＞宮崎県＞京都府だからア，かんしょの収穫量は鹿児島県＞茨城県＞千葉県＞宮崎県＞徳島県だからウ，肉用牛の飼養頭数は北海道＞鹿児島県＞宮崎県＞熊本県＞岩手県だからイを選ぶ。

問４　エを選ぶ。吉野ケ里遺跡は佐賀県，登呂遺跡は静岡県，三内丸山遺跡は青森県にある。

問６　ウが誤り。大和朝廷は朝鮮半島に進出し，百済と連合して，高句麗や新羅と戦った。

問７　壇ノ浦は山口県下関市だからア，種子島は鹿児島県だからエ，有田は佐賀県だからウを選ぶ。イは福岡県の志賀島，オは鹿児島県の屋久島。

問８　エが誤り。鎖国完成後，対馬藩が朝鮮，薩摩藩が琉球王国と交易を続けた。

問９　アが誤り。新渡戸稲造は国際連盟の事務局次長である。

問 10　イが誤り。福沢諭吉は中津藩出身である。板垣退助は土佐藩，大久保利通は薩摩藩，伊藤博文は長州藩，大隈重信は肥前藩出身である。

問 11　原爆で大きな被害を受けた広島市と長崎市では，核兵器廃絶を求める運動が続けられている。

問 12　ウが誤り。日中平和友好条約の締結は 1978 年。アの日米安全保障条約の締結は 1951 年，イの警察予備隊の創設は 1950 年。

問 13　自動車工場では，主にジャストインタイム生産方式(必要なときに必要なものを必要なだけ生産する方式)が取られており，倉庫に余分な在庫が保管されることがほとんどない。そのため，部品工場が操業を停止すると，被害のない組み立て工場でも操業を停止せざるを得なくなる。

2　問１　ア．鳥取市は日本海側の気候だから，冬の降水量が多いＡである。高松市は瀬戸内の気候だから，１年を通して降水量が少ないＢである。高知市は太平洋側の気候だから，夏の降水量が多いＣである。夏の南東季節風や冬の北西季節風は，高い中国山地や四国山地を越える前に大雨や大雪をもたらし，山地を越えた後には乾いた風となる。

問２　エが正しい。関西国際空港は，成田空港に次いで入国者数が多いから，Ｇである。福岡空港は，距離の近い韓国やフィリピンからの入国者数が多いから，Ｆである。Ｄは新千歳空港，Ｅは成田空港。

問３　重量の重い石油や石炭などの原料，機械類などの製品の移動に船が利用されている。瀬戸内工業地域は，岡山県倉敷市の水島・山口県周南市の徳山などに大規模な石油化学コンビナートがあり，化学工業がさかんである。

問４　「自助」は自分を守ること，「共助」は周りの人たちと助け合うこと，「公助」は公的支援のことである。

問５　土石流は，台風にともなう大雨によって山地の土砂が流動しやすくなって発生する。

3　問１　イ．右図参照。

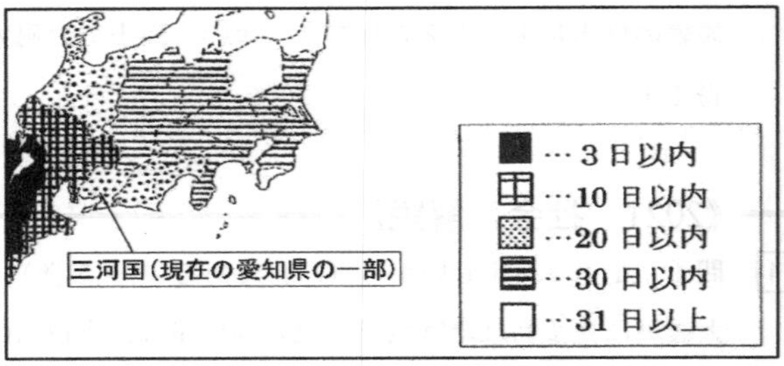

問２　奈良時代，日本は遣唐使を送り，唐の進んだ制度や文化を学んでいた。正倉院宝物の螺鈿紫檀五弦琵琶には，西アジアの文化が中国に伝わっていた証拠として，ヤシの木，ラクダ，ペルシャ風の吟遊詩人などがデザインされている。

問３　エが誤り。「武家諸法度」でなく「御成敗式目」である。武家諸法度は江戸時代に制定された。

問４　２．織田信長は仏教勢力と対立し，キリスト教を保護したので誤り。また，信長が安土城下に楽市・楽座令を出し，座を廃止したことで商工業の発展に努めたことも覚えておこう。

問６　開国以来，生糸は日本の主要な輸出品だった。生糸の品質や生産技術を向上させることを目的に，1872年，群馬県に富岡製糸場がつくられた。

問７　日本の国際連盟脱退は1935年(通告1933年)だから，ウの日独伊三国同盟の締結(1940年)が正しい。　ア．日清戦争後の下関条約(1895 年)についての記述である。　イ．「南京」ではなく「北京」である。　エ．日本への石油や鉄の輸出の禁止の後に，日本軍がマレー半島やハワイを攻撃した。

問８　ａは東海道五十三次，ｃは東海道新幹線である。

4　問１　アが誤り。安全保障理事会の常任理事国はアメリカ・中国・イギリス・フランス・ロシアであり，大国一致の原則によって，常任理事国が１国でも反対すればその議案は否決される。また，核拡散防止条約によって核兵器の保有を認められているのも常任理事国だけである。

問２　ユニセフはエ，ユネスコはアを選ぶ。イは国際労働機関(ＩＬＯ)，ウは世界貿易機関(ＷＴＯ)。

問３　イスラム教では，飲酒や豚肉を食べることが禁じられている。

問５　Ａのみ誤りだから，ウを選ぶ。非核三原則は，核兵器を「持たず，つくらず，持ち込ませず」という三つの原則である。

問６　ＮＧＯ(非政府組織)には，国境なき医師団などが含まれる。

問７　イが正しい。インドネシアと東ティモールは島国であり，南アフリカ共和国はアフリカ大陸にある。

2020 解答例 令和２年度 ★明治学園中学校

《国　語》

【一】 一．いつも狩人のうらをかき、シカの群れを引きつれて逃げてしまうから。　二．からがら／ほうほう
三．A．ア　B．エ　四．ほらあなにはシカやサルの群れがいて、人間が来てもおどろかず、静かにしていたから。　五．１．平和　２．晴れてきた　３．三人が冷えたからだをおしつけても、シカたちがさわがなかったこと。／シカたちが、武器をもっていない三人をおそわず、ほらあなを出ていったこと。　４．ウ

【二】 一．食事という ～ 進んでいる　二．ベッドの上でテレビを見ながらおにぎりを食べている　三．親子が別々の部屋で違うものを食べる状態。　四．どの局でも食べ物番組をやっている。　五．大人が、社会全体で食べ物をおもちゃにしている点。　六．共食を増やして、食事を家庭教育や生活規律の訓練の場とすればよい。

【三】 ①こおう　②まどべ　③へ　④誕生　⑤痛快　⑥感激　⑦短い　⑧郷土　⑨表裏　⑩終始

【四】 一．１．定期的に国境と海を渡ること　２．そのチョウが、軽井沢で九月十五日に捕獲された個体であること。
二．D　三．１．ア　２．エ

《算　数》

1　⑴7　⑵11.2　⑶3　⑷2，3，5，7　⑸6　⑹月　⑺(イ)，(エ)　⑻15.6　⑼150　⑽27.44　※⑾(イ)，(ウ)，(エ)

2　⑴18　⑵12　⑶9　⑷9

3　⑴50　⑵20　⑶(イ)　⑷①50　②66，40

4　①1199　②1837　③50　④39

5　⑴113.04　⑵3.25　⑶3063.06

※の理由は解説を参照してください。

《理　科》

1　(1)青むらさき　(2)イ　(3)ア　(4)エ　(5)①加熱するとはたらきを失う　②事前に加熱
(6)マイタケ／ブナシメジ／エノキタケ　(7)イ

2　(1)酸素　(2)イ　(3)ウ　(4)二酸化炭素　(5)ア．3.30　イ．3.52
(6)どちらも塩酸がすべて反応しているから。　(7)8.00　(8)95

3　(1)あ．せま　い．はやい　う．しん食　(2)右図　(3)a．はやくて
b．水の流れがゆるやかで，小石や砂がたい積する　(4)ウ
(5)ウ，エ，イ，ア　(6)オ　(7)石灰岩…ア　c．カ

4　(1)右図　(2)上　(3)③　(4)①暗くなり　②広くなる　(5)エ　(6)エ　(7)イ
(8)表情…②　向き…⑦

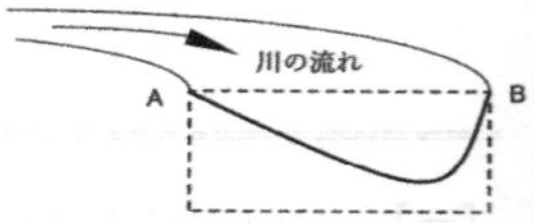

3(2)の図

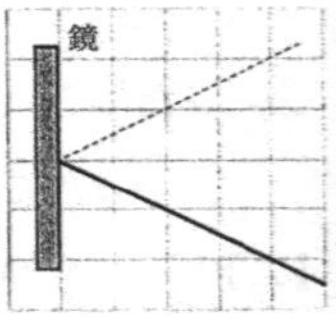

4(1)の図

《社　会》

1　問1．イ　問2．エ　問3．オ　問4．ウ　問5．ア　問6．ア　問7．イ　問8．ウ→ア→イ
問9．ウ　問10．①食べきることができる量の食べ物を買うこと。　②廃棄される食べ物を焼却するときに二酸化炭素が発生するから。

2　問1．右図　問2．イ
問3．[読み取り／特徴]　A．[ア／キ]　B．[ウ／カ]　C．[イ／ク]

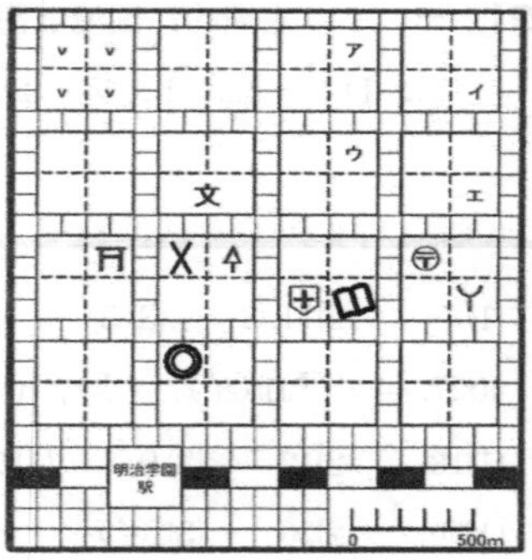

3　問1．象徴　問2．イ　問3．基本的人権　問4．エ　問5．イ
問6．ウ　問7．ア　問8．日本の内閣総理大臣は間接選挙で選ばれるが，アメリカの大統領は直接選挙で選ばれる。

4　問1．A．ウ　B．ア　C．エ　問2．エ　問3．堺　問4．ア
問5．①ア，エ　②北前船の寄港地だった　問6．イ　問7．ペリー
問8．ウ

←解答例は前のページにありますので，そちらをご覧ください。

《2020　国語　解説》

【一】

一　傍《ぼう》線部①の７行後からの会話文で「すっかり狩人《かりゅうど》のやり口をおぼえこんでしまった～いつも、われわれのうらをかいては、シカの群れを引きつれて、うまく逃《に》げてしまうやつだ」と言っていることからまとめる。

二　「命からがら」は、命を守るのが精一杯《せいいっぱい》で、やっとのことで、という意味。「ほうほうの体《てい》」は、いまにもはい出さんばかりに、やっとのことで逃げ出す様子。

四　同じ「ほらあな」の中の、１メートルもはなれていない場所に「三十頭にちかいシカの群れと、十五、六頭のサルとが～横になり～かたまりあっている」のを見て、「ぼくたち」は「ぎくっとした」。動物たちが、ふだんは敵である者が入ってきても、「べつに逃げるようすも、さわぐようすもなく、また、べつに、気にとめるふうもなく、ふしぎに静まりかえっている」ので、おどろいたということ。

五(2)　「さっきまでは暴風雨だった」に対する内容。シカたちが「ほらあなの外に歩きだして行ってしまった」とあることから、暴風雨がやんだということ。そして「光」とあるので、晴れてきたのだとわかる。　(3)　動物たちも「ぼくたち」も、暴風雨からのがれるために「ほらあな」に入った。いつもシカ狩《が》りをしている人間であっても、「動物たちは、おたがいのからだに、同じような危険がおそいかかってきたばあいには、おたがいに助けあうというような習性をもっているのかもしれない」と書かれていることにあてはまったのだろう。こごえ死にそうになっている「ぼくたち」が冷えたからだをおしつけても、「シカたちは、べつにさわぎたてもしなかった」。また、目をさました後、「武器のないぼくたちは、シカの群れがあの鋭《するど》い角でむかってくれば～命も～捨てなければならぬ」という状況《じょうきょう》になったが、「シカたちは、べつにぼくたちに目もくれず～外に歩きだして行ってしまった」とある。これらの出来事を経験し、シカたちを見る目が変わったのである。　(4)　「ぼくたち」をおそわずに「ほらあな」を出ていったシカの群れを率いていたのは、いつも狩りでねらっていた「片耳《かたみみ》の大シカ」だった。ここぞとばかりに敵の命をねらったりしない、大シカのフェアな態度に感動し、ほめたたえるような気持ちで見ているのである。こうごうしい後ろ姿だったということ。よって、ウが適する。

【二】

著作権に関係する弊社《へいしゃ》の都合により本文を非掲載《ひけいさい》としておりますので、解説を省略させていただきます。ご不便をおかけし申し訳ございませんが、ご了承《りょうしょう》ください。

【四】

一(1)　資料Ⅰの２～３行目「定期的に国境と海を渡《わた》ることが標識調査で証明されたチョウは世界に一種しかありません」より、下線部が 13 字。　(2)　資料Ⅱには「『どこで、何月何日に、誰《だれ》が、何番目に標識した個体か』がわかるように～つまり、『場所、月日、標識者、番号』」とある。よって、捕獲《ほかく》された場所が軽井沢、月日が９月 15 日であることを説明する。

二　ひろしくんが捕《つか》まえたのは 10 月 15 日。資料Ⅳより、「秋の南下個体」であるとわかる。「12 月頃《ごろ》までが寿《じゅ》命《みょう》である。沖縄《おきなわ》県では 12 月頃まで移動した成虫が見られる」とあり、北九州の後にさらに南に向かうと考えられるので、Ｄが適する。

三(1)　「アサギマダラの調査協力をしてほしい」と思って書いた記事であり、「みなさんも、アサギマダラを見つけたら～文字の内容を～連らくしてください」とあるので、アが適する。　(2)　「アサギマダラのことを知らないクラスメイト」に「アサギマダラを見つけたら～文字の内容を～連らくしてください」とお願いしているので、文字の意味を説明しておくのがよい。よって、エが適する。

―《2020　算数　解説》―

1　(1)　与式＝18－８×２＋５＝18－16＋５＝７

(2)　与式＝1.2＋0.8÷0.4×５＝1.2＋２×５＝1.2×10＝11.2

(3)　与式より，88－(５×□＋57)＝$20\times\frac{4}{5}$　５×□＋57＝88－16　５×□＝72－57　□＝15÷５＝３

(4)　素数は１とその数自身以外に約数を持たない数である。したがって，１から10までの整数のうち，素数は２，３，５，７である。１は素数にはふくまれないので気をつけよう。

(5)　Ａが１番目に走るとき，２番目に走る人の決め方は，Ａ以外の３通り，３番目に走る人の決め方は，Ａと２番目に走る人以外の２通り，４番目に走る人の決め方は，最後に残った１通りである。
よって，決め方は全部で３×２×１＝６(通り)ある。

(6)　１月が何日まであるかは関係なく，１週間後＝７日後は同じ曜日になるということに注目する。
30÷７＝４余り２より，30日後は４週間と２日後なので，求める曜日は，土曜日から２日後の月曜日である。

(7)　(ア)について，通学時間が20分以上30分未満の児童はいるが，35分の児童がいるかは，図１から読み取ることはできない。(イ)について，通学時間が最も長い児童は50分以上60未満なので，通学時間が60分以上の児童は１人もいないことがわかる。(ウ)について，歩く速さは図１からは読み取ることはできない。(エ)について，31÷２＝15余り１より，通学時間が短い順に数えてちょうど真ん中である児童は，短い順に数えて16番目の児童で，20分未満の児童は６＋９＝15(人)，30分未満の児童は15＋10＝25(人)だから，20分以上30分未満だとわかる。以上より，図１から正しいと読み取れるのは，(イ)と(エ)である。

(8)　図２からわかることを，直線上にかくと右図のようになる(長さは正確ではない)。よって，Ａ駅とＢ駅の間の距離(①)はＡＣ＋ＣＤ－ＢＤ＝18.3＋5.1－7.8＝15.6(km)である。

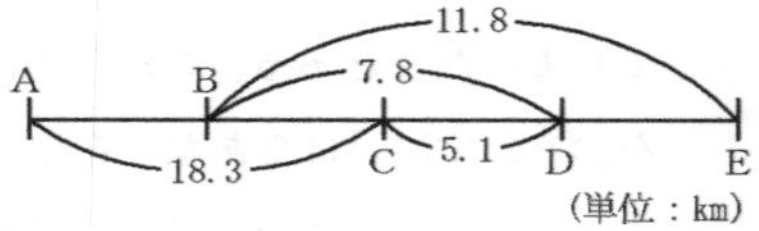

(9)　右図のように線を引く。ＢＡ＝ＢＥ＝ＢＤ＝ＤＥ＝ＤＣである。
よって，三角形ＢＤＥは正三角形なので，角ＢＥＤ＝角ＥＢＤ＝60度である。
角ＡＢＥ＝90－60＝30(度)であり，三角形ＢＡＥは二等辺三角形なので，
角ＡＥＢ＝(180－30)÷２＝75(度)である。同様にして，角ＣＥＤ＝75度とわかるので，角㋐＝360－角ＡＥＢ－角ＢＥＤ－角ＤＥＣ＝360－75－60－75＝150(度)である。

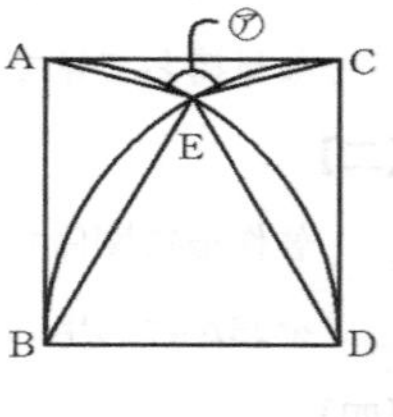

(10)　ア直角をはさむ２辺が８cmの直角二等辺三角形の面積からイ右図の斜線《しゃせん》部分の面積を引けばよい。アは８×８÷２＝32(㎠)である。イは半径が８÷２＝４(cm)で中心角が90度のおうぎ形の面積から，直角をはさむ２辺が４cmの直角二等辺三角形の面積を引けばよいので，
$4\times4\times3.14\times\frac{90}{360}$－４×４÷２＝12.56－８＝4.56(㎠)である。よって，求める面積は32－4.56＝27.44(㎠)である。

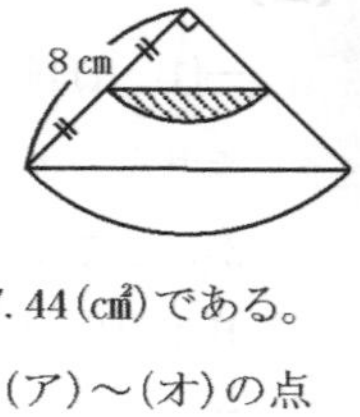

(11)　５回の合計点は，(５回の平均点)×５で求めることができ，合計点は整数となる。よって，(ア)～(オ)の点数を５倍して，整数にならないものが，平均点として考えられないものである。実際にそれぞれを５倍すると，(ア)は66.4×５＝332(点)，(イ)は69.7×５＝348.5(点)，(ウ)は74.3×５＝371.5(点)，(エ)は77.5×５＝387.5(点)，(オ)は88.2×５＝441(点)なので，平均点として考えられないものは，(イ)と(ウ)と(エ)である。

2 (1) 仕事の量が同じとき，建設会社Bは建設会社Aの$\frac{2}{3}$倍の時間がかかるから，$27\times\frac{2}{3}=18$(ヶ月)かかる。

(2) (1)と同様に考えると，建設会社Cは，$18\times\frac{2}{3}=12$(ヶ月)かかる。

(3) 建設会社Bは建設会社Cの$\frac{3}{2}$倍の時間がかかり，建設会社Aは建設会社Bの$\frac{3}{2}$倍の時間がかかるから，$4\times\frac{3}{2}\times\frac{3}{2}=9$(ヶ月分)である。

(4) 競技場を建設会社A，B，Cが1社のみで建設すると，27ヶ月，18ヶ月，12ヶ月かかるから，競技場を建設する全体の仕事の量を27，18，12の最小公倍数より108⃝とする。1ヶ月間に，建設会社Aは108⃝÷27＝④，建設会社Bは108⃝÷18＝⑥，建設会社Cは108⃝÷12＝⑨の仕事をする。建設会社Cが2ヶ月でする仕事は⑨×2＝⑱だから，建設会社AとBでする仕事の量は108⃝－⑱＝90⃝となる。建設会社AとBが1ヶ月にする仕事の量は④＋⑥＝⑩だから，求める期間は90⃝÷⑩＝9(ヶ月間)である。

3 グラフから，右図のことがわかる。

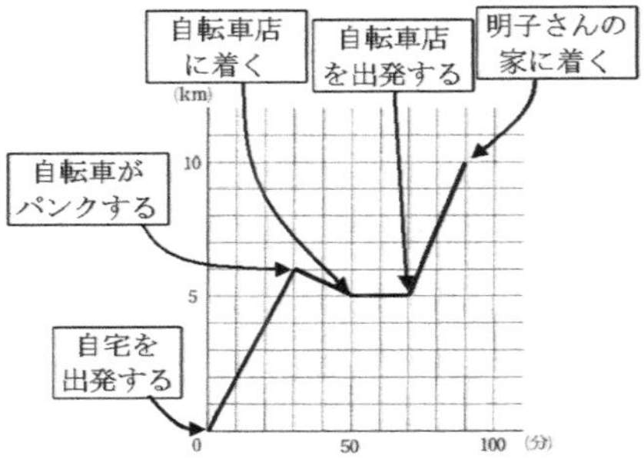

(1) 50－30＝20(分)で(6－5)km＝1km＝1000m進んだので，求める速さは，分速(1000÷20)m＝分速50mである。

(2) 70－50＝20(分間)

(3) Aについて，30分で6km＝6000m進んだので，分速(6000÷30)m＝分速200mである。Bについて，90－70＝20(分)で(10－5)km＝5km＝5000m進んだので，分速(5000÷20)m＝分速250mである，よって，BがAより速いので，(イ)を選べばよい。

(4)① お母さんの速さは，時速6km＝分速$\frac{6\times1000}{60}$m＝分速100mである。お母さんは，自転車店までの5000mの道のりを，5000÷100＝50(分)で進むので，お母さんが学さんを追い越したのは，お母さんが自宅を出発してから50分後である。

② お母さんが学さんを追い越したのは，学さんが自宅を出発してから50＋10＝60(分後)なので，学さんが自転車店を出発したのは，お母さんに追いこされてから70－60＝10(分後)である。このとき，お母さんは自転車店から100×(70－60)＝1000(m)進んだ地点にいるから，お母さんが学さんに追い越されたのは，学さんが自転車店を出発してから，$1000\div(250-100)=\frac{20}{3}=6\frac{2}{3}$(分後)，つまり，6分($\frac{2}{3}\times60$)秒後＝6分40秒後である。よって，求める時間は，お母さんが自宅を出発してから，50分＋10分＋6分40秒＝66分40秒後である。

4 ① 支払う金額は，$1111\times(1+\frac{8}{100})=1199.88$の小数点以下を切り捨てて，1199円である。

② $2020\div(1+\frac{10}{100})=1836.3\cdots$より，品物の値段は1836円か1837円とわかる。品物の値段が1836円のときに支払う金額は，$1836\times(1+\frac{10}{100})=2019.6$より2019円，品物の値段が1837円のときに支払う金額は，$1837\times(1+\frac{10}{100})=2020.7$より2020円である。したがって，品物の値段は1837円である。

③ 2500万円の家を買うとき，消費税が8%だと支払う金額は$2500\times(1+\frac{8}{100})=2500\times\frac{108}{100}$(万円)，消費税が10%だと支払う金額は$2500\times(1+\frac{10}{100})=2500\times\frac{110}{100}$(万円)となるので，$2500\times\frac{110}{100}-2500\times\frac{108}{100}=2500\times(\frac{110}{100}-\frac{108}{100})=2500\times\frac{2}{100}=50$(万円)多く支払うことになる。

④ 消費税が8%のとき，品物の値段と消費税の金額の比は，1：0.08＝100：8＝25：2だから，品物の値段が25円上がるごとに消費税の金額は2円上がる。消費税が10%のとき，品物の値段と消費税の金額の比は，1：0.1＝10：1だから，品物の値段が10円上がるごとに消費税の金額は1円上がる。したがって，消費税の金

額が４円のとき，消費税が８％では品物の値段が50円以上，消費税が10%では品物の値段が40円以上49円以下だから，求める品物の値段は40円より小さく，このときの消費税の金額は４円より小さいとわかる。消費税の金額が０円～３円のときの品物の値段を調べると，右表のようになる。消費税が８％のとき，品物の値段が１円上がると，消費税の金額は0.08円上がるから，$1 \div 0.08 = 12.5$ より，品物の値段が12円または13円上がるごとに消費税が１円上がることに注意して求める。

消費税の金額	８％	10%
０円	０円以上12円以下	０円以上９円以下
１円	13円以上24円以下	10円以上19円以下
２円	25円以上37円以下	20円以上29円以下
３円	38円以上49円以下	30円以上39円以下

表より，求める品物の値段は39円とわかる。

5 (1)　$3 \times 3 \times 3.14 \times 6 \times \frac{2}{3} = 36 \times 3.14 = 113.04$(㎤)

(2)　図２の体積は，半径３㎝の球の体積と底面が半径３㎝の円で高さが９㎝の円柱の体積の和で求められる。半径３㎝の球の体積を１とすると，底面が半径３㎝の円で高さが６㎝の円柱の体積は $1 \div \frac{2}{3} = \frac{3}{2}$ となる。底面積が等しい円柱の体積は高さに比例するから，底面が半径３㎝の円で高さが９㎝の円柱の体積は $\frac{3}{2} \times \frac{9}{6} = \frac{9}{4}$ となる。よって，図２の立体の体積は半径３㎝の球の体積の $1 + \frac{9}{4} = \frac{13}{4} = 3.25$(倍)である。

(3)　立方体の中を球が動き回れる部分は，手前の面について，右図Ⅰのようになる。動き回れる部分の体積を，立方体の体積から，動き回れない部分の体積を引いて求める。動き回れない部分について，図Ⅰの太線で囲んだ部分と色付き部分に分けて考える。図Ⅰの太線で囲んだ部分のうち，球が動き回れない部分の体積は，(2)の図１の直方体の中で球が動き回れない部分の $\frac{1}{4}$ の体積に等しい。

図Ⅰ

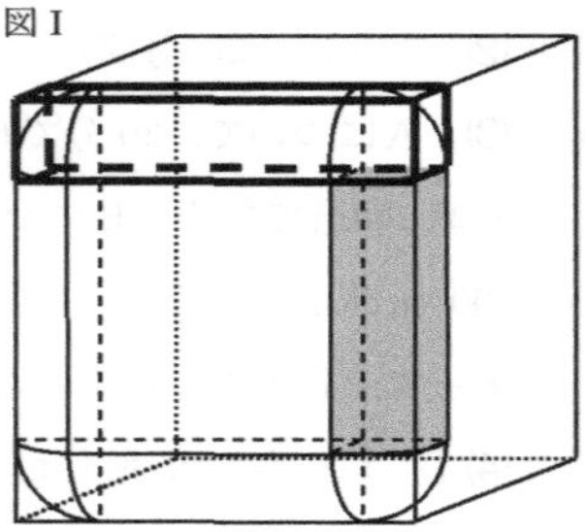

図Ⅰの太線で囲んだ部分と同じものは，手前の上下と奥の上下の４か所あるから，この４か所で球が動き回れない部分の体積は，図１の直方体の中で球が動き回れない部分の体積に等しく，$6 \times 15 \times 6 - 113.04 \times \frac{13}{4} = 540 - 367.38 = 172.62$(㎤)である。

図Ⅱ

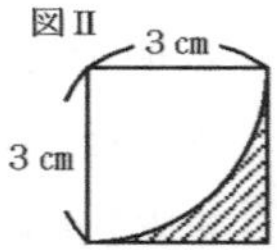

図Ⅰの色付き部分のうち，球が動き回れない部分の体積は，右図Ⅱの斜線部分を底面とし，高さが $15 - 3 \times 2 = 9$(㎝)の柱体の体積に等しい。図Ⅰの色付き部分と同じものは，立方体の各辺に１か所ずつあり，そのうち図Ⅰの太線部分と重なる部分は４か所あるから，全部で $12 - 4 = 8$(か所)ある。この８か所で球が動き回れない部分の体積は，$(3 \times 3 - 3 \times 3 \times 3.14 \times \frac{1}{4}) \times 9 \times 8 = 139.32$(㎤)である。よって，求める体積は，$15 \times 15 \times 15 - (172.62 + 139.32) = 3375 - 311.94 = 3063.06$(㎤)

《2020　理科　解説》

1 (1)　ヨウ素液はデンプンに反応して青むらさき色に変化する。

(2)　イ○…条件を１つだけ変えて結果を比べる実験を対照実験という。

(3)　ア○…アミラーゼは加熱するとはたらきを失う。アミラーゼのはたらきはデンプンを分解して糖に変えるというものだから，そのはたらきが失われれば，デンプンは分解されずにそのまま残ることになる。したがって，ヨウ素液が残ったデンプンに反応して青むらさき色に変化する。

(4)　アはブナシメジ，イはエノキタケ，ウはエリンギ，エはマイタケ，オはシイタケである。

(5)　マイタケのプロテアーゼのはたらきでタンパク質が分解されてゼラチンが固まらなくなるので，加熱したマイタケを入れたときにゼラチン液が固まったということは，プロテアーゼのはたらきが失われたと考えることができる。したがって，事前に加熱してプロテアーゼのはたらきを失ったマイタケを入れれば，卵のタンパク質は固まる。

(6)　ゼラチン液が固まりにくかったものほどタンパク質を分解する力が強いから，マイタケ，ブナシメジ，エノキタケの順である。

(7)　ア×…菌類《きんるい》は口や消化管をもっていない。　ウ×…プロテアーゼはマイタケ(菌類)に含《ふく》まれている。
エ×…プロテアーゼのはたらきによってタンパク質が分解される。

2　(2)　アは二酸化炭素，イは酸素，ウはちっ素，エは塩化水素などの性質である。

(3)　酸素は水に溶《と》けにくいので，ウの水上置換《ちかん》法で集めるのがよい。なお，水に溶けやすい気体は，空気より重ければアの下方置換法，空気より軽ければイの上方置換法で集める。

(5)(6)　炭酸カルシウムが 2.50 g 増えると気体Bが 1.10 g 増えると考えられるので，炭酸カルシウムが 7.50 g のときの気体Bは 2.20＋1.10＝3.30(g)である。また，炭酸カルシウムが 10.00 g のときの気体Bが 3.52 g で，炭酸カルシウムが 7.50 g のときより 3.52－3.30＝0.22(g)しか増えていない。これは，炭酸カルシウム 10.00 g がすべて反応していない(塩酸がすべて反応して不足している)ためであり，炭酸カルシウムを 15.00 g にしても塩酸を増やさなければ発生する気体Bのおもさは最大で 3.52 g のままである。

(7)　(5)(6)解説より，このうすい塩酸 $50.0\ cm^3$ がすべて反応すると気体Bが 3.52 g 発生する。したがって，気体Bが 3.52 g 発生するのに必要な炭酸カルシウムのおもさを求めればよい。炭酸カルシウムが 2.50 g 反応すると気体Bが 1.10 g 発生するから，$2.50\times\frac{3.52}{1.10}=8.00$(g)が正答となる。

(8)　5.00 g がすべて炭酸カルシウムであれば気体Bは 2.20 g 発生する。ここでは 5.00 g の石灰石から 2.10 g の気体Bが発生したから，この石灰石に含まれる炭酸カルシウムの割合は$\frac{2.10}{2.20}\times100=95.4\cdots\rightarrow95\%$である。

3　(1)　上流では川幅《かわはば》がせまく，水の流れがはやい(しん食作用が大きい)ため，川底が深くけずられてV字谷ができやすい。

(2)(3)　川の曲がっているところの外側では水の流れがはやく，川底や川岸がしん食されてがけができやすい。また，川の曲がっているところの内側では水の流れがゆるやかで，小石や砂がたい積して川原ができやすい。

(4)　せきらん雲は縦にのびる厚い雲で，激しい雨を降らせる。

(5)　赤道付近で発生した台風は北上しながら日本に接近してくる。したがって，台風が南にあるものから順に並べて，ウ，エ，イ，アが正答となる。

(6)　オ×…下流にある地点ほど上流から流れてくる水の量が多くなるので，川幅が広いからといって，川がはんらんする可能性が低くなるわけではない。

(7)　サンゴはあたたかくて浅い海に生息するから，サンゴなどが固まってできた石灰岩があるということは，その地点は大昔，海底だったと考えられる。

4　(1)　光が鏡などで反射するときは，図Ⅰのように入射角と反射角が等しくなる(反射の法則)。ここではマス目を利用して，入射角と反射角が等しくなるように光の道筋をかけばよい。

図Ⅰ

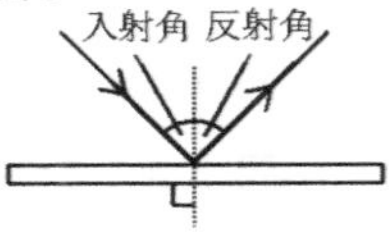

(2)　鏡の反射面を上にかたむけると，入射角が小さくなり，それと同じだけ反射角も小さくなるので，光が壁《かべ》に当たる位置が上に動く。

(3)　③○…鏡で反射した光は，上下左右が入れかわることなく進むので，図4のアを鏡の裏側から見た向き(実際には見えないが)と同じ向きに壁に映る。

(4)　反射した光が左右に広がって進むので，光が映る範囲《はんい》は広くなるが，全体が暗くなる。

(5)　エ○…図6で，左の影《かげ》は緑色のセロハンで反射した光が棒によってさえぎられたものである。つまり，左の影には緑色の光が届いていないが，赤色のセロハンで反射した光は届いているので，赤色になる。同様に考えると，右の影は緑色になる。

(6)　エ○…虹《にじ》は，空気中の水てきによって光が屈折・反射することで見える。水てきの位置によって観測者に届く光の色が異なるため，さまざまな位置にある水てきからさまざまな色の光が届き，虹が見える。

(7)　イ○…太陽の光のように平行に進んできた光が凹《おう》面鏡に当たると，ある１点に集まるように反射する。この点を焦点《しょうてん》という。

(8)　鏡が１枚だと，図Ⅱのように，鏡に垂直に当たった光以外は，光がやってきた方向とは異なる方向に反射する。これに対し，鏡が２枚だと，図Ⅲのように，光が鏡に垂直に当たらなくても，光がやってきた方向と同じ方向に反射する。　表情…１枚の鏡で右目を閉じた自分の顔を見ると，鏡の中の自分は左目を閉じているように見える。これに対し，２枚の鏡を90°に開いた状態で右目を閉じた自分の顔を見ると，鏡の中の自分も右目を閉じているように見える。　向き…光がやってきた方向に光をはね返すのだから，像は常に同じ位置に見える。

図Ⅱ

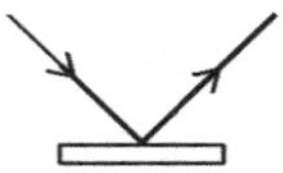

図Ⅲ

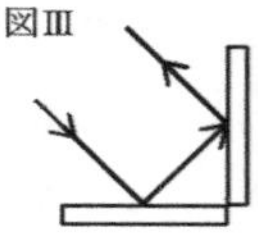

―《2020　社会　解説》―

1　問１　イ．世界の15歳未満の子どもの人口は約19億人で，世界の人口の約26％にあたる。

問２　エ．Ａの熊本県の水俣病，Ｂの三重県の四日市ぜんそく，Ｃの富山県のイタイイタイ病，Ｄの新潟県の新潟水俣病を四大公害病と呼ぶ。

問３　オ．国土面積はロシア＞カナダ＞アメリカ，人口は中国＞インド＞アメリカである(2020年時点)。

問４　今から300年前は江戸時代前半にあたるから，ウを選ぶ。近松門左衛門は人形浄瑠璃の脚本家として活躍し，『曽根崎心中』などを書いた。北里柴三郎は明治時代，井伊直弼は幕末，雪舟は室町時代に活躍した。

問５　ア．平塚らいてうは，雑誌『青鞜』の巻頭に「元始，女性は太陽であった。」で始まる文章を寄稿した。また，女性の地位向上のため，市川房枝らとともに新婦人協会をつくった。

問６　第一次世界大戦は1914年～1918年だから，アが正しい。1918年，日本ではシベリア出兵を見こした大商人らが米を買い占めたため，国内で米不足が起こって米価が高騰し，富山県の漁村で起きた暴動から米騒動に発展した。ノルマントン号事件は1886年，足尾銅山鉱毒事件は19世紀後半，満州事変は1931年～1933年。

問８　ウ．日独伊三国同盟(1940年)→ア．真珠湾攻撃(1941年)→イ．学童疎開の開始(1944年)

問９　ウが正しい。「持続可能」とは，世界規模で，環境・経済・人間社会のバランスがとれた社会を取り戻し，将来の世代も豊かで便利で快適な生活を目指す社会を意味する。ＷＴＯは世界貿易機関，ＵＮＩＣＥＦは国連児童基金の略称，ＥＵＲＯはＥＵの統一通貨である。

問10①　食べ残しとして廃棄された食品が，全体の半分以上を占めていることから考える。　②　二酸化炭素に代表される温室効果ガスが大量に排出されると，地球表面の気温が高くなっていき，地球温暖化が加速する。

2　問１①　市役所(◎)は，明治学園駅の北口(上)を出て４マス北(上)に進み，東(右)側の区画にある。

②　交番(Ｘ)は，郵便局(〒)の北(上)側の通りを10マス西(左)に進み，小学校(文)の向かい側にある。

③　図書館(🕮)は，畑作地(∨)の南(下)側の通りを東(右)に進み，２つ目の交差点を右に曲がって，南(下)に９マス進んだところにある交差点を左に曲がり，３マス進んだところの北(上)側の区画にある。

問２　イ．太郎さんの家は，明治学園駅の北口(上)を東(右)に進み，２つ目の交差点を左に曲がり，15マス進んだ先の交差点を東(右)へ進み，３マス進んだ左手の区画にある。

問３Ａ　ア・キ．①で第一次産業従事者の割合が 14％以上と高く，②で金融業・保険業従事者の割合が 1.2％以下と低いことを読み取り，第三次産業よりも，農業・林業・漁業などの第一次産業の方が盛んな地域であると判断する。

Ｂ　ウ・カ．③で 20～24 歳人口の割合が 4.8％以上と高いことを読み取り，大学が多い地域であると判断する。

Ｃ　イ・ク．①で第一次産業従事者の割合が１％以下と低く，②で金融業・保険業従事者の割合が 2.3％以上と高いことを読み取り，中枢拠点都市であると判断する。なお，図１の県は広島県で，Ａは庄原市，Ｂは東広島市，Ｃは広島市中区である。

3　問２　イが誤り。国連の安全保障理事会には大国一致の原則があり，常任理事国(アメリカ・中国・イギリス・フランス・ロシア)が１国でも反対すればその議案は否決される。

問３　日本国憲法の基本原理は，国民主権・平和主義・基本的人権の尊重の３つである。

問４　エ．立法権(国会)・行政権(内閣)・司法権(裁判所)の三権を分散・独立させて権力の集中やらん用を防ぎ，国民の自由と権利を保障している(三権分立)。

問６　ウ．年金や医療保険給付を受ける高齢者が増えているため，社会保障関係費の割合が最も高い。国債費は国債(税収の不足を補うために国が発行する債券)の返済や利子の支払いのための費用，地方交付税交付金は地方財政の格差を是正するために国から交付される依存財源である。

問７　アが誤り。道路整備事業費は公共事業関係費に含まれる。

問８　図３より，内閣総理大臣が国民の選んだ国会議員による間接選挙で選ばれていること，図２より，大統領が国民による直接選挙で選ばれていることを読み取る。日本の総理大臣の指名において，国会議員が誰を指名するかわからない状態で国会議員を選挙するので間接選挙といえる。一方アメリカでは，支持する大統領候補を決めている選挙人を選ぶ選挙が行われるので直接選挙といえる。

4　問１Ａ　ウ．大陸から日本に移り住んだ渡来人が，養蚕の技術，須恵器の製法，漢字や儒学，仏教などを伝えた。

Ｂ　ア．唐風の文化を踏まえた，日本の風土や日本人の感情に合った独自の文化(国風文化)が栄える中でかな文字が発明され，日本人の感情をきめ細やかに表すことができるようになり，紫式部の『源氏物語』や清少納言の『枕草子』などの文学作品が生まれた。　　Ｃ　エ．有田焼や萩焼は，豊臣秀吉が朝鮮出兵した際，日本に連れ帰ってきた朝鮮陶工によって始められた。なお，イの記述は日本の奈良時代にあたる。

問２　日明貿易を始めたのは足利義満だから，エが誤り。一向宗を鎮圧したのは織田信長である。

問３　「鉄砲の生産」「会合衆」から堺(大阪府)を導く。

問４　アが誤り。日本町が朱印船貿易の発展によってできたのは，江戸初期の鎖国政策が確立する前までである。

問５　海上交通がさかんになった江戸時代には，北前船を使い，下関から瀬戸内海を通る西廻り航路で，蝦夷地から京都・大阪まで昆布が運ばれるようになった。この道すじを「昆布ロード」と言う。

問６　イが誤り。オランダの画家であるゴッホが，日本の浮世絵の技法に強く影響された。浮世絵は，長崎での貿易が許可されていたオランダを通してヨーロッパへと伝わった(ジャポニズム)。

問７　1853 年にペリー率いる黒船が神奈川県の浦賀に来航し，日本に開国を求めた。翌年，ペリーは軍艦７隻を率いて神奈川沖に再度来航し，日米和親条約を調印させることに成功した。

問８　ウが誤り。「日本人」と「外国人」が逆であれば正しい。日本が幕末に欧米諸国と結んだ修好通商条約(安政の五か国条約)は，相手国に領事裁判権(外国人が在留している国で罪を犯しても，その国の法律では裁かれず，本国の法律で裁判を受ける権利)を認め，日本に関税自主権(国家が輸入品に対して自由に関税をかけることができる権利)がないなど，日本にとって不平等なものであった。

■ ご使用にあたってのお願い・ご注意

（１）問題文等の非掲載

著作権上の都合により，問題文や図表などの一部を掲載できない場合があります。

誠に申し訳ございませんが，ご了承くださいますようお願いいたします。

（２）過去問における時事性

過去問題集は，学習指導要領の改訂や社会状況の変化，新たな発見などにより，現在とは異なる表記や解説になっている場合があります。過去問の特性上，出題当時のままで出版していますので，あらかじめご了承ください。

（３）配点

学校等から配点が公表されている場合は，記載しています。公表されていない場合は，記載していません。

独自の予想配点は，出題者の意図と異なる場合があり，お客様が学習するうえで誤った判断をしてしまう恐れがあるため記載していません。

（４）無断複製等の禁止

購入された個人のお客様が，ご家庭でご自身またはご家族の学習のためにコピーをすることは可能ですが，それ以外の目的でコピー，スキャン，転載（ブログ，ＳＮＳなどでの公開を含みます）などをすることは法律により禁止されています。学校や学習塾などで，児童生徒のためにコピーをして使用することも法律により禁止されています。

ご不明な点や，違法な疑いのある行為を確認された場合は，弊社までご連絡ください。

（５）けがに注意

この問題集は針を外して使用します。針を外すときは，けがをしないように注意してください。また，表紙カバーや問題用紙の端で手指を傷つけないように十分注意してください。

（６）正誤

制作には万全を期しておりますが，万が一誤りなどがございましたら，弊社までご連絡ください。

なお，誤りが判明した場合は，弊社ウェブサイトの「ご購入者様のページ」に掲載しておりますので，そちらもご確認ください。

■ お問い合わせ

解答例，解説，印刷，製本など，問題集発行におけるすべての責任は弊社にあります。

ご不明な点がございましたら，弊社ウェブサイトの「お問い合わせ」フォームよりご連絡ください。迅速に対応いたしますが，営業日の都合で回答に数日を要する場合があります。

ご入力いただいたメールアドレス宛に自動返信メールをお送りしています。自動返信メールが届かない場合は，「よくある質問」の「メールの問い合わせに対し返信がありません。」の項目をご確認ください。

また弊社営業日（平日）は，午前９時から午後５時まで，電話でのお問い合わせも受け付けています。

2025 春

教英出版

株式会社教英出版
〒422-8054　静岡県静岡市駿河区南安倍３丁目 12-28
TEL　054-288-2131　　FAX　054-288-2133
URL　https://kyoei-syuppan.net/
MAIL siteform@kyoei-syuppan.net

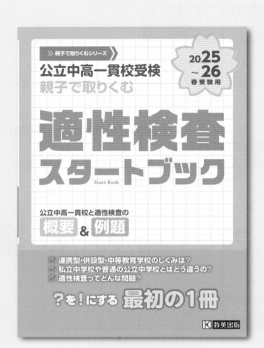

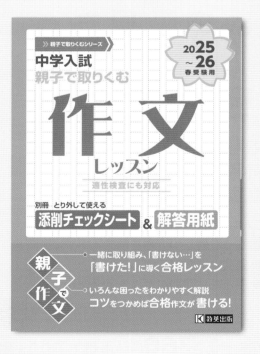

教英出版　2025年春受験用　中学入試問題集

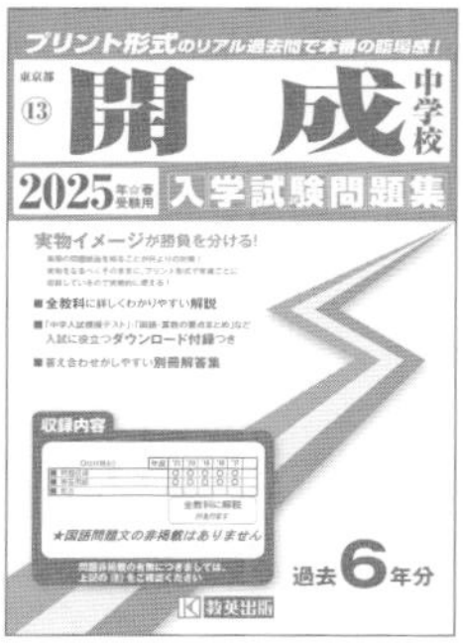

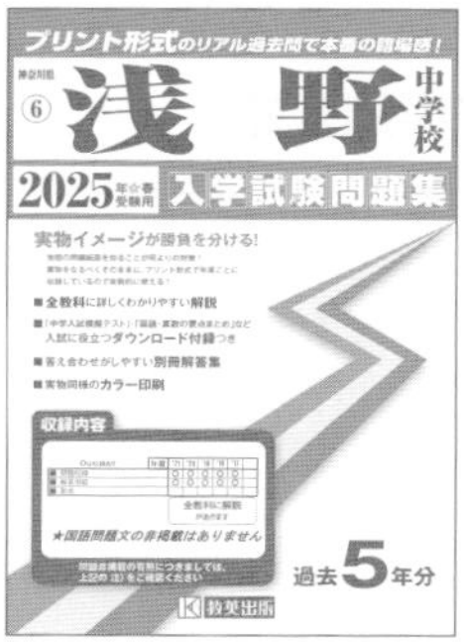

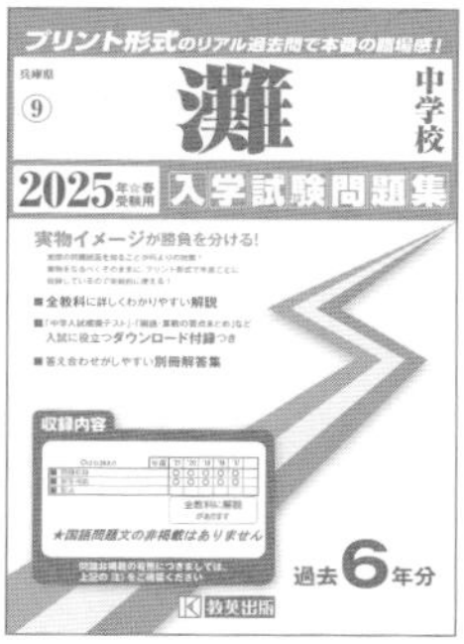

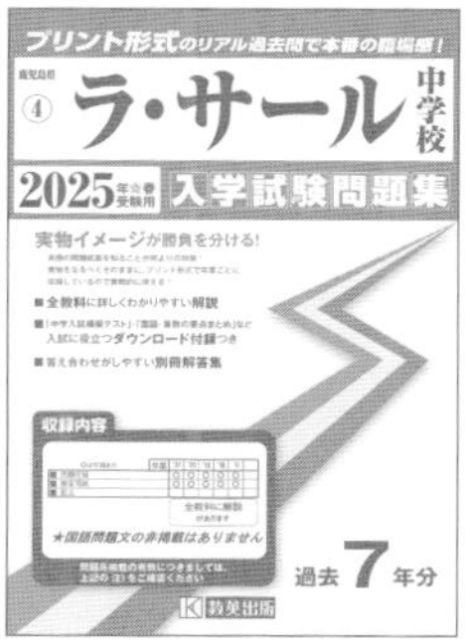

学校別問題集

✿はカラー問題対応

北海道

①[市立]札幌開成中等教育学校
②藤女子中学校
③北嶺中学校
④北星学園女子中学校
⑤札幌大谷中学校
⑥札幌光星中学校
⑦立命館慶祥中学校
⑧函館ラ・サール中学校

青森県

①[県立]三本木高等学校附属中学校

岩手県

①[県立]一関第一高等学校附属中学校

宮城県

①[県立]宮城県古川黎明中学校
②[県立]宮城県仙台二華中学校
③[市立]仙台青陵中等教育学校
④東北学院中学校
⑤仙台白百合学園中学校
⑥聖ウルスラ学院英智中学校
⑦宮城学院中学校
⑧秀光中学校
⑨古川学園中学校

秋田県

①[県立]
- 大館国際情報学院中学校
- 秋田南高等学校中等部
- 横手清陵学院中学校

山形県

①[県立]
- 東桜学館中学校
- 致道館中学校

福島県

①[県立]
- 会津学鳳中学校
- ふたば未来学園中学校

茨城県

①[県立]
- 日立第一高等学校附属中学校
- 太田第一高等学校附属中学校
- 水戸第一高等学校附属中学校
- 鉾田第一高等学校附属中学校
- 鹿島高等学校附属中学校
- 土浦第一高等学校附属中学校
- 竜ヶ崎第一高等学校附属中学校
- 下館第一高等学校附属中学校
- 下妻第一高等学校附属中学校
- 水海道第一高等学校附属中学校
- 勝田中等教育学校
- 並木中等教育学校
- 古河中等教育学校

栃木県

①[県立]
- 宇都宮東高等学校附属中学校
- 佐野高等学校附属中学校
- 矢板東高等学校附属中学校

群馬県

①
- [県立]中央中等教育学校
- [市立]四ツ葉学園中等教育学校
- [市立]太田中学校

埼玉県

①[県立]伊奈学園中学校
②[市立]浦和中学校
③[市立]大宮国際中等教育学校
④[市立]川口市立高等学校附属中学校

千葉県

①[県立]
- 千葉中学校
- 東葛飾中学校

②[市立]稲毛国際中等教育学校

東京都

①[国立]筑波大学附属駒場中学校
②[都立]白鷗高等学校附属中学校
③[都立]桜修館中等教育学校
④[都立]小石川中等教育学校
⑤[都立]両国高等学校附属中学校
⑥[都立]立川国際中等教育学校
⑦[都立]武蔵高等学校附属中学校
⑧[都立]大泉高等学校附属中学校
⑨[都立]富士高等学校附属中学校
⑩[都立]三鷹中等教育学校
⑪[都立]南多摩中等教育学校
⑫[区立]九段中等教育学校
⑬開成中学校
⑭麻布中学校
⑮桜蔭中学校
⑯女子学院中学校
✿⑰豊島岡女子学園中学校
⑱東京都市大学等々力中学校
⑲世田谷学園中学校
✿⑳広尾学園中学校(第2回)
✿㉑広尾学園中学校(医進・サイエンス回)
㉒渋谷教育学園渋谷中学校(第1回)
㉓渋谷教育学園渋谷中学校(第2回)
㉔東京農業大学第一高等学校中等部(2月1日 午後)
㉕東京農業大学第一高等学校中等部(2月2日 午後)

神奈川県

①[県立]
- 相模原中等教育学校
- 平塚中等教育学校

②[市立]南高等学校附属中学校
③[市立]横浜サイエンスフロンティア高等学校附属中学校
④[市立]川崎高等学校附属中学校
✿⑤聖光学院中学校
✿⑥浅野中学校
⑦洗足学園中学校
⑧法政大学第二中学校
⑨逗子開成中学校(1次)
⑩逗子開成中学校(2·3次)
⑪神奈川大学附属中学校(第1回)
⑫神奈川大学附属中学校(第2·3回)
⑬栄光学園中学校
⑭フェリス女学院中学校

新潟県

①[県立]
- 村上中等教育学校
- 柏崎翔洋中等教育学校
- 燕中等教育学校
- 津南中等教育学校
- 直江津中等教育学校
- 佐渡中等教育学校

②[市立]高志中等教育学校
③新潟第一中学校
④新潟明訓中学校

石川県

①[県立]金沢錦丘中学校
②星稜中学校

福井県

①[県立]高志中学校

山梨県

①山梨英和中学校
②山梨学院中学校
③駿台甲府中学校

長野県

①[県立]
- 屋代高等学校附属中学校
- 諏訪清陵高等学校附属中学校

②[市立]長野中学校

岐阜県

①岐阜東中学校
②鶯谷中学校
③岐阜聖徳学園大学附属中学校

静岡県

①[国立]静岡大学教育学部附属中学校(静岡·島田·浜松)

②
- [県立]清水南高等学校中等部
- [県立]浜松西高等学校中等部
- [市立]沼津高等学校中等部

③不二聖心女子学院中学校
④日本大学三島中学校
⑤加藤学園暁秀中学校
⑥星陵中学校
⑦東海大学付属静岡翔洋高等学校中等部
⑧静岡サレジオ中学校
⑨静岡英和女学院中学校
⑩静岡雙葉中学校
⑪静岡聖光学院中学校
⑫静岡学園中学校
⑬静岡大成中学校
⑭城南静岡中学校
⑮静岡北中学校

⑯
- 常葉大学附属常葉中学校
- 常葉大学附属橘中学校
- 常葉大学附属菊川中学校

⑰藤枝明誠中学校
⑱浜松開誠館中学校
⑲静岡県西遠女子学園中学校
⑳浜松日体中学校
㉑浜松学芸中学校

愛知県

①[国立]愛知教育大学附属名古屋中学校
②愛知淑徳中学校

③
- 名古屋経済大学市邨中学校
- 名古屋経済大学高蔵中学校

④金城学院中学校
⑤椙山女学園中学校
⑥東海中学校
⑦南山中学校男子部
⑧南山中学校女子部
⑨聖霊中学校
⑩滝中学校
⑪名古屋中学校
⑫大成中学校
⑬愛知中学校
⑭星城中学校
⑮名古屋葵大学中学校(名古屋女子大学中学校)
⑯愛知工業大学名電中学校
⑰海陽中等教育学校(特別給費生)
⑱海陽中等教育学校(I·II)
⑲中部大学春日丘中学校
新刊⑳名古屋国際中学校

三重県

①[国立]三重大学教育学部附属中学校
②暁中学校
③海星中学校
④四日市メリノール学院中学校
⑤高田中学校
⑥セントヨゼフ女子学園中学校
⑦三重中学校
⑧皇學館中学校
⑨鈴鹿中等教育学校
⑩津田学園中学校

滋賀県

①[国立]滋賀大学教育学部附属中学校

②[県立]
- 河瀬中学校
- 守山中学校
- 水口東中学校

京都府

①[国立]京都教育大学附属桃山中学校
②[府立]洛北高等学校附属中学校
③[府立]園部高等学校附属中学校
④[府立]福知山高等学校附属中学校
⑤[府立]南陽高等学校附属中学校
⑥[市立]西京高等学校附属中学校
⑦同志社中学校
⑧洛星中学校
⑨洛南高等学校附属中学校
⑩立命館中学校
⑪同志社国際中学校
⑫同志社女子中学校(前期日程)
⑬同志社女子中学校(後期日程)

大阪府

①[国立]大阪教育大学附属天王寺中学校
②[国立]大阪教育大学附属平野中学校
③[国立]大阪教育大学附属池田中学校

④[府立]富田林中学校
⑤[府立]咲くやこの花中学校
⑥[府立]水都国際中学校
⑦清風中学校
⑧高槻中学校（A日程）
⑨高槻中学校（B日程）
⑩明星中学校
⑪大阪女学院中学校
⑫大谷中学校
⑬四天王寺中学校
⑭帝塚山学院中学校
⑮大阪国際中学校
⑯大阪桐蔭中学校
⑰開明中学校
⑱関西大学第一中学校
⑲近畿大学附属中学校
⑳金蘭千里中学校
㉑金光八尾中学校
㉒清風南海中学校
㉓帝塚山学院泉ヶ丘中学校
㉔同志社香里中学校
㉕初芝立命館中学校
㉖関西大学中等部
㉗大阪星光学院中学校

兵庫県

①[国立]神戸大学附属中等教育学校
②[県立]兵庫県立大学附属中学校
③雲雀丘学園中学校
④関西学院中学部
⑤神戸女学院中学部
⑥甲陽学院中学校
⑦甲南中学校
⑧甲南女子中学校
⑨灘中学校
⑩親和中学校
⑪神戸海星女子学院中学校
⑫滝川中学校
⑬啓明学院中学校
⑭三田学園中学校
⑮淳心学院中学校
⑯仁川学院中学校
⑰六甲学院中学校
⑱須磨学園中学校（第1回入試）
⑲須磨学園中学校（第2回入試）
⑳須磨学園中学校（第3回入試）
㉑白陵中学校
㉒夙川中学校

奈良県

①[国立]奈良女子大学附属中等教育学校
②[国立]奈良教育大学附属中学校
③[県立] 国際中学校
　　　　 青翔中学校
④[市立]一条高等学校附属中学校
⑤帝塚山中学校
⑥東大寺学園中学校
⑦奈良学園中学校
⑧西大和学園中学校

和歌山県

①[県立] 古佐田丘中学校
　　　　 向陽中学校
　　　　 桐蔭中学校
　　　　 日高高等学校附属中学校
　　　　 田辺中学校
②智辯学園和歌山中学校
③近畿大学附属和歌山中学校
④開智中学校

岡山県

①[県立]岡山操山中学校
②[県立]倉敷天城中学校
③[県立]岡山大安寺中等教育学校
④[県立]津山中学校
⑤岡山中学校
⑥清心中学校
⑦岡山白陵中学校
⑧金光学園中学校
⑨就実中学校
⑩岡山理科大学附属中学校
⑪山陽学園中学校

広島県

①[国立]広島大学附属中学校
②[国立]広島大学附属福山中学校
③[県立]広島中学校
④[県立]三次中学校
⑤[県立]広島叡智学園中学校
⑥[市立]広島中等教育学校
⑦[市立]福山中学校
⑧広島学院中学校
⑨広島女学院中学校
⑩修道中学校
⑪崇徳中学校
⑫比治山女子中学校
⑬福山暁の星女子中学校
⑭安田女子中学校
⑮広島なぎさ中学校
⑯広島城北中学校
⑰近畿大学附属広島中学校福山校
⑱盈進中学校
⑲如水館中学校
⑳ノートルダム清心中学校
㉑銀河学院中学校
㉒近畿大学附属広島中学校東広島校
㉓AICJ中学校
㉔広島国際学院中学校
㉕広島修道大学ひろしま協創中学校

山口県

①[県立] 下関中等教育学校
　　　　 高森みどり中学校
②野田学園中学校

徳島県

①[県立] 富岡東中学校
　　　　 川島中学校
　　　　 城ノ内中等教育学校
②徳島文理中学校

香川県

①大手前丸亀中学校
②香川誠陵中学校

愛媛県

①[県立] 今治東中等教育学校
　　　　 松山西中等教育学校
②愛光中学校
③済美平成中等教育学校
④新田青雲中等教育学校

高知県

①[県立] 安芸中学校
　　　　 高知国際中学校
　　　　 中村中学校

福岡県

①[国立]福岡教育大学附属中学校（福岡・小倉・久留米）
②[県立]
- 育徳館中学校
- 門司学園中学校
- 宗像中学校
- 嘉穂高等学校附属中学校
- 輝翔館中等教育学校

③西南学院中学校
④上智福岡中学校
⑤福岡女学院中学校
⑥福岡雙葉中学校
⑦照曜館中学校
⑧筑紫女学園中学校
⑨敬愛中学校
⑩久留米大学附設中学校
⑪飯塚日新館中学校
⑫明治学園中学校
⑬小倉日新館中学校
⑭久留米信愛中学校
⑮中村学園女子中学校
⑯福岡大学附属大濠中学校
⑰筑陽学園中学校
⑱九州国際大学付属中学校
⑲博多女子中学校
⑳東福岡自彊館中学校
㉑八女学院中学校

佐賀県

①[県立]
- 香楠中学校
- 致遠館中学校
- 唐津東中学校
- 武雄青陵中学校

②弘学館中学校
③東明館中学校
④佐賀清和中学校
⑤成穎中学校
⑥早稲田佐賀中学校

長崎県

①[県立]
- 長崎東中学校
- 佐世保北中学校
- 諫早高等学校附属中学校

②青雲中学校
③長崎南山中学校
④長崎日本大学中学校
⑤海星中学校

熊本県

①[県立]
- 玉名高等学校附属中学校
- 宇土中学校
- 八代中学校

②真和中学校
③九州学院中学校
④ルーテル学院中学校
⑤熊本信愛女学院中学校
⑥熊本マリスト学園中学校
⑦熊本学園大学付属中学校

大分県

①[県立]大分豊府中学校
②岩田中学校

宮崎県

①[県立]五ヶ瀬中等教育学校
②[県立]
- 宮崎西高等学校附属中学校
- 都城泉ヶ丘高等学校附属中学校

③宮崎日本大学中学校
④日向学院中学校
⑤宮崎第一中学校

鹿児島県

①[県立]楠隼中学校
②[市立]鹿児島玉龍中学校
③鹿児島修学館中学校
④ラ・サール中学校
⑤志學館中等部

沖縄県

①[県立]
- 与勝緑が丘中学校
- 開邦中学校
- 球陽中学校
- 名護高等学校附属桜中学校

もっと過去問シリーズ

北海道

北嶺中学校
7年分(算数・理科・社会)

静岡県

静岡大学教育学部附属中学校
(静岡・島田・浜松)
10年分(算数)

愛知県

愛知淑徳中学校
7年分(算数・理科・社会)
東海中学校
7年分(算数・理科・社会)
南山中学校男子部
7年分(算数・理科・社会)
南山中学校女子部
7年分(算数・理科・社会)
滝中学校
7年分(算数・理科・社会)
名古屋中学校
7年分(算数・理科・社会)

岡山県

岡山白陵中学校
7年分(算数・理科)

広島県

広島大学附属中学校
7年分(算数・理科・社会)
広島大学附属福山中学校
7年分(算数・理科・社会)
広島学院中学校
7年分(算数・理科・社会)
広島女学院中学校
7年分(算数・理科・社会)
修道中学校
7年分(算数・理科・社会)
ノートルダム清心中学校
7年分(算数・理科・社会)

愛媛県

愛光中学校
7年分(算数・理科・社会)

福岡県

福岡教育大学附属中学校
(福岡・小倉・久留米)
7年分(算数・理科・社会)
西南学院中学校
7年分(算数・理科・社会)
久留米大学附設中学校
7年分(算数・理科・社会)
福岡大学附属大濠中学校
7年分(算数・理科・社会)

佐賀県

早稲田佐賀中学校
7年分(算数・理科・社会)

長崎県

青雲中学校
7年分(算数・理科・社会)

鹿児島県

ラ・サール中学校
7年分(算数・理科・社会)

※もっと過去問シリーズは
国語の収録はありません。

教英出版

〒422-8054
静岡県静岡市駿河区南安倍3丁目12−28
TEL 054-288-2131
FAX 054-288-2133
詳しくは教英出版で検索
教英出版 検索
URL https://kyoei-syuppan.net/

解　答　用　紙

受　験　番　号					

1

問1					
問2					
問3		問4		問5	

2

問1		問2		問3		問4	
問5							
問6	（自然災害）						
	（原因）						

3

問1			
問2			
問3		問4	
問5		問6	

令和６年度　明治学園中学校　入学試験　理科

※50点満点
（配点非公表）

解　答　用　紙

受験番号

1

(1)	ア	イ	ウ	エ	
(2)	薬品名	色	(3)		
(4)	あ	い	う		
(5)		(6)		(7)	
(8)	お	か	き	(9)	
(10)	可能性があるから。				

2

(1)	あ	い	う		
(2)		(3)		(4)	
(5)		(6)			
(7)					
(8)					
(9)		(10)		(11)	

令和６年度　明治学園中学校　入学試験　英語

※50点満点
（配点非公表）

解　答　用　紙

受験番号

1	(1)		(2)		(3)		(4)		(5)	

2	(1)		(2)		(3)		(4)	

3	(1)		(2)		(3)		(4)	

4	(1)		(2)		(3)		(4)	

5	(1)		(2)		(3)		(4)	

6	(1)		(2)		(3)		(4)	

7		
	(1)	
	(2)	

8					
	(1)	$			
	(2)	あなた		ケン	
	(3)				

※100点満点
（配点非公表）

受験番号

令和６年度　明治学園中学校　入学試験　算数　（４の４）

解答用紙

1

(1)	(2)	(3)	(4)	(5)	(6)
			%	m	

(7)			(8)		(9)
①　人	②　人	③　人	①　枚	②　枚	通り

(10)	(11)	
度	①　cm^3	②　cm^2

2

(1)	(2)			(3)
倍	A　個	B　個	C　個	個

3

(1)	(2)	
	①　cm^2	②　cm^2

4

(1)	(2)
①　L	考え方 答　時間　分後
② 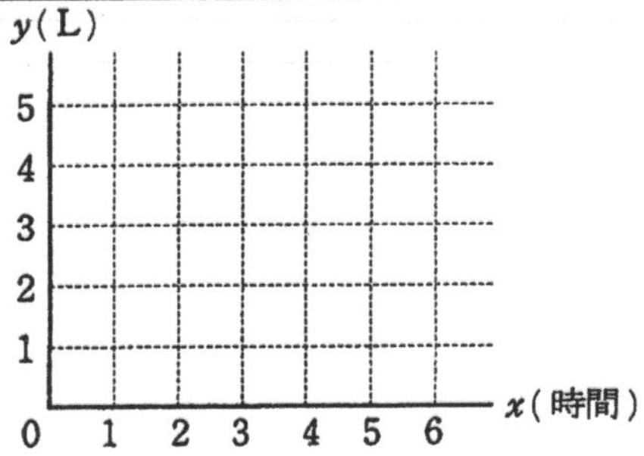	(3) 時間　分

5

(1)	(2)	(3)
cm^2		

(4)	
①	②

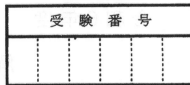

令和六年度　明治学園中学校　入学試験問題　国語　（7の7）

解答用紙

【一】

一

二　a　b

三

四　(1)　(2) Ⅰ Ⅱ　(3)

【二】

一　A　B　C

二

三

四

五　a　b　c　d　e

六

七

【三】

一　①　②　③　④　⑤　⑥　⑦　⑧　⑨　⑩　⑪　⑫　り

二　A　B　C

三　↓　↓　↓

※100点満点
（配点非公表）

受験番号

3 の続き

【B】

> 寛仁《かんにん》二年十月十六日、今日は、女御《にょうご》の藤原威子《いし》を皇后に立てる日である。…（中略）道長が私を招いて「和歌をよもうと思うが、必ず返歌をよめ」といわれるので、「きっと御《ご》返歌を差し上げましょう」と答えた。すると道長は、「これはおごり高ぶった歌だが、即《そっ》興の作で決してあらかじめ用意してきたものではない」と言って、「この世の中は、すべてが満足にそろって、自分の世のように感ずる。」という歌をよんだ。
>
> （『小右記《しょうゆうき》』より）

問２　史料【B】に登場する藤原道長は、どのようにして天皇に代わって政治を動かすほどの権力を持ったのか、史料【B】の内容を参考にして簡単に説明しなさい。

【C】

> 承久《じょうきゅう》三年五月十九日、二品《にほん》（政子）が、御家人等をすだれの下に招いて、秋田城介景盛《あきたじょうのすけかげもり》に政子の意志をよくよく心に留めさせていわれた。「みんな心を一つにしてよく聞け。これは最後のことばである。今はなき右大将軍《うだいしょうぐん》源頼朝公は朝敵《ちょうてき》を征伐《せいばつ》し、鎌倉幕府を開いて後、お前たちのいただいた官位などのことを考えると、その御恩は山よりも高く海よりも深い。その御恩に感謝して報いようという志はどうして浅いことがあろうか。ところで今逆臣《ぎゃくしん》とけなすことによって、まちがった命令が下された。名誉《よ》を重んずる者は、早く秀康《ひでやす》・胤義《たねよし》等を討《う》ちとり、三代将軍の後を守るべきである。ただし、（後鳥羽《ごとば》）院の味方をしたい者は、ただ今申し出よ」と。集まった武士たちはすべて命令に従い、あるいは涙があふれて返事もはっきりできず、命をかけて恩に報いようと思った。
>
> （『吾妻鏡《あづまかがみ》』より）

問３　史料【C】は承久の乱の前に源頼朝の妻・北条政子が御家人たちに対して行った演説である。この乱は、幕府方の勝利に終わり、幕府は朝廷を監《かん》視するためにある役所を置いた。幕府が京都に設置した役所は何か、答えなさい。

【D】

> このころは米価がますます高くなっているが、大阪の町奉行所《まちぶぎょうしょ》や役人たちは、…（中略）好き勝手の政治をしており、江戸へは米を廻《かい》送する手はずを整えながら、天皇のおられる京都へは送らないばかりか、わずか五升《しょう》や一斗《と》ほどの米を買いに来たものを逮捕《たいほ》したりする。…（中略）隠《いん》居している私だが、もはや我慢《がまん》できず、…（中略）やむを得ず天下のためと考え一族に罪が及ぶことを覚悟《ご》して、このたび有志のものと相談し、人民を苦しめ悩《なや》ましている役人たちをまず討伐《とうばつ》し、…（中略）摂津《せっつ》・河内《かわち》・和泉《いずみ》・播磨《はりま》の国内で、田畑をもっていない者、たとえもっていても父母妻子を養い難《がた》いほどの困窮《きゅう》者へは、…（中略）右の金や米を分けてやろう。
>
> （『【　ア　】一件書留《かきとめ》』より）

問４　史料【D】は【　ア　】の人物が書いた文である。【　ア　】の人物の呼びかけに応じて起こった反乱を何というか、答えなさい。

【E】

> 大正七年八月十二日　月曜日
>
> 市内の米の価格が急激に上昇したため、集団暴動が発生。
>
> 昨夜、今宮付近で数百人規模の暴動が起こり、ところどころの米屋の入り口が壊《こわ》され、白米を持ち去られた。巡《じゅん》査が駆《か》け付けたが、何もできなかった。九之助《くのすけ》橋の西詰《にしづめ》にある米屋に群衆が押しかけ、店にある米を全部持って行ったと、専助《せんすけ》がけさ店に来た時に話した。
>
> （『櫟《いち》原家文書《もんじょ》』より）

問５　史料【E】で書かれた内容は、第一次世界大戦中に日本全国で起こった事件である。この事件を何というか、答えなさい。

【F】

> 戦争のうちに第二回目のお正月を迎《むか》えました。おめでとうございます。今年は特にいろいろなものを節約しなくてはならないので、門松もうちの庭の松を切って立てました。「さあ二年目も勝ち抜くぞ」
>
> （東京女子高等師範《はん》学校附《ふ》属国民学校四年　西川幸江さんの書いた年賀状より）

問６　史料【F】はある戦争中の正月に向け、当時の国民学校４年生女子が書いた年賀状の一部である。この戦争とは何か、下のア～エから１つ選び、記号で答えなさい。

ア　日清戦争　　イ　朝鮮戦争　　ウ　太平洋戦争　　エ　満州事変

問５　右の地図は、熊本市中心部の国土地理院の地理院地図である。この地図から読み取ることができることとして、適切でないものを下のア～エから１つ選び、記号で答えなさい。

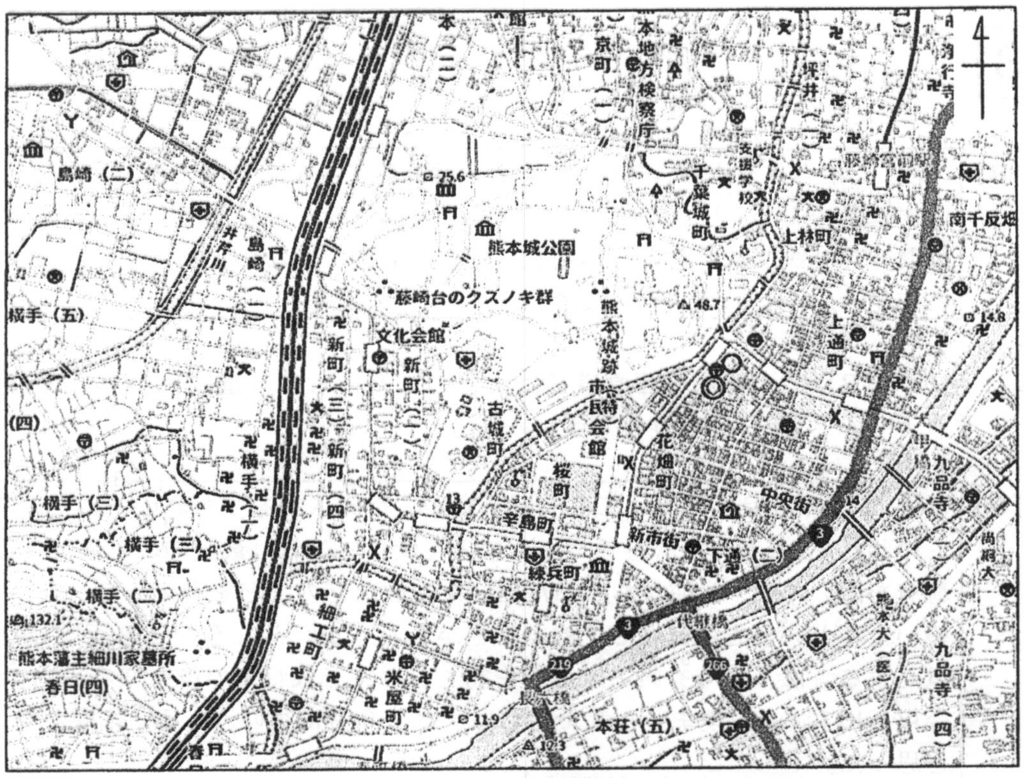

ア　熊本城公園内には博物館があり、公園周辺には学校や病院など多くの施《し》設がある。公園から見て南東には市役所や病院がある。

イ　熊本城公園周辺には寺院が集中している地域がいくつかある。

ウ　熊本城公園から見て東にはＪＲの路線があり、南東には熊本藩主《はんしゅ》細川家墓《ぼ》所がある。

エ　熊本城公園から見て南の米屋町には、碁盤《ごばん》目状の街路がある。

問６　右の写真は、上益城《かみましき》郡益城町の堂園《どうぞの》地区の写真である。この地域では、ある自然災害が発生し、これらの痕跡《こんせき》は国の天然記念物に指定された。この地域で発生した自然災害を答えなさい。また、この自然災害の原因を簡単に説明しなさい。

（毎日新聞より）

3

過去に起こった事柄《がら》を私たちはどのようにして知ることができるのだろうか。日本人がまだ文字を使わなかった時代については、考古学の調査・発掘《くつ》により出土した遺物や、中国の歴史書などから日本の様子を考察することができる。また、ある時代の政権が正式に残した歴史書以外にその時代を生きた人々が残した日記や記録なども、その時代を知る上での貴重な史料である。史料というと紙に書かれたものをイメージする人もいるだろう。しかし、後世に長く伝えようと石や金属に文字を刻むことも行われてきた。次の歴史書、日記や記録などの史料（現代語訳）【A】～【F】を読み、下の各問いにそれぞれ答えなさい。

【A】

> 辛亥《しんがい》の年（471年）七月に記す。（私は）ヲワケの臣《おみ》。（私の）祖先の名はオホヒコ、その子（の名は）タカリのスクネ、その子の名はテヨカリワケ…（中略）その子の名はカサヒ（ハ）ヨ、その子の名はヲワケの臣。（私の一族は）代々の（大王の）親衛隊長となり大王に仕え、今に至る。ワカタケル大王の朝廷がシキの宮にある時、私は大王の統治を補佐した。この百回鍛《きた》えた名刀を作らせて、私が大王に仕えてきた由来を記しておく。
>
> （埼玉県のある遺跡《せき》から発掘された鉄剣に刻まれていた文より）

問１　史料【Ａ】が作成された時代について述べた文として、適切なものを下のア～エから１つ選び、記号で答えなさい。

ア　大陸から稲作が伝わり、土地をめぐる争いがおこった。その中でむらが統合され小さな国がいくつもできた。邪馬台国の女王卑弥呼は30ほどの国を従えていた。

イ　仏教の力を借りて世の中の不安を鎮《しず》め、国を守ろうと全国に国分寺を建てた。そして東大寺に大仏を約10年かけて作らせた。

ウ　人々は、たて穴住居に住み、豊かな恵《めぐ》みを願って土偶を作ったり、狩りや漁をしたりして共同で生活していた。

エ　近畿地方を中心に巨大な前方後円墳がいくつも作られた。古墳は豪族たちの権力の象徴であり、この地域の豪族たちは連合してヤマト政権を作り、徐《じょ》々に支配を広げた。

2

明治学園中学校１年生の明君は、社会科の夏休みの宿題で熊本県の地域調査を行った。下の各問いにそれぞれ答えなさい。

問１　次のＡ～Ｃのグラフは、図１中の①～③の地点のいずれかの気温と降水量を示している。グラフと地点の組み合わせとして適切なものを、下のア～カから１つ選び、記号で答えなさい。

A

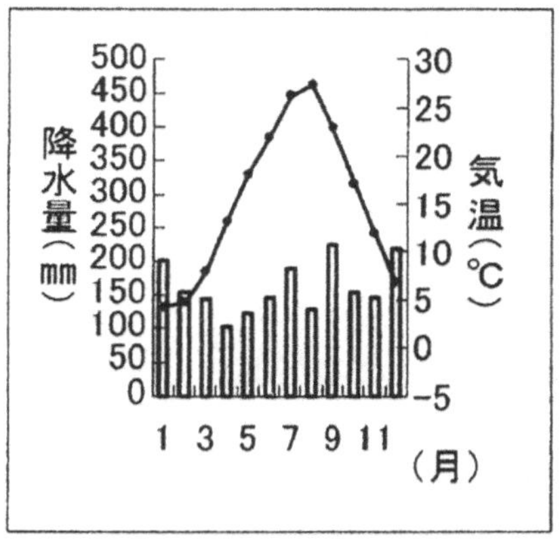

年平均気温　15.2℃
年降水量　1931mm

B

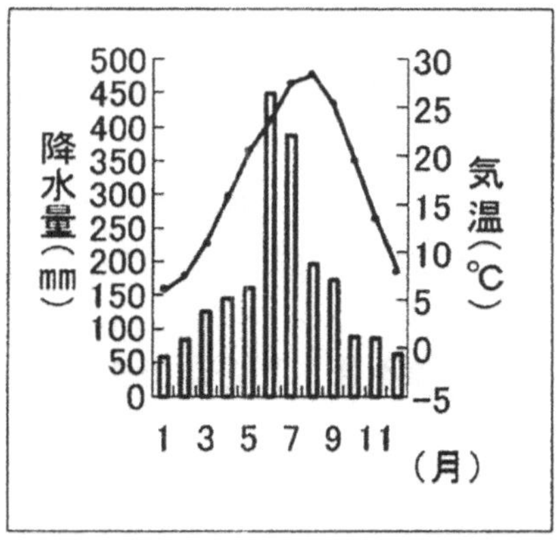

年平均気温　17.2℃
年降水量　2007mm

C

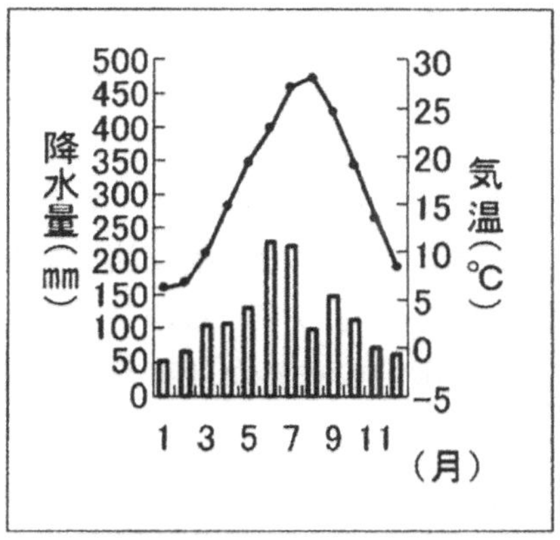

年平均気温　16.8℃
年降水量　1405mm

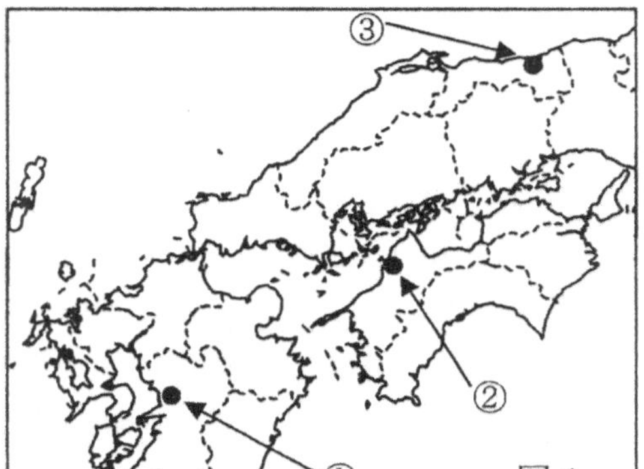

図１

	ア	イ	ウ	エ	オ	カ
A	①	①	②	②	③	③
B	②	③	①	③	①	②
C	③	②	③	①	②	①

問２　次の表１は、図２中の①～③の各県の農作物の生産量・収穫《かく》量・頭数を示している。表１のＡ～Ｃと、図２中の①～③の組み合わせとして適切なものを下のア～カから１つ選び、記号で答えなさい。

表１

	米（千トン）	みかん（千トン）	トマト（千トン）	肉用牛（千頭）
A	620	0	8	12
B	30	167	4	3
C	156	83	135	135

（二宮書店『データブック オブ ザ ワールド 2023』による）

	ア	イ	ウ	エ	オ	カ
A	①	①	②	②	③	③
B	②	③	①	③	①	②
C	③	②	③	①	②	①

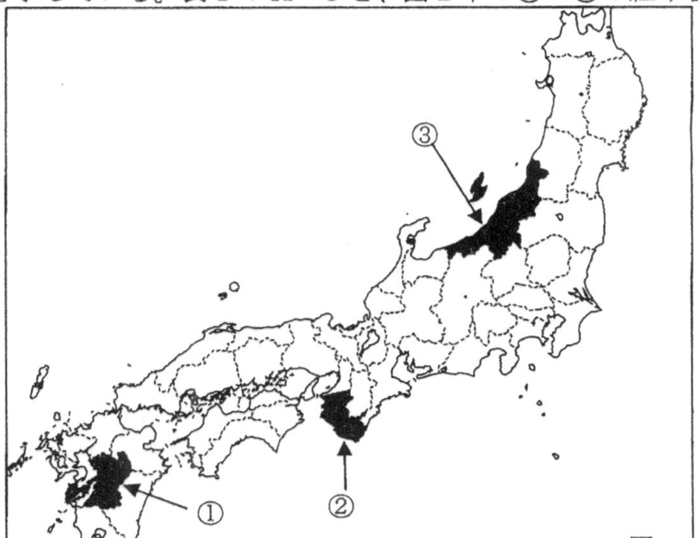

図２

問３　次の表２中のア～ウは、熊本県、鹿児島県、福岡県のいずれかの目的別の観光客数を示している。熊本県を示すものをア～ウから１つ選び、記号で答えなさい。

表２

単位：千人（のべ人数）

	自然	歴史・文化	温泉・健康	ｽﾎﾟｰﾂ・ﾚｸﾘｴｰｼｮﾝ	都市型観光	その他
ア	3,234	27,956	3,530	10,781	92,526	11,219
イ	2,918	9,631	9,565	5,673	12,108	8,902
ウ	1,735	7,637	3,103	9,009	4,644	2,510

（2015年（平成27年）観光庁資料による）

問４　熊本城を中心とする地域の人口を調べるための最も適切な方法を、下のア～エから１つ選び、記号で答えなさい。

ア　国土地理院の地理院地図をみることで、熊本城を中心とする地域の建物数を数えられるので、人口を確認することができる。
イ　新旧の空中写真を比較《かく》することで、住宅の増加を把握《はあく》することができるので、地区ごとの人口を確認することができる。
ウ　図書館で、農産物の生産量の推移を調べることで、どれだけ人口が増えたかを確認することができる。
エ　市役所のホームページには、検さく時点の人口が載《の》っているので、それを調べることで人口を確認することができる。

(25分)

1　次の文章を読み、下の各問いにそれぞれ答えなさい。

明治学園中学校の生徒であるみどりさんは、中学２年生の時に東京研修に参加しました。この研修は希望者が夏休みに３泊《はく》４日の日程で、つくば研究学園都市で最先端《たん》の科学技術を体験したり、東京都心の政治や経済の中心地を体感したり、学問の中心である東京大学を実際に訪れたりして、学びを深めるというものです。次の会話文は、東京研修後のみどりさんと小学６年生の弟の敬一郎君の会話です。

敬一郎「お姉ちゃん、東京研修に参加して一番印象に残っているところはどこだったの？」
みどり「印象深いところはたくさんあったけど、やっぱり国会議事堂は大きくて立派だったわ。」
敬一郎「（あ）国会って実際にはどんなことをしているの？」
みどり「国の政治の方向を決めることが国会の重要な仕事だよ。日本で法律を作ることができるのは国会だけなんだよ。」
敬一郎「国会には２つの議院があるんだよね。」
みどり「そうだよ。日本は（い）二院制をとっているね。また、国会議員の中から実際に政治を行う（う）内閣を組織していて、内閣は様々な仕事をしているんだよ。」
敬一郎「へえ、そうなんだ。ほかにはどこに行ったの？」
みどり「つくば市にあるJAXA（宇宙航空研究開発機構）に行って、実際に宇宙に行った衛星を見たわ。（え）最先端のロボット技術を使って医療《りょう》を助ける医療機器や災害救助のロボットが展示されているところにも行ったよ。それと移動の途《と》中に東京の中心部で（お）いろいろな国の大使館があったわ。３日目には東京証券取引所に行って、日本経済の実際の動きを見たわ。４日目には東京大学に行って研修を行ったよ。東京大学では明治学園出身の先輩《ぱい》方の貴重な経験や話を聞いたんだ。すごく刺《し》激になって、将来の自分のしたいことを考える良いきっかけになったわ。」
敬一郎「僕も明治学園に入学して、絶対に東京研修に参加したいな！」

問１　下線部（あ）について、国会の働きの１つに憲法改正の発議《はつぎ》がある。以下の文は日本国憲法の一部である。（　Ａ　）～（　Ｄ　）に当てはまる語句の組み合わせとして、適切なものを下のア～エから１つ選び、記号で答えなさい。

第１条　「天皇は、日本国の（　Ａ　）であり日本国民統合の（　Ａ　）であつて、この地位は、（　Ｂ　）の存する日本国民の総意に基《もと》づく。」
第９条　「日本国民は、正義と秩《ちつ》序を基調《きちょう》とする国際平和を誠実に希求《ききゅう》し、国権の発動たる（　Ｃ　）と、武力による威嚇《いかく》又は武力の行使は、国際紛《ふん》争を解決する手段としては、永久にこれを放棄《き》する。」
第11条　「国民は、すべての（　Ｄ　）の享有《きょうゆう》を妨《さまた》げられない。この憲法が国民に保障する（　Ｄ　）は、侵《おか》すことのできない永久の権利として、現在及《およ》び将来の国民に与へられる。」

ア　Ａ…国家元首　Ｂ…主権　Ｃ…戦争　Ｄ…基本的人権　　イ　Ａ…主権者　Ｂ…基本的人権　Ｃ…紛争　Ｄ…自然権
ウ　Ａ…象徴《ちょう》　Ｂ…基本的人権　Ｃ…紛争　Ｄ…自然権　　エ　Ａ…象徴　Ｂ…主権　Ｃ…戦争　Ｄ…基本的人権

問２　下線部（い）について、右の図は国会で予算が成立するまでの流れを示したものである。衆議院によって可決された予算案が、参議院でもう一度審《しん》議される理由を簡単に説明しなさい。

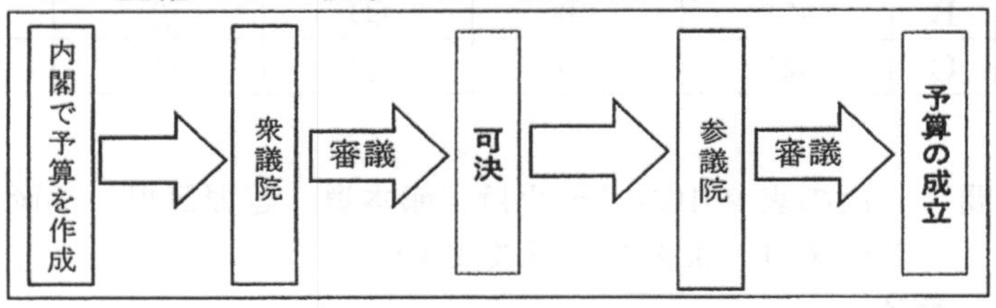

問３　下線部（う）について、内閣の役割として適切なものを下のア～エから１つ選び、記号で答えなさい。

ア　憲法改正の発議　　イ　外国との条約の締《てい》結　　ウ　法律の違《い》憲審査　　エ　外国との条約の承認《にん》

問４　下線部（え）について、右の写真は人間の知能に近い機能を備えた介《かい》護ロボットである。このように近年、人間に代わって知的な活動をコンピューターに行わせる技術やプログラムが、様々な業界で実用化されている。この技術やプログラムをアルファベット２字で答えなさい。

（理化学研究所ホームページより）

問５　下線部（お）について、いろいろな国について述べた文として適切なものを下のア～エから１つ選び、記号で答えなさい。

ア　オーストラリアは、日本への自動車の輸出額よりも日本への石炭や天然ガスなどの天然資源の輸出額の方が多い。
イ　韓国は、自動車生産台数が世界１位であり、自動車の輸出台数も世界１位である。
ウ　アメリカは、第二次世界大戦以後、日本にとって常に最大の輸出入相手国である。
エ　サウジアラビアは、日本にとって最大の石油輸入相手国であったが、環境に配慮《りょ》し、現在は日本への石油の輸出を行っていない。

(9)　図６のように，「F」の文字をくりぬいた黒い紙を光源の前に置き，凸レンズによる実像を薄い紙を用いたスクリーンに映します。スクリーンをはさんで凸レンズの反対側から（図６に示されている位置から）映った実像を見ると，どのように映って見えますか。次の**ア**～**エ**から１つ選び，記号で答えなさい。

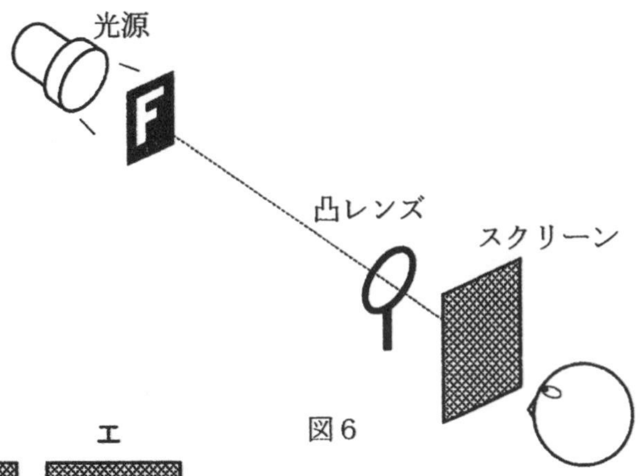

図６

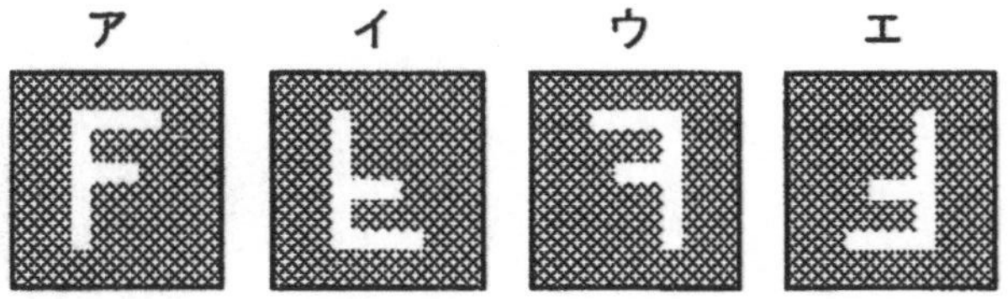

(10)　対物レンズの代わりに鏡（対物鏡）を使って光を集める望遠鏡もあります。そのような望遠鏡を反射望遠鏡といいます。下の図７は反射望遠鏡の構造の一部を表しています。反射望遠鏡に用いられている対物鏡として適するものを，下の**ア**～**ウ**から１つ選び，記号で答えなさい。

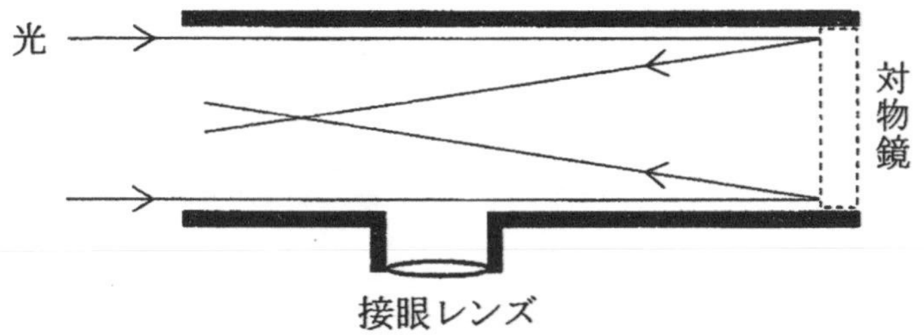

図７

(11)　反射望遠鏡では，対物鏡で集めた光を観察するために，鏡筒《とう》の中に平面鏡を置いて，対物鏡が集めた光を鏡筒の横に出す必要があります。図８のように，対物鏡が集めた光を鏡筒の軸《じく》に対して 90°の方向に反射させるためには，鏡筒の中の平面鏡をどのように置けばよいですか。下の**ア**～**エ**から１つ選び，記号で答えなさい。

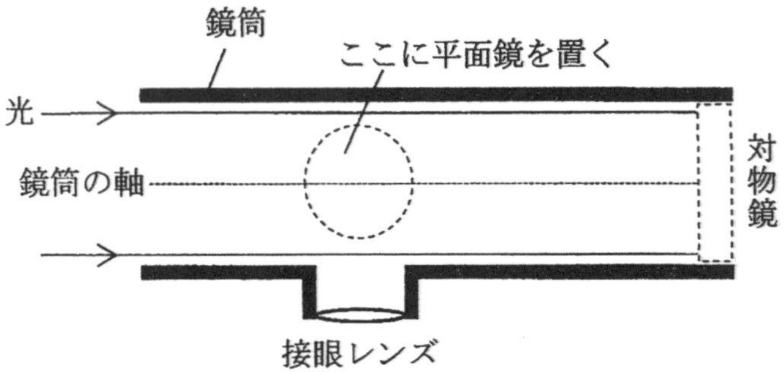

図８

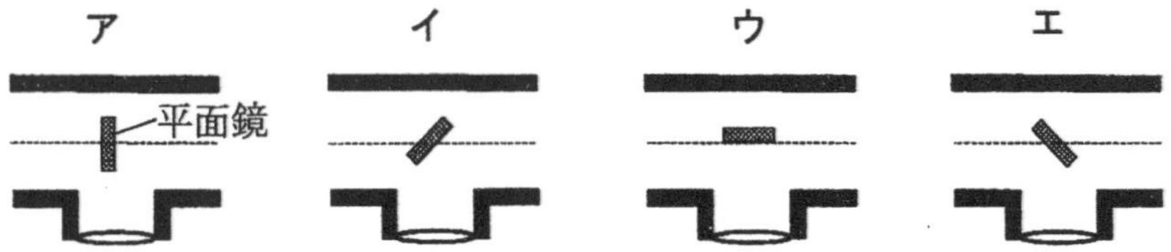

(3)　下線部(c)について，夜空を観察すると，たくさんの星が集まり，川のように見える部分があります。文中の空欄（　え　）にあてはまる，この部分の呼び名を答えなさい。

(4)　下線部(d)について，このとき，観察することができないと考えられる星座はどれですか。次の**ア**～**エ**から１つ選び，記号で答えなさい。

ア　いて座　　**イ**　おおぐま座　　**ウ**　オリオン座　　**エ**　さそり座

(5)　下線部(e)について，このときの月の見え方として適切なものを，次の**ア**～**エ**から１つ選び，記号で答えなさい。

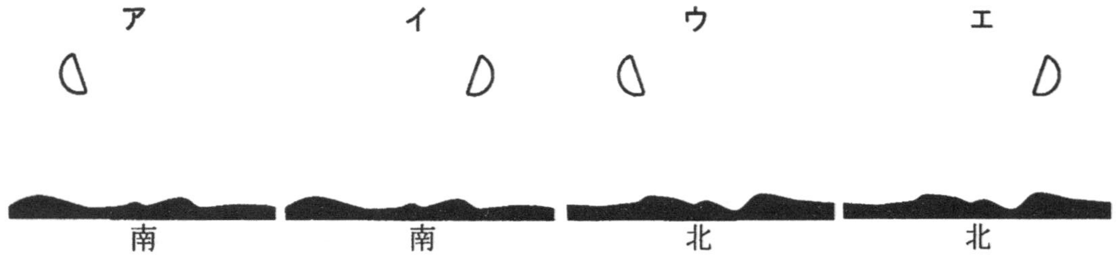

(6)　下線部(f)について，３日後の月の形として適切なものを，次の**ア**～**エ**から１つ選び，記号で答えなさい。

(7)　下線部(g)について，望遠鏡を月に向けて観察していると，視野の中央に見えていた月が，時間とともに動いていきました。月が動いて見えたのはなぜですか。その原因を簡単に説明しなさい。

以下の文章は，望遠鏡についての説明文です。これを読み，後に続く各問いに答えなさい。

望遠鏡は，対物レンズと接眼レンズの２枚の凸《とつ》レンズを組み合わせることで遠くにあるものを観察できるようになっています。そのような望遠鏡をケプラー式望遠鏡といい，図２のような仕組みになっています。図３のように，凸レンズには，レンズに入ってきた光を集めるはたらきがあり，光が集まる点を焦《しょう》点といいます。また，レンズから焦点までの距離《きょり》を焦点距離といいます。

凸レンズを用いた身近なものに，虫めがねがあります。虫めがねでものを見るとき，図４のように，観察物が凸レンズの焦点よりもレンズから遠い位置にあると，観察物が上下左右逆さまになって見えます。このときに見えた像を実像といいます。実像は，光が集められてできているので，焦点付近に薄《うす》い紙などを用いたスクリーンを立てると，スクリーンに実像が映ります。一方で図５のように，観察物が凸レンズの焦点よりもレンズに近い位置にあると，観察物が拡大されて見えます。この拡大されて見えたものを虚《きょ》像といいます。ケプラー式望遠鏡では，対物レンズがつくった実像を，接眼レンズで拡大して，星などを観察しています。

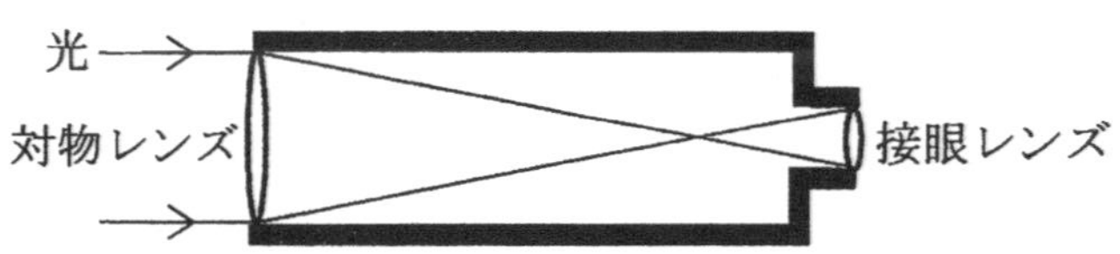

図２：ケプラー式望遠鏡の仕組み（断面図）

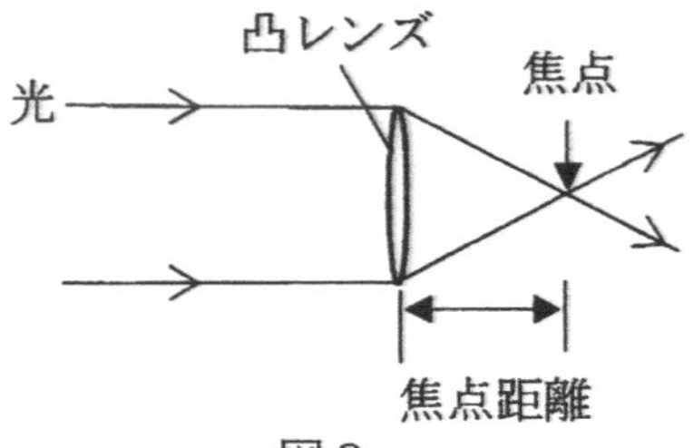

図３

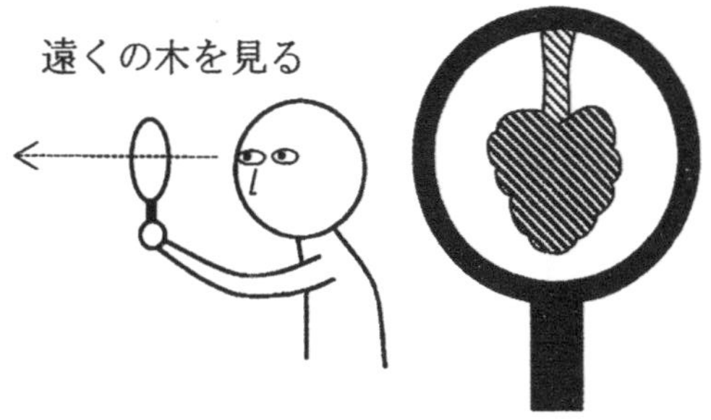

図４

図５

(8)　望遠鏡や虫めがねで，太陽などの強い光を直接見てはいけません。それはなぜですか。理由を簡単に説明しなさい。

後日，明さんがホットケーキを作った際に，発酵の過程を経ていないのに食感がふわふわしていることに気づきました。調べてみると，ホットケーキには，パンを作るときには使わなかった「ベーキングパウダー」が使われていることが分かりました。そこで，明さんは「ベーキングパウダーを加熱すると気体が発生する」という予想を立てて，以下の**【実験２】**を行い，下に続く結果と結論を得ました。

【実験２】　ベーキングパウダーに熱湯をかける。
結果　ベーキングパウダーからたくさんの泡が出た。
結論　ベーキングパウダーを加熱すると気体が発生する。

(10)　この**【実験２】**は「ベーキングパウダーを加熱すると気体が発生する」という予想を確認する実験としては適切ではありません。適切でない理由を，解答欄の「可能性があるから。」につながるように答えなさい。

２　治さんは，８月の夏休みを利用してお父さんと北九州市の平尾台で星空観察を行いました。以下の会話文を読み，後に続く各問いに答えなさい。

治さん　たくさんの星が見えて，とてもきれいだなあ。
父　夏の星空を観察するときは，まず(a)夏の大三角を見つけるといいよ。
治さん　それは学校で習ったよ。こと座の（　あ　），はくちょう座の（　い　），（　う　）のアルタイルの３つの星だよね。
父　そうだね。では，東の方角の夜空を見てみよう。夏の大三角が見つかるかな。
治さん　あっ，あったよ。たぶんあの３つの星が夏の大三角じゃないかな。
父　正解だよ。では，(b)どれがアルタイルかわかるかな。
治さん　うーん。少し自信がないけれど，たぶんあの星だと思う。
父　おっ，よくわかったね。
治さん　アルタイルは，彦《ひこ》星とも呼ばれているよね。(c)そして（　え　）をはさんで織姫《おりひめ》星があるからわかったんだ。
父　治はよく勉強しているなあ。では，(d)ほかにはどんな星座が見つかるかな。探してみよう。
治さん　うん，探そう。ところでお父さん，今夜の月は，きれいな半月だね。
父　そうだね。今，(e)午後８時だからあのように見えているんだね。
治さん　月は太陽の光を反射して光っているから，日によって見え方がちがうよね。(f)３日後はどうなっているかなあ。
父　学校で学んだことを思い出しながら，考えてごらん。ところで，今日は(g)望遠鏡も用意しているよ。これを使って月の表面をじっくり観察してみよう。

(1)　下線部(a)について，文中の空欄（　あ　）～（　う　）にあてはまる星の名前や星座の名前をそれぞれ答えなさい。

(2)　右の図１は，８月の午後８時に治さんとお父さんが観察した夜空の一部を記録したものです。図１中のＡ ～ Ｃは，夏の大三角を構成する星を表しています。下線部(b)について，アルタイルはどれですか。図１中のＡ ～ Ｃから１つ選び，記号で答えなさい。

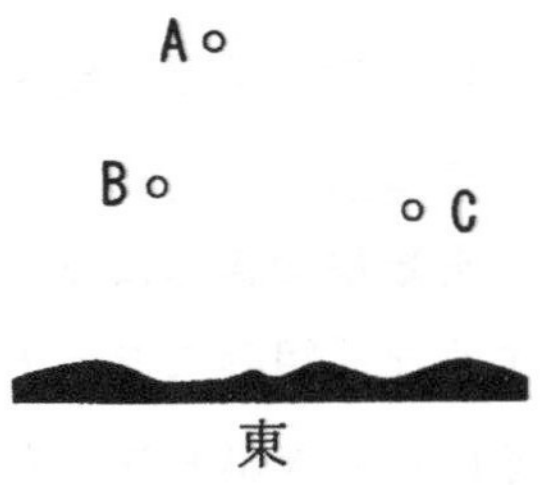

図１

(6)　下線部(d)について，次の**ア**～**エ**のうち，蒸発がかかわる現象を**2つ選び**，記号で答えなさい。

ア　冷蔵庫から出したお茶のペットボトルを暖かい部屋に置くと，表面に水滴《てき》がついた。
イ　アルコール入りの除菌《きん》シートで手をふくと，冷たい感じがした。
ウ　ぬれた台ふきで机をふいてしばらくすると，机の上が乾いていた。
エ　コップの水に氷を入れてしばらくすると，氷がなくなっていた。

さらにくわしく調べていくと，明さんは「酵母は砂糖を分解して気体を発生させることができる」と知りました。発酵について調べるため，以下のような**【実験１】**をしました。

【実験１】水に酵母を入れて酵母液を作った。注射器に酵母液５ｇと砂糖水５ｇの混合液を入れ，先端《たん》に栓《せん》をした装置（図３）を40 ℃に保温した。しばらくすると，気体が発生して，図４のようにすき間ができた。このすき間の長さ(cm)の変化を一定時間ごとに記録してグラフにしたところ，図５のようになった。

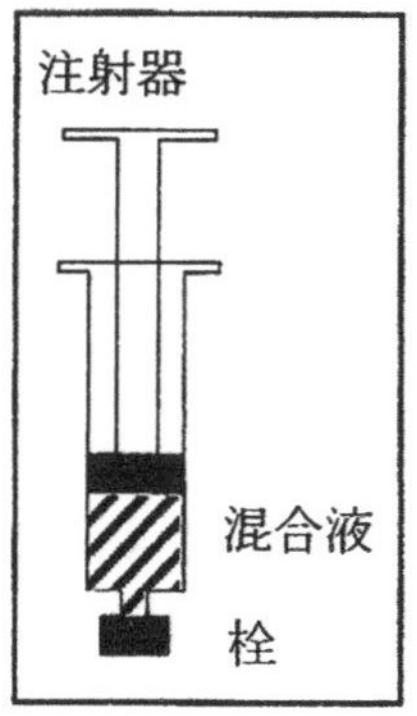

図３

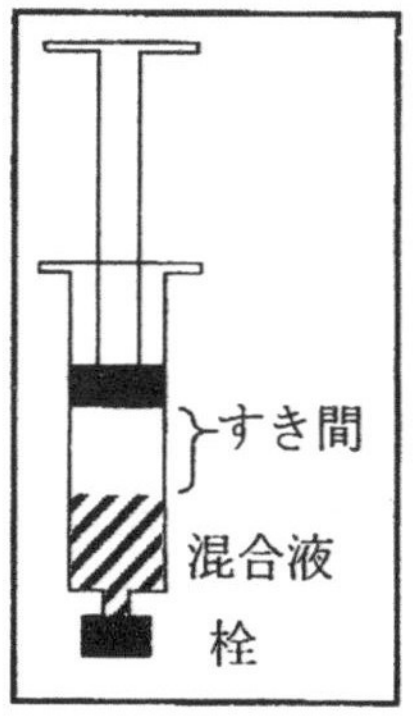

図４

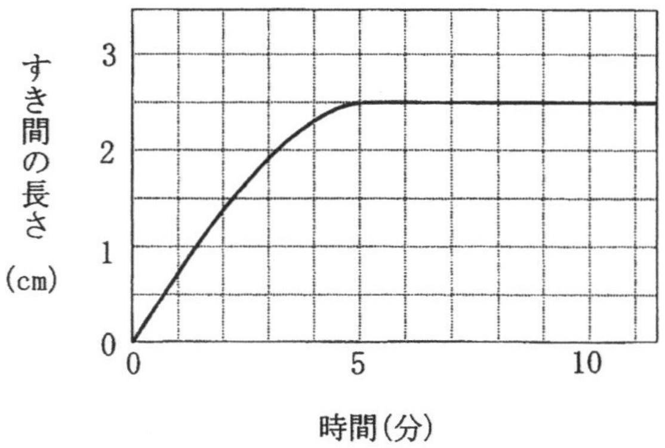

図５

(7)　図５について，最終的に発生した気体の体積は何 mL ですか。単位とともに答えなさい。なお，使用した注射器の気体が入っている部分の断面積は４ cm² として計算しなさい。

(8)　下の文章は，図５に関して明さんが書いたレポートの一部です。文中の空欄（　お　）～（　き　）にあてはまる語句をそれぞれ選択肢《し》から選び，記号で答えなさい。

> 実験開始から５ 分後以降はグラフが平らになったことから，５ 分後以降は（　お　）とわかる。実験の後，間違えて使用後の液体に砂糖を追加してしまったところ，再び気体が発生したことから，（　お　）のは，（　か　）からと考えられる。この考えが正しいならば，実験に使用した後の液体に新たに酵母を追加すると，（　き　）と考えられる。

（　お　）・・・**ア**　気体が発生する速さが一定になった
　　　　　　　イ　気体が発生しなくなった
（　か　）・・・**ア**　酵母がなくなった　　**イ**　砂糖がなくなった
（　き　）・・・**ア**　気体は発生しない　　**イ**　また気体が発生する

(9)　明さんが行った**【実験１】**に対して，以下のような**＜条件＞**で追加の実験を行ったらどのようなグラフが得られるでしょうか。下に示している**＜仮定＞**が正しい場合，追加の実験で得られるグラフとして最も適切なものを図６中の**ア**～**ウ**から選び，記号で答えなさい。

＜条件＞
温度を低く(25 ℃に保つ)して，それ以外は**【実験１】**と同じ条件ですき間の長さ(cm)を記録する。

＜仮定＞
温度が低いと酵母のはたらきが低下する。そのため，反応に必要なものがなくなるまで反応は続くが，反応の速さは低下する。

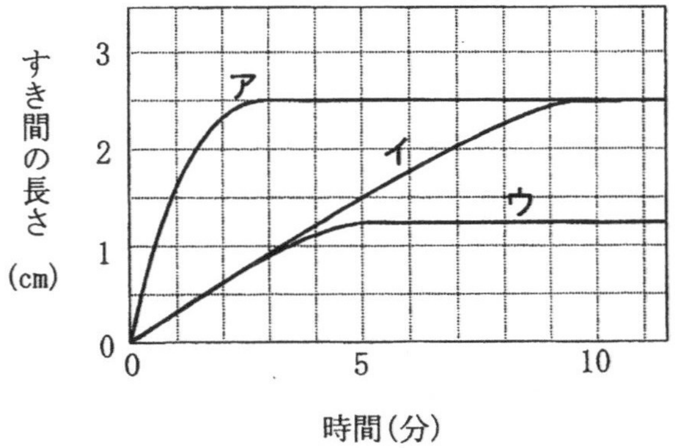

図６

（25分）

1　次の文章を読み，下の各問いに答えなさい。

明さんはパンを食べているときに，パンの断面に小さなすき間がたくさんあることに気づきました（図１）。

このすき間がどのようにして作られるかを考えるために，パンの作り方をお父さんにたずねたところ，パンを作る過程は大まかに，(a)小麦粉や(b)酵《こう》母（イースト）などの材料を混ぜる（段階①），生地をこねる（段階②），ラップをかぶせて発酵させる（段階③），生地をカットし，成形して焼く（段階④），の４段階に分けられる，と教えてもらいました。

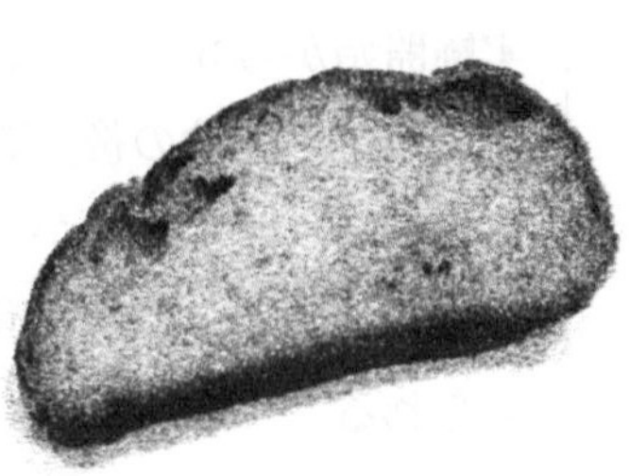

図１

この言葉を受けて，明さんは(c)「パンの中の小さなすき間は，生地をこねる（段階②）でたくさんの空気が入ることが主な原因である」という予想を立てました。

(1)　下線部(a)について，小麦粉は水と混ぜると白くにごった液体となり，完全にとう明になることはありません。次のア～エについて，十分な量の水と混ぜてしばらくおいたときに，とける（とう明な液体になる）ものは「○」，とけない（とう明な液体にならない）ものは「×」を解答欄《らん》に書き入れなさい。

ア　コーヒーシュガー　　**イ**　食塩　　**ウ**　ココアパウダー　　**エ**　ミョウバン

(2)　下線部(a)について，小麦粉にはデンプンが含《ふく》まれています。デンプンの存在を確認するための薬品の名前を答えなさい。また，デンプンが存在していたら何色に変化しますか。色についても答えなさい。

(3)　下線部(b)について，酵母は目に見えないほど小さな生物です。ヒトの目で存在を認識できる大きさは 0.1 mm 程度と言われていますが，次の**ア**～**オ**のうち，顕微《けんび》鏡を使わないと観察できない（0.1 mm よりも小さい）生物はどれですか。最も適するものを１つ選び，記号で答えなさい。

ア　ミジンコ　　**イ**　メダカ　　**ウ**　オキアミ　　**エ**　アオミドロ　　**オ**　ミドリムシ

(4)　下線部(c)について，明さんは，予想が正しいかどうかを調べるために実際にパンを作ってみました。右の図２は調理の様子を示しており，その下の文章は，パンを作った後に明さんが書いた振り返りの文章です。文中の空欄（　あ　）～（　う　）に入れる語句としてあてはまるものを後の【語群】からそれぞれ選び，正しい文章を作りなさい。

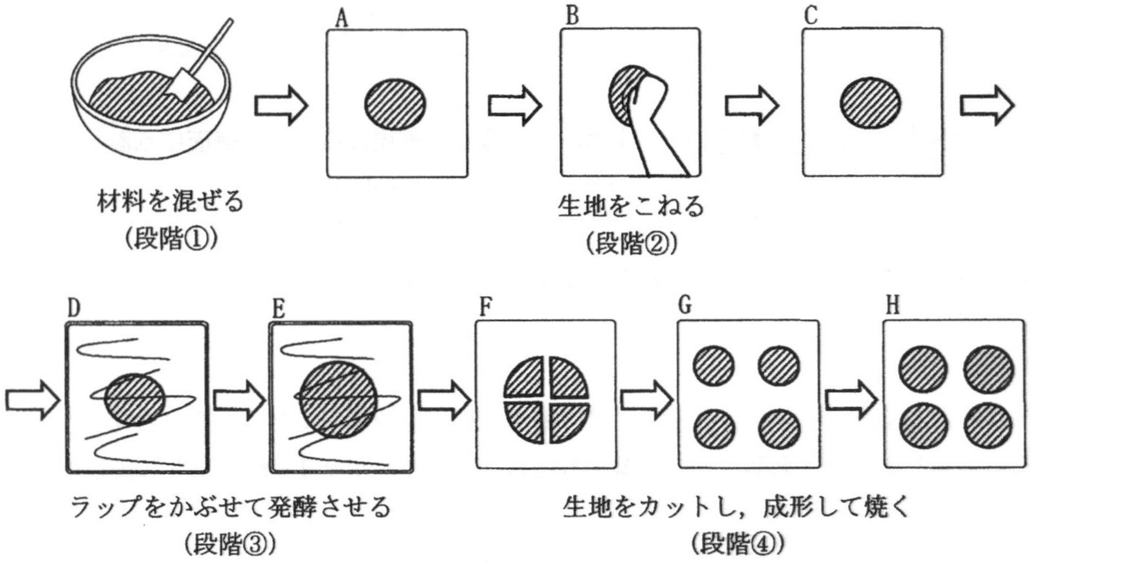

図２：調理の様子

「生地をこねる（段階②）」で空気が入っていることがパンの中にすき間ができることの主な原因かどうかは，（　あ　）と（　い　）の生地のサイズを比較すればわかる。図２から，（　う　）とわかるので，予想は誤りだった。

【語群】

A　　B　　C　　D　　E　　F　　G　　H

大きくなっていない　　大きくなっていた

実際にパンを作ってみると，「発酵させる（段階③）」で生地のサイズが大きく変化していたことが分かりました。このことから，「発酵」に興味を持った明さんは発酵について調べてみたところ，下のような資料を見つけました。

パンを作る際には，酵母が，小麦粉が変化してできた糖分を分解し，（　え　）を発生させる。この気体によって，生地に小さなすき間がたくさんできる。なお，発酵の際には，（　え　）のほかにエタノールも発生する。エタノールはお酒の成分の一つだが，(d)蒸発しやすいため，焼いた後のパンにはほとんど残っていない。

(5)　文中の空欄（　え　）にあてはまる物質名を答えなさい。なお，この物質は気体であり，石灰水を白くにごらせる性質をもちます。

4

第４問。説明の後に質問と４つの選択肢が読まれます。質問に対する答えとして最も適切なものを１，２，３，４の中から１つ選びなさい。**説明，質問，選択肢は１度だけ読まれます**。では，始めます。

(1) People often go there. They can buy books there.
Question: Where is it?
1. Bookstore. 2. Station. 3. Movie theater. 4. Library.

(2) Teachers usually write on the blackboard with it.
Question: What is it?
1. Chalk. 2. A pencil. 3. A pen. 4. An eraser.

(3) Christmas is in summer in this country. Koalas and kangaroos live there.
Question: Where is it?
1. Italy. 2. Australia. 3. Canada. 4. China.

(4) They use a bat, a glove and a white ball.
Question: What is it?
1. Volleyball. 2. Table tennis. 3. Badminton. 4. Baseball.

5

第５問。会話の後に質問と４つの選択肢が読まれます。質問に対する答えとして最も適切なものを１，２，３，４の中から１つ選びなさい。**会話，質問，選択肢は２度読まれます**。では，始めます。

(1)
A: It's twelve midnight. You should go to bed now.
B: Yes, I know. But this video is very interesting.
A: You can watch it tomorrow.
B: Okay, Mom.
Question: Why does he need to go to bed now?
1. Because it's too late for him.
2. Because he wants to watch it tomorrow.
3. Because he needs to eat lunch.
4. Because the computer is broken.
Listen again.（繰り返し）

5 続き

(2)
A: Dad, we're going to visit Shikoku this summer, right?
B: Oh, yes! First, we can eat Sanuki udon in Kagawa.
A: Sounds good. Where are we going after that?
B: We're going to drive to Kurashiki after crossing Seto Ohashi Bridge.
Question: Where are they going first?
1. Okayama.
2. Kagawa.
3. Tokushima.
4. Hiroshima.
Listen again.（繰り返し）

(3)
A: Mom, it's Friday.
B: Oh, did you collect PET bottles and cans?
A: It's not my job. It's Dad's job.
B: No, it's your job. Do it now, please.
Question: Who is going to collect PET bottles and cans?
1. The boy's mother.
2. The boy's father.
3. The boy's dog.
4. The boy.
Listen again.（繰り返し）

(4)
A: What's wrong? You look pale.
B: I have a cold. So I can't join the soccer game today.
A: Oh, that's too bad. But you can play next time.
B: No, today is the last one.
A: I'm sorry to hear that. Cheer up.
Question: How is he feeling now?
1. Happy.
2. Lucky.
3. Sad.
4. Angry.
Listen again.（繰り返し）

説明

以上でリスニング問題は終了です。
引き続き，第６問から第８問の筆記問題を解きなさい。

※音声は収録しておりません

令和６年度　明治学園中学校　入学試験問題　英語　リスニング問題　スクリプト

説明

これから，英語リスニング問題を始めます。問題用紙の４の１を見なさい。第１問から第５問はリスニング問題です。音声を聞いて問題に答えなさい。放送中，メモをとっても構いません。

1

第１問。それぞれ３つの説明文を聞き，イラストの内容を最もよく説明しているものを１，２，３の中から１つ選びなさい。**説明文は１度だけ読まれます**。では，始めます。

(1)

1. I want to be an office worker.
2. I want to be a police officer.
3. I want to be a fire fighter.

(2)

1. A bird is on the bike.
2. A bird is under the bike.
3. A bird is over the bike.

(3)

1. He is washing dishes.
2. He is taking a bus.
3. He is taking a bath.

(4)

1. She is walking.
2. She is working.
3. She is playing.

(5)

1. Taro gets up at 6, and Hanako also gets up at 6.
2. Taro gets up at 6, and Hanako gets up at 7.
3. Hanako gets up at 6, and Taro gets up at 7.

2

第２問。イラストを参考にしながら英文を聞き，最も適切な応答を１，２，３の中から１つ選びなさい。**英文と応答は１度だけ読まれます**。では，始めます。

(1) When did you go to New York?

1. Last year.
2. With my friend.
3. America.

2 続き

(2) Whose umbrella is this?

1. Yes. This is Kevin.
2. Kevin does.
3. It's Kevin's.

(3) Do you like tennis?

1. Yes. It's 500 yen.
2. Yes. I'm going to join the tennis club.
3. Yes. I like animals.

(4) Wow! You are a great pianist! How do you learn the piano?

1. Three hours.
2. I'm tired.
3. My aunt teaches me.

3

第３問。英文の後に質問が読まれます。質問に対する答えとして最も適切なものを１，２，３の中から１つ選びなさい。**英文と質問は１度だけ読まれます**。では，始めます。

(1)

A: Can you pass me the salt, Mike?
B: Sure. Here you are, Lucy.
Q: What is Lucy going to say next?

(2)

A: Do you play soccer, Mary?
B: No, Bob. But my sister does.
Q: Who plays soccer?

(3)

A: How many students are there in your class, Janet?
B: 34. How about yours, Peter?
A: There are 30 in my class.
Q: How many students are there in Peter's class?

(4)

Attention please. We're flying over the Shizuoka area now. You can see Mt. Fuji on your left.
Q: Where are they?

6 （　　）内に入る語として最も適切なものを１，２，３，４の中から１つ選びなさい。

(1) I usually (　　) at home.
　1. buy　2. go　3. like　4. study

(2) Tokyo Skytree is (　　) 10 years old.
　1. about　2. at　3. in　4. on

(3) The traffic light is (　　).　You must stop.
　1. blue　2. green　3. red　4. yellow

(4) Sunday is the first day of the week.　(　　) is the fifth day of the week.
　1. Wednesday　2. Thursday　3. Friday　4. Saturday

7 次の日本文に合うように，［　］内の語や記号を並べかえて英文を完成させなさい。

(1) あなたは夕食後に犬の散歩をしますか。
　[after / dinner / do / dog / walk / you / your / ?]

(2) 私の姉は今おなかがすいていません。
　[hungry / is / my / not / now / sister / .]

8 あなたは家族と動物園に来ています。下の英文の内容，表，地図の情報を参考にして，質問に答えなさい。

Your grandmother took you and your little brother to ABC Zoo on Wednesday. You are 13 years old and your brother, Ken, is 7 years old.　Your grandmother is 66 years old.　You like penguins.　Ken likes lions.

Tickets ~Admission Fee~	Weekdays ~ Monday to Friday ~	Weekends and Holidays
Seniors (65+)	$5	$7
Adults (13-64)	$10	$15
Children (4-12)	$5	$7
Children (0-3)	Free	Free

Tours

Time	Land Animal Tour	Water Animal Tour
10:00	Tour A (①→⑩→③→④)	Tour E (⑪→⑦→⑥→⑤)
11:00	Tour B (⑫→⑩→⑨→⑧)	Tour F (②→⑤→⑦→⑪)
14:00	Tour C (①→⑩→③→④)	Tour G (⑪→⑦→⑥→⑤)
15:00	Tour D (⑫→⑩→⑨→⑧)	Tour H (②→⑤→⑦→⑪)

MAP

(1) 全員の入場料は，合わせていくらですか？
(2) あなたとケンは見たい動物がいるので，午後ツアーにそれぞれ参加することにしました。どのツアーに参加するか，Tour A～Tour H の中から答えなさい。
(3) 表，地図の情報に合うものをア～エの中から２つ選びなさい。
　ア. On Sunday, children need no admission fee.
　イ. You see a panda in all Land Animal Tours.
　ウ. You don’t see a gorilla in this zoo.
　エ. There is only one lion in this zoo.

令和６年度　明治学園中学校　入学試験問題　英語（４の２）

3　英文の後に質問が読まれます。質問に対する答えとして最も適切なものを１，２，３の中から１つ選びなさい。**英文と質問は１度だけ読まれます。**

(1)
1. I'll give it to you.
2. Oh, really?
3. Thank you.

(2)
1. Mary does.
2. Mary's sister does.
3. Bob does.

(3)
1. 13.
2. 30.
3. 34.

(4)
1. On an airplane.
2. On a train.
3. At an airport.

4　説明の後に質問と４つの選択肢《たくし》が読まれます。質問に対する答えとして最も適切なものを１，２，３，４の中から１つ選びなさい。**説明，質問，選択肢は１度だけ読まれます。**

(1)　1　・　2　・　3　・　4

(2)　1　・　2　・　3　・　4

(3)　1　・　2　・　3　・　4

(4)　1　・　2　・　3　・　4

5　会話の後に質問と４つの選択肢が読まれます。質問に対する答えとして最も適切なものを１，２，３，４の中から１つ選びなさい。**会話，質問，選択肢は２度読まれます。**

(1)　1　・　2　・　3　・　4

(2)　1　・　2　・　3　・　4

(3)　1　・　2　・　3　・　4

(4)　1　・　2　・　3　・　4

以上でリスニング問題は終了《りょう》です。引き続き6〜8の筆記問題を解きなさい。

令和６年度　明治学園中学校　入学試験問題　英語（４の１）

(25分)

1から5はリスニング問題です。音声を聞いて問題に答えなさい。放送中，メモをとっても構いません。6から8は筆記問題です。

1　それぞれ３つの説明文を聞き，イラストの内容を最もよく説明しているものを１，２，３の中から１つ選びなさい。<u>説明文は１度だけ読まれます</u>。　※音声は収録しておりません

(1)

1　・　2　・　3

(2)

1　・　2　・　3

(3)

1　・　2　・　3

(4)

1　・　2　・　3

(5)

1　・　2　・　3

2　イラストを参考にしながら英文を聞き，最も適切な応答を１，２，３の中から１つ選びなさい。<u>英文と応答は１度だけ読まれます</u>。

(1)

1　・　2　・　3

(2)

1　・　2　・　3

(3)

1　・　2　・　3

(4)

1　・　2　・　3

4　ある暖房《ぼう》器具には「強」と「弱」の２つの設定があり，どちらの場合も灯油の消費量は運転する時間に比例します。このとき，次の問いに答えなさい。

	強	弱
１時間あたりの灯油の消費量（Ｌ）	0.8	0.5

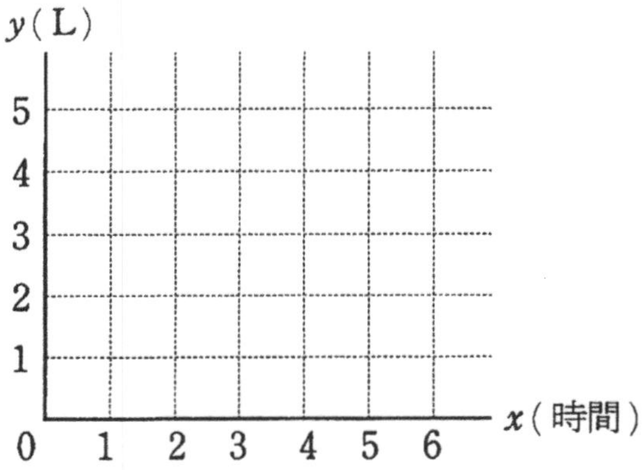

(1) ４Ｌの灯油が入っている暖房器具を「強」の設定で運転しました。
　① ３時間後の灯油の残量は何Ｌですか。
　② 運転開始から x 時間後の灯油の残量を y Ｌとしたとき，灯油がなくなるまでの x と y の関係をグラフに表しなさい。

(2) １Ｌで120円の灯油を600円分入れて「強」の設定で運転しました。このとき，灯油がなくなるのは運転を始めてから何時間何分後ですか。この問題は考え方も書きなさい。

(3) ８Ｌの灯油が入っている暖房器具を「強」の設定で運転し，途中で１回だけ設定を切り替《か》えて「弱」にしました。下の表は，運転開始からの時間と灯油の残量の関係を表した表の一部です。

運転開始からの時間（時間）	0	1	2	…	9	10	…
灯油の残量（Ｌ）	8	7.2	6.4	…	1.5	1	…

このとき，「強」の設定で運転していた時間は，運転開始から何時間何分ですか。

5　いろいろな命令を組み合わせたプログラムを実行することで，図形をかくことができる小型ロボットがあります。小型ロボットは，図中において，△で表示しています。命令は，次の３種類があります。

Ａ：入力された数の長さだけ，直進しながら線をかく。
Ｂ：入力された数の角度だけ，その場で時計回りに回転する。
Ｃ：入力された数だけ，再びＣを入力するまでの命令をくり返す。

例えば，「Ａ１，Ｂ90」を実行すると図１のようになり，「Ｃ２，Ａ３，Ｂ90，Ｃ」を実行すると図２のようになります。

このとき，次の問いに答えなさい。ただし，小型ロボットは，同じところを何度通ってもよいものとします。

(1) 「Ｃ２，Ａ４，Ｂ90，Ａ７，Ｂ90，Ｃ」を実行してかかれる図形の面積を求めなさい。

(2) 「Ｃ３，Ａ１，Ｂ120，Ｃ」を実行してかかれる図形の名前を答えなさい。

(3) あるプログラムを実行すると，図３のような図形をかいて，元の位置に戻りました。このとき実行したプログラムの例を１つあげなさい。

(4) 「Ｃ５，Ａ３，Ｂ144，Ｃ」を実行してかかれる図形の縮図は，別のプログラム

「Ｃ５，Ａ１，Ｂ［①］，Ａ１，Ｂ［②］，Ｃ」

でかくことができます。ただし，ここでの縮図とは，もとの図形のすべての線がかかれたものです。このとき，①，②にあてはまる０より大きく360より小さい異なる数の組を１つ見つけて，このプログラムを完成させなさい。

図１

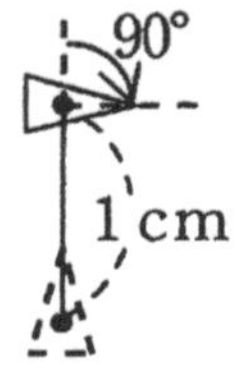

図２

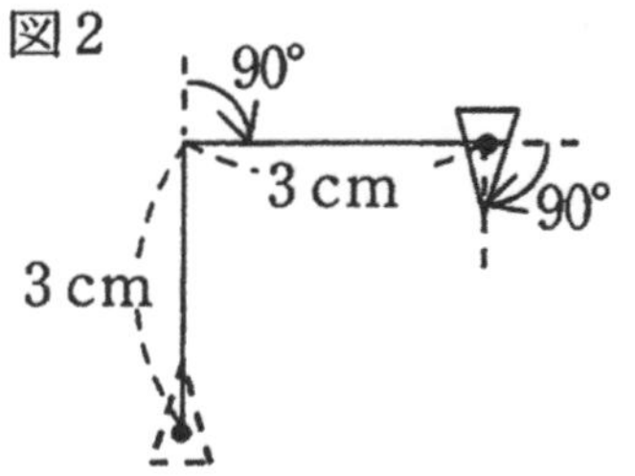

図３

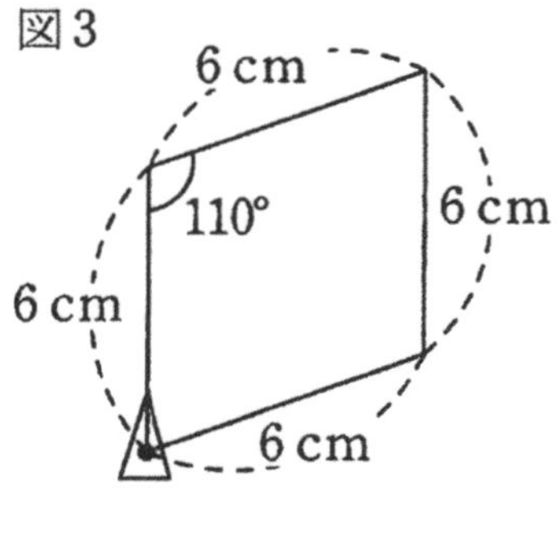

2　A, B, Cの3人が白玉と赤玉を何個かずつ持っています。白玉と赤玉をあわせた玉の個数は，BはAの$\frac{5}{8}$，CはBの$\frac{3}{5}$で，AはCより45個多く持っています。また，Aが持っている白玉と赤玉の個数の比は5：4です。このとき，次の問いに答えなさい。

(1) Cが持っている白玉と赤玉をあわせた玉の個数は，Aが持っている白玉と赤玉をあわせた玉の個数の何倍ですか。

(2) A, B, Cが持っている白玉と赤玉をあわせた玉の個数を，それぞれ求めなさい。

(3) Aが持っている白玉の中から5個をBに渡すと，Aが持っている白玉の個数とBが持っている白玉の個数の比は5：4になります。Bがはじめに持っていた白玉の個数を求めなさい。

3　次の問いに答えなさい。

(1) 立方体の展開図の一部を下の図のようにかきましたが，面が1つ足りません。この展開図を完成させるには，残りの面をどこにかけばよいか，図のア～ケから，あてはまるものをすべて選び，記号で答えなさい。

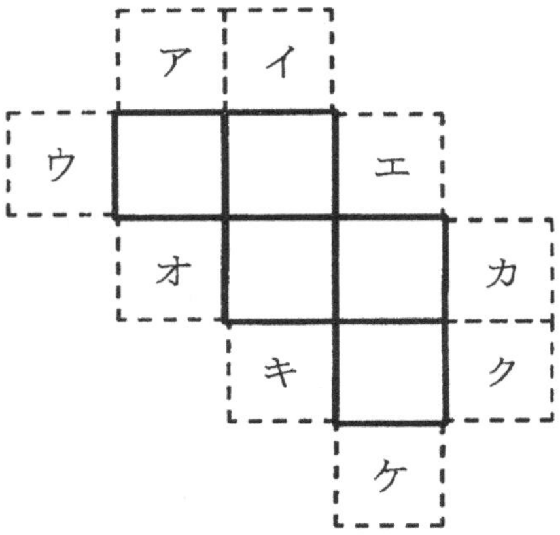

(2) 1辺の長さが5cmの立方体の表面に，幅《はば》が一定の紙テープを，たるみやしわがよらないように貼《は》り付けます。ただし，紙テープの厚みは考えないものとします。

① 図1のように，紙テープを2つの面に貼り付けました。貼り付けた紙テープの面積を求めなさい。

② 立方体の6つの面すべてを通り，ちょうど元の位置まで一周して紙テープを貼り付けます。図2はその途《と》中の図です。貼り付けた一周分の紙テープの面積を求めなさい。ただし，紙テープの両端は，すき間や重なりがないように合わせます。

図1

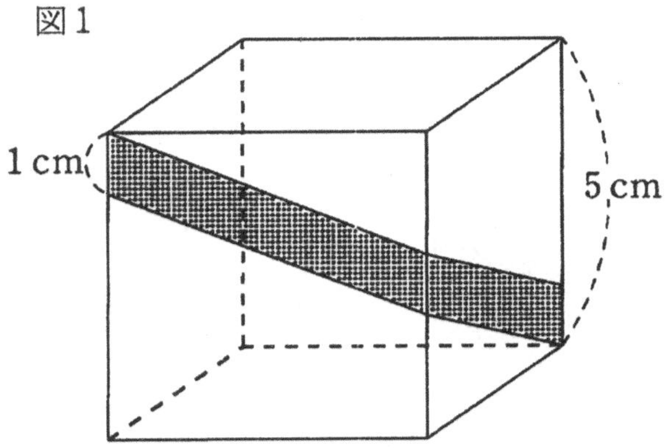

図2

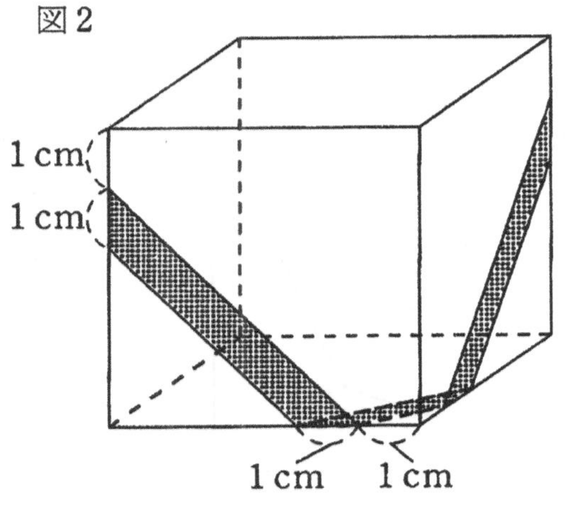

令和６年度　明治学園中学校　入学試験問題　　算　数　（４の１）

（50分）

1　次の (1)～(11) の□の中にあてはまる数を答えなさい。

(1)　$2024 - 24 \div \frac{4}{3} \times 6 =$ □

(2)　$1.6 \times 5 - 10 \div (8 - 1.5 \times 2) =$ □

(3)　$\frac{2}{7} + \frac{5}{7} \div \left(14 - \square\right) = \frac{5}{14}$

(4)　濃《のう》度４％の食塩水300 g に，食塩を20 g 溶《と》かしたときの食塩水の濃度は□％です。

(5)　家から２km 離《はな》れた駅に行くのに，分速70 m で18分間歩くと，残りの道のりは□mです。

(6)　$\frac{5}{37}$ を小数で表したとき，小数第20位の数は□です。

(7)　図１は，あるホテルのある１日に予約された30組のそれぞれの宿泊人数をまとめたヒストグラムです。１組あたりの宿泊人数の平均値は［①］人，中央値は［②］人，最頻《ひん》値は［③］人です。

図１

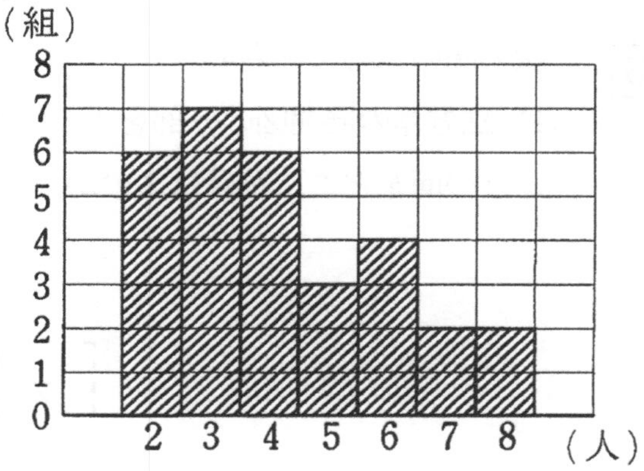

(8)　たて３cm，横４cm の長方形のタイルが50枚あります。このうちの何枚かを同じ向きにすきまなくしきつめて正方形を作ります。一番小さい正方形を作るときは［①］枚，一番大きい正方形を作るときは［②］枚のタイルを使います。

(9)　A，B，C，D，E，F の６人の児童が，４人部屋と２人部屋に分かれて泊《と》まります。A が４人部屋にとまるとき，２つの部屋への分け方は□通りです。

(10)　図２において，四角形ABCD は正方形であり，辺AB の長さと辺AE の長さは等しいです。このとき，㋐の角の大きさは□度です。

(11)　図３の立体は，立方体から円柱の４分の１をいくつかくりぬいた立体です。また，図３の立体を真上から見ると，図４のようになります。この立体の体積は［①］cm^3，表面積は［②］cm^2 です。ただし，円周率は3.14 とします。

図２

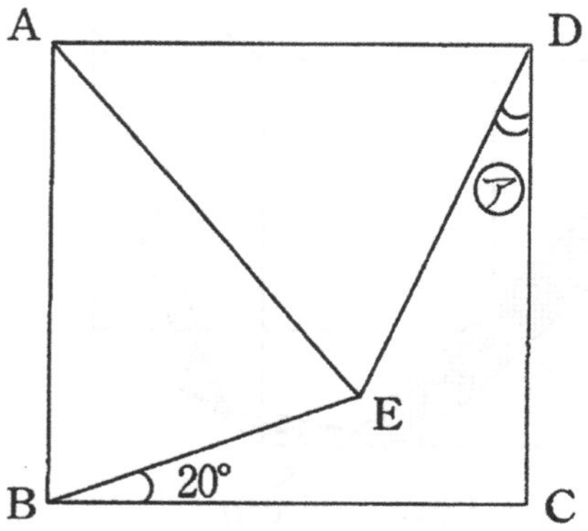

図３

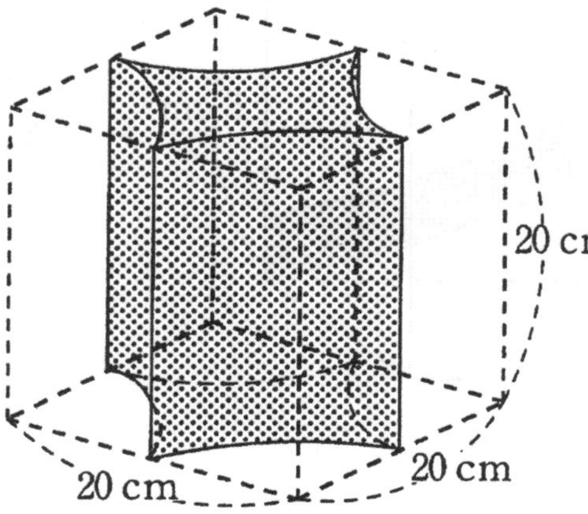

図４

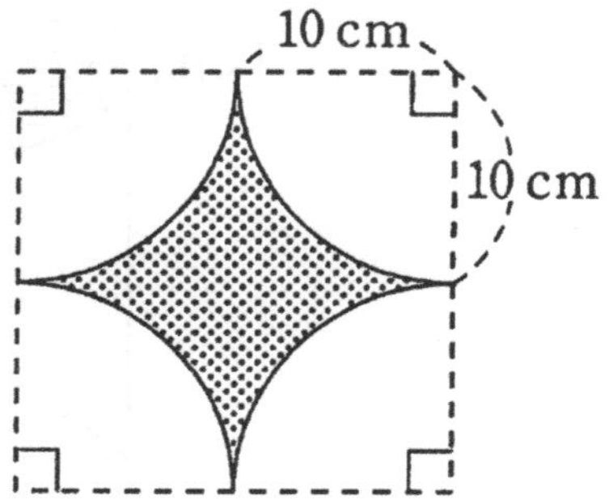

【三】次の問いに答えなさい。

問一　次の①～⑧の傍《ぼう》線部のカタカナを漢字に直し、⑨～⑫の傍線部の読みを書きなさい。必要ならば送りがなを書くこと。

①ヒサイ者を救助する。　②地下に食べ物をチョゾウする。　③昼下がりに眠気がサス。
④母にたのまれた用事をワスレル。　⑤長い時間をヘテ作られた大作。　⑥規模をシュクショウする。
⑦雨雲が低くタレル。　⑧一回戦でヤブレル。　⑨出処進退を明らかにする。
⑩名作を見て情操を豊かにする。　⑪新しい気持ちで船出する。　⑫文章の誤りに気づく。

問二　次の図は、例のように中央に漢字を入れることで二字熟語が成り立ちます。A～Cの中央に入る「ショウ」という読みの漢字をそれぞれ答えなさい。

例

	候	
増	補	食
	足	

（説明）
例で成り立つ二字熟語は、
増補
補食
候補
補足
となります。

A

	対	
参		射
	合	

B

	快	
連		訴
	算	

C

	確	
検		明
	拠	

問三　次のA～Dの文章を「初め・中・終わり」の論の流れになるように並びかえ、A～Dの記号で答えなさい。

A　それに対して、日本では細かい指示をしなくても自分で考えて行動する犬が求められてきた。それは、日本の農耕や狩猟《しゅりょう》の形態に合っているからだ。たとえ飼い主と離《はな》れていて指示がなくても、柴《しば》犬は飼い主の考えを基《もと》に状況《きょう》に応じて自分がとるべき行動を考えられる自立した犬種として重宝されてきたのだ。

B　欧《おう》米では、人間の指示に従って羊の群れをまとめる牧羊犬にみられるように、飼い主の指示通りに動く犬が暮らしを支えてきたため、指示通りに動く犬が求められてきた。

C　最近、飼い主の指示に従わないという理由で、欧米では柴犬が捨てられることが増えている。日本では飼い主に忠実なイメージがある柴犬だが、それはなぜだろうか。

D　つまり日本で優れていると思われていた柴犬の性質は、欧米で求められてきた犬の性質とは異なっていた。そのため、柴犬の良さを欧米では理解しづらく、扱いにくい犬ととらえられてしまったのだ。やはり犬を飼うのであれば、自分たちの生活スタイルや考え方と犬の性質が合っているかどうかを事前に確認することが大切だ。

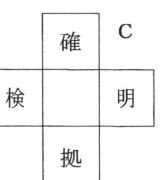

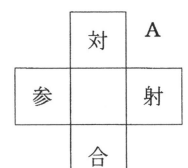

問一　（　A　）～（　C　）に入る適切な言葉を次から選び、それぞれ記号で答えなさい。

ア　つまり　　イ　しかも　　ウ　あるいは　　エ　ですから　　オ　しかし　　カ　ところで

問二　傍《ぼう》線部①「綿織物は『世界商品』だったのです」とありますが、なぜ綿織物は「世界商品」になったのですか。本文中の言葉を用いて五十字以内で説明しなさい。ただし、「毛織物が～に対して、綿織物は～から。」という形で答えること。

問三　傍線部②「典型的な」の類義語として最も適切なものを次から選び、記号で答えなさい。

ア　代表的な　　イ　功利的な　　ウ　相対的な　　エ　先進的な

問四　傍線部③「もともと」が修飾《しょく》する言葉を波線部ア～エから選び、記号で答えなさい。

問五　傍線部④「とくにヨーロッパ諸国は～なったのです」とありますが、その理由を説明した次の文の（　a　）～（　e　）に入る言葉を本文中からぬき出し、指定された字数でそれぞれ答えなさい。

ヨーロッパ諸国よりも「（a　四字　）」になりうる（b　三字　）が（c　十三字　）にはたくさんあり、それを（d　四字　）にすることで、（e　五字　）をあげることができると考えていたから。

問六　傍線部⑤「ここ」が指すものを八字でぬき出して答えなさい。

問七　「**奴隷貿易を生み出した砂糖**」という小見出しがついた文章の内容に合うものを次からすべて選び、記号で答えなさい。

ア　アフリカに住む多数の青年たちが奴隷としてカリブ海の島々に連れ去られ、代わりにカリブ海の島々の住民たちがアフリカに移住したものの、現地になじめず、アフリカ社会は衰《すい》退していった。

イ　プランテーションによって生まれた利益の一部をヨーロッパ諸国が、ブラジルやカリブ海の島々、またアメリカ合衆国などの現地に還《かん》元したため、人々の生活は豊かになった。

ウ　プランテーションがブラジルやカリブ海の島々に広がると、現地では砂糖きび以外の作物は作られず、食糧を他国から仕入れるようになった。

エ　ダイエットの流行、ナイロンやビニールの登場で、現代では砂糖や綿織物の価値が以前とは変わってしまい、それにともなって地球上の人間の配置は元に戻《もど》りつつある。

オ　砂糖や綿織物などの「世界商品」の歴史を見ることで、ヨーロッパとアジア・アフリカ・アメリカなどの世界各地の関わりを知ることができる。

【二】次の文章を読んで、後の問いに答えなさい。

「世界商品」とは

「世界商品」の意味は、毛織物と綿織物とをくらべるとよくわかります。一般《ぱん》に寒冷で、牧羊業のさかんだったヨーロッパでは、中世いらい毛織物がつくられていましたので、ヨーロッパ人が中国やインドなど、アジアやアフリカに来るようになったときも、しきりにこれを売りつけようとしました。そもそもヨーロッパ人が外の世界に探検に出かけたのも、ひとつにはヨーロッパで売れ行きの伸《の》びない毛織物の市場を求めてのことだったのです。

（　Ａ　）、むし暑いインドやアフリカでは、分厚い毛織物などは、ほとんど受け容《い》れられませんでした。これに対して、薄《うす》くて、洗濯《たく》がしやすく、鮮《あざ》やかな色のプリントができる綿織物は、もともとアジア、とくにインドが生産の中心でしたが、アフリカやヨーロッパにもたいへん好まれました。つまり、ヨーロッパにしか通用しなかった毛織物とちがって、①綿織物は「世界商品」だったのです。

むろん、「世界商品」は、食べ物や衣料には限られてはいません。こんにちでいえば、石油やテレビや自動車も②典型的な「世界商品」なのです。いいかえると、それはアフリカの奥《おく》地でも、ヒマラヤでも使われているような商品のことです。

むろん、「世界商品」となった重要な商品――英語では「ステイプル」といいます――を独り占《じ》めにできれば、大きな利益があげられることはまちがいありません。（　Ｂ　）、一六世紀いらいの世界の歴史は、そのときどきの「世界商品」をどの国が握《にぎ》るか、という競争の歴史として展開してきたのです。

（　Ｃ　）、いまでは自動車やテレビのような工業製品や石油なども重要ですが、③もともとこうしたア「世界商品」は、アジアやアフリカ、アメリカの鉱山や農場でイとれる生産物がウ多かったということがエできます。こんにちの中南米や日本でとれた銀や、タバコや香《こう》料、染《せん》料、茶、コーヒー、ゴムなどです。生活文化の基本をなす植物や動物、その工芸製品などは、気候や土壌《じょう》の条件からしても、アジアやアフリカ、アメリカのほうが、種類も量もはるかに豊かだったということができます。そのために、④とくにヨーロッパ諸国は、これらアジアやアフリカの土地を、自国の植民地として囲《かこ》い込《こ》み、外国の勢力を排除《はいじょ》することになったのです。

奴隷《どれい》貿易を生み出した砂糖

そういうわけで、歴史を動かしてきた「世界商品」のもっとも初期の例が、ほかでもない砂糖でした。ですから、一六世紀から一九世紀にかけて、世界じゅうの政治家や実業家は、砂糖の生産をいかにして握るか、その流通ルートをどのようにして押《お》さえるか、といった問題に知恵《え》をしぼってきたのです。

ブラジルやカリブ海の島々には、砂糖生産のために、プランテーションとよばれる大農園がつくられました。プランテーションでは、砂糖きびの栽培《さいばい》とその加工ばかりに努力を集中し、それ以外の活動はいっさい顧《かえり》みられませんでした。たとえば、穀物のような基本的な食糧《りょう》でさえも輸入に頼《たよ》り、ひたすら砂糖きびの栽培に集中していったのです。

こうしたプランテーションには、ヨーロッパ諸国の資本、なかでもイギリスの資本が注ぎこまれ、数千万人のアフリカの黒人が、⑤ここにつれてこられたうえ、奴隷として強制的に働かされていました。白人の労働者を使うことも考えられましたが、安上がりに大量の労働力を得る方法として、アフリカ人をつれてくることが考えられたのです。こうした奴隷貿易は、連行されて奴隷とされた人びとだけでなく、当然、もとのアフリカの社会にも大きなつめあとを残しましたが、その話はのちにのべることにしましょう。

ちなみに、やがて、アメリカ合衆国の南部では、もうひとつの「世界商品」となった綿織物の原料をイギリスに提供するために、綿花栽培のためのプランテーションが、やはりアフリカ人奴隷を労働力としてひろがることになります。あなたがたは、こんにちアメリカ合衆国はもとよりカリブ海の島々やイギリスにも、多くのアフリカ系の人びとが住んでいるのはなぜか、考えたことがあるでしょうか。それは、このように、ヨーロッパとアジア・アフリカ・アメリカとの関係の長い歴史があってのことなのです。

こうして、砂糖や綿織物のような「世界商品」は、地球上の人間の配置をすら変えてしまいました。ダイエットの流行で、砂糖がむしろ警戒《かい》の目をもってみられ、ナイロンやビニールにはじまる化学繊維《せんい》の登場で、綿織物がもはやそれほど重要ではなくなったいまでも、それらの影響《えいきょう》はつよく残っているのです。

砂糖や綿織物の歴史をみることは、近代の世界だけでなく、現代の世界を知るうえでもきわめて大切だというのは、このような意味からなのです。

（川北稔《みのる》『砂糖の世界史』岩波ジュニア新書より）

（注）※ヨハネの章…聖書の一部。ヨハネはイエスの弟子《で》の一人である。
※侍女…主人に仕える女性のこと。ここでは、仲良しグループの中でいちかの立場が低いことを表している。
※俊介さん…いちかの親戚で、結婚式の花婿《むこ》。
※外巻さん…いちかが以前出会ったダジャレ好きのおじいさん。
※アンモナイト…化石となって発掘《くつ》される巻き貝で、二億五千万年から七千万年前ごろに地球にいた生物。いちかが好きなものの一つでもある。
※最後の日…翌日、乃木くんは東京へ転校することになっている。
※黒祖ロイド…乃木くんが好きなＳＦ小説の作家のこと。
※消費税五パーセント…本文の時代設定が二〇〇一年で、消費税は五パーセントだった。

問一　（　　）に入る最も適切な言葉を次から選び、記号で答えなさい。
ア　協調性　イ　柔軟《じゅうなん》性　ウ　多様性　エ　全体性

問二　波線部ａ「足がすくむ」・ｂ「きょとんと」の本文中の意味として、最も適切なものを次から選び、それぞれ記号で答えなさい。
ａ「足がすくむ」
ア　驚いて後ずさる　イ　不安でとまどう　ウ　悲しみで倒れそうになる　エ　怖くて動けなくなる
ｂ「きょとんと」
ア　あっけにとられて　イ　にらみつけて　ウ　うらやましそうに　エ　恐《おそ》れおののいて

問三　傍《ぼう》線部①「しゅんとしている」とありますが、この時のいちかの気持ちを説明したものとして、最も適切なものを次から選び、記号で答えなさい。
ア　イエスが神様ではなく人間だということを初めて知り、友達に裏切られた時のような喪《そう》失感におちいった。
イ　禁止されていたキリスト教を信仰した隠れキリシタンに、裏表のある友達に抱く嫌悪《けんお》感と同じものを感じた。
ウ　隠れキリシタンが友達を踏んだことに、自分が友達の気持ちを踏みにじったことを重ね、つらくなった。
エ　友達から踏みつけられるイエスの姿に、友達から侍女扱《あつか》いされる自分の弱さを見いだし、情けなくなった。

問四　傍線部②「ね、ト音記号の意味、知ってる?」について、後の問いに答えなさい。
⑴　ト音記号の話を通して、サクちゃんがいちかに伝えたかったことは何ですか。二十字以内で答えなさい。
⑵　友達についてのいちかの考え方は、ト音記号の話を（Ⅰ）聞く前と（Ⅱ）聞いた後では、それぞれどのようなものだと考えられますか。適切なものを次からすべて選び、それぞれ記号で答えなさい。（ただし、どちらにもあてはまらない選択肢《たくし》もあります。）
ア　自分が仲間はずれにされないようにする。
イ　友達を傷つけても正直に本音を言う。
ウ　自分を見失わない。
エ　真の友達より自分の立場を優先する。
オ　相手の反応を気にしない。
カ　自分の考えを友達が分かるまで説明する。
⑶　友達についてのいちかの考え方が変化したことで、その後、いちかはどのような行動を取りましたか。五十字以内で説明しなさい。

て、ソのことなんだよ」

サクちゃんは余白にアルファベットとカタカナ、ひらがなを並べて表にしながら言った。

「すべてのことは変わりゆくんだ。無常っていうこと。このト音記号だって、千年後にはこの形じゃないかもしれない。始まりはドじゃないかもしれないし、線だって五本じゃなくなるかもしれない。でも時がたつにつれ状況《きょう》がどんどん変わっても、ソの位置がここだって、軸《じく》がはっきりしていれば狂《くる》わないだろ。名曲はずっと美しく奏《かな》でられる」

そう言いながら、サクちゃんは『いつくしみ深き』のタイトルを指でなぞった。

「五線譜からはみだすのが怖《こわ》い気持ちはすごくわかるよ。学校と家が全世界の学生のうちは、仕方ないことだと思う。でもね、ばかにされないように笑われないようにって、そっちを軸にして動くと、仲間外れにはならないとしてもホントの仲間は見つけにくいかもしれない。だから、誰《だれ》に笑われたってへっちゃらって思えるような、いちかオリジナルの『ソ』の軸を持つといい。そしたらこれから先、どんなに状況が変わっても自分を見失ったりしないし、本当に大切な仲間を得られるよ」

サクちゃんはボールペンをテーブルに置く。

うずまきの中心の、わたしのソ。

わたしはサクちゃんの書き込《こ》みが入ったト音記号をじっと見た。

空いたグラスをトレイに載《の》せて、ウェイトレスさんが戻《もど》ってくる。サクちゃんはわざわざ立ち上がって、ウェイトレスさんにお礼を言いながらボールペンを返した。

横浜のおばあちゃんの家で一泊《ぱく》したあと、日曜日の夕方、静岡に戻った。

振替《ふりかえ》休日の月曜日、わたしはショッピングモールに出かけた。

明日は乃木くんと会える※最後の日だ。ちゃんと謝《あやま》って、ありがとうも言って、何かプレゼントを渡したい。

男の子にプレゼントなんてしたことないから、何を選べばいいのかわからなかった。お金もそんなに、持ってないし。

本にしようと思いついて、わたしはモールの中の書店に向かった。※黒祖《くろそ》ロイドの本は全部持っているだろうから、図鑑《かん》とか、写真集とか。

店に着くと、文房《ぼう》具コーナーの隣《となり》に、「化石フェア」というポスターがあって、わたしは目を見開いた。この書店では時々、こんなふうに本や文房具じゃないものを一時的に置いているのだ。わたしはドキドキしながら台の上に置かれた化石を見た。化石って、いったいいくらで買えるんだろう。

マッチ箱ぐらいの小さなプラスチックケースに入って、それらは行儀《ぎ》よく並んでいる。恐竜《きょうりゅう》の歯、三葉虫、マンモスの骨。

そして、あった。アンモナイト。

薄《うす》茶色いのや、グレーがかったのや、白っぽいのや。どれも五百円玉ぐらいのサイズだけど、ひとつとして同じものはなかった。

わたしはよーく吟《ぎん》味して、殻《から》の模様が一番ぎゅっとつまっていて大理石みたいな色合いのアンモナイトを選んだ。

箱の隅《すみ》に「白亜紀《あき》」と書かれた小さなシールがついている。一億四千万年前のそのアンモナイトは、わたしのお小遣《づか》いでもなんとかなる値段だった。千百円。※消費税五パーセントを合わせて、千百五十五円。

それに手を伸《の》ばそうとしたら、後ろから、「いちか？」と声をかけられた。花音と瑠美だった。

ふたりは化石フェアの台とわたしを交互《ご》に見て、なにやら嬉《うれ》しそうに笑った。

「えっ、マジで？　化石？」

「うわ、信じられない」

一瞬《しゅん》a足がすくむ。

でも、おとといサクちゃんが書いてくれたト音記号の書き込みを思い出したら、体がふっと楽になった。

わたしは黙《だま》って、乃木くんに選んだ美しいアンモナイトの箱を手に取った。

花音たちに背中を向け、レジに向かう。彼女《かのじょ》たちがどんな顔をしているのか、何を言っているのか、べつにわからなくていいって初めて思った。

レジで店員さんに「プレゼントなんですけど、包装してもらえますか？」と訊《き》いた。店員さんはにこっと笑って「承知しました」と言ってくれた。

書店の名前が入った包装紙でラッピングされた小箱を受け取るところまで、花音たちは見ていたらしい。わたしが店を出るとふたりで待ち構えていて「まさか乃木にプレゼントするんじゃない？」と花音が言った。瑠美に話しかけてるってスタイルで、その実、わたしに聞こえるように言っているのがわかる。

「男子に化石あげるとか、笑うわー」

瑠美がわざとらしくおなかを抱《かか》えた。

わたしは「また明日ねぇ」と笑顔《え》でかわしてエスカレーターに向かった。

おびえながらウソをつく必要も、何が悪いんだとムキになる必要もない。

わたしは化石が好きで、乃木くんも同じで、そんな話で盛り上がったふたりの楽しい時間を覚えていてほしいから、彼にプレゼントしたい。誰に笑われてもばかにされても、へっちゃらな軸。わたしの「ソ」は、ここ。しっかり足を着ける。

エスカレーターが下っていく。視界の隅で、花音と瑠美がbきょとんと立ち尽《つ》くしているのが見える。わたしはちょっと笑って、「うらやましがるなよぉ」という言葉を口の中でころがした。

（青山美智子《みちこ》『鎌倉うずまき案内所』より）

令和六年度　明治学園中学校　入学試験問題　国語　(50分)　（7の1）

※注意　字数が指定されている場合は、句読点・記号も一字として数えます。

【一】次の文章を読んで、後の問いに答えなさい。

> 園森《そのもり》いちかは、乃木《のぎ》くんと化石の話などで意気投合していたが、同じ仲良しグループの花音《かのん》や瑠美《るみ》から仲の良さをからかわれ、思いとは裏腹に乃木くんにいやな態度をとってしまった。本文は叔父《おじ》のサクちゃんと親戚《せき》の結婚《こん》式に参列した場面である。

わたしはポシェットから紙を出した。さっき教会で配られた楽譜《ふ》のコピー。讃《さん》美歌312番『いつくしみ深き』。

初めて歌った曲だ。オルガン伴《ばん》奏に合わせて、聖歌隊が歌うのをまねるようにしてなんとか口ずさんだ。

楽譜をもらったとき、疑問に思った。「友なるイエス」っていう歌詞があったからだ。

「サクちゃん、この『友なるイエス』ってどういうこと？」

イエス様のことを友達なんて」

サクちゃんはなんでも答えてくれる。知っていることはていねいに教えてくれるし、知らないことは一緒《しょ》に考えてくれる。サクちゃんの学校の生徒たち、いいなあって本気で思う。

「だって、イエスは人間だから」

「えっ、そうなの？」

驚《おどろ》いているわたしに、サクちゃんは優《やさ》しいたれ目を向ける。

「うん、イエスを神様だと思ってる人もいるけど、彼《かれ》は神の使いであって、人間なんだ。※ヨハネの章だったかな、イエスがみんなに言ったんだよ。あなたたちは、私のしもべではなく友だって」

そうなんだ。救世主は、友達だったんだ……。

「じゃあ、隠《かく》れキリシタンは友達を踏《ふ》んだのね」

なんだかそれって、神様を踏むよりもつらいことのような気がした。

①しゅんとしていると、サクちゃんはわたしの頭にぽんぽんと手をのせた。

「どうした、いちか姫《ひめ》は何かお悩《なや》みか？」

「……姫じゃないの。わたし、※侍女《じじょ》なの」

サクちゃんは頭から手をおろし、そっと肩《かた》に触《ふ》れてくれた。こらえきれなくなって、わたしは涙《なみだ》声になる。

「みんなから外れないようにって必死で合わせてるうち、やっとわかり合えたはずのたったひとりの友達にひどいことしちゃった……」

わたしはぼろぼろと泣いた。サクちゃんは、そうかそうか、と優しく肩を抱《だ》いてくれた。テラス席の端《はし》っこはちょっとした死角になっていて、庭にいるみんなは※俊介《しゅんすけ》さんのお友達が弾《ひ》くバイオリンの音に聴《き》き入っている。

「そういうの、わかるよ。中学や高校のうちは、どうしてもみんなが同じほうを向いていないと先に進まないような空気ができちゃうんだ。この五線譜《ふ》みたいにね、ぴっちり決められた枠《わく》の中にいなきゃいけなくて、自分がどこにいればいいのか見失ったりする。教師やってる僕《ぼく》から見ててもしんどいときあるよ。学校っていう大きな集団じゃなくて、もっと小さなところでひとりひとりと向き合えたらいいのになって思うこともある」

ちょっと意外だった。サクちゃんは楽しく中学校の先生をやっていると思っていた。いつか転職なんて、そんなこともあるんだろうか。

「人と違《ちが》っているのは劣《おと》っているってことじゃないんだ。それぞれがそれぞれでいいって、もっと（　　　　）が認められる社会にしていかなきゃいけないって思うし、時間をかけて少しずつそういう時代になるって僕は信じてるよ」

サクちゃんは楽譜を見ながら言った。そしてト音記号を指さす。

「②ね、ト音記号の意味、知ってる？」

「えっ……」

サクちゃんの口からト音記号という言葉が出てきて、わたしの胸は高鳴った。なんだか、新しい素《す》敵なヒントを運んできてくれるような予感がしたのだ。

ここのさぁ……と言いかけて、サクちゃんは空のトレイを持って横切ったウェイトレスさんに「すみません、ボールペンありますか」と声をかけた。ウェイトレスさんはエプロンのポケットからペンを取り出し、サクちゃんに渡《わた》して庭に出ていく。

サクちゃんは楽譜のコピーをテーブルに置き、ト音記号にペンを入れた。

「このうずまきの中心のとこ。十字架《か》みたいにクロスしてるだろ。ここが、ソですよってことなの」

「そうなの⁉」

わたしが声を上げると、サクちゃんは意味ありげに「ソー」と言って笑った。※外巻《そとまき》さん並みのダジャレらしい。思わず吹《ふ》き出すと、サクちゃんはにっこり笑った。

「もともとは、この記号はアルファベットのGだったんだ。それが長い時間をかけて、この形に変わっていった」

「……※アンモナイトみたい」

わたしはつぶやいた。長い時間をかけて、うずまきになっていくなんて。

アンモナイト？　とサクちゃんは目をぱちくりさせたけど、特に気には留めずに先を続けた。

「今はドレミファソラシドだけど、うんと昔はラで始まってたんだな。ラシドレミファソがABCDEFGに当てられて、日本の音符《ぷ》の読み方では、いろはにほへと。ということで、ソはG、日本語では、と、にあたる。だからト音記号のトっ

令和５年度　　明治学園中学校　入学試験　社会　　※50点満点（配点非公表）（　４の４　）

解　答　用　紙

受　験　番　号					

問1	(1)						
	(2)		(3)				
問2		問3		問4		問5	
問6		問7					
問8	(1)						
	(2)						
問9		問10					
問11	(1)						
	(2)						
問12							
問13	→　→　→	問14					

令和５年度　明治学園中学校　入学試験　理科　（４の４）※50点満点（配点非公表）

解　答　用　紙

受　験　番　号

1

(1)	①	②	③	④
(2)				

(3)	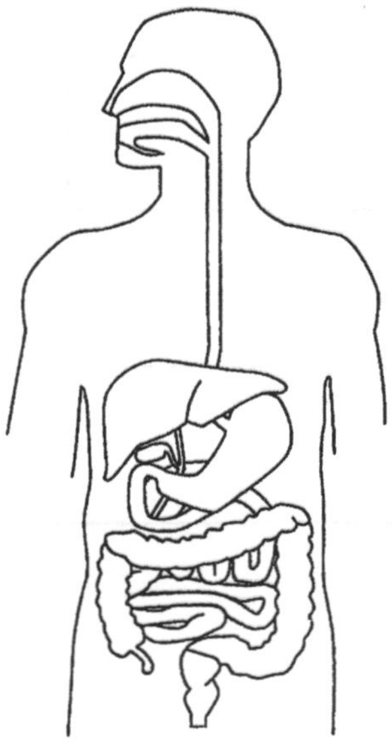	(4)	内骨格	外骨格	
		(5)		(6)	
		(7)			
		(8)	支点	力点	作用点
		(9)	①	②	

2

(1)	①	②	③
	④	⑤	⑥
(2)	A	B	C

(3)		(4)	食塩　　g	水　　g
(5)		(6)	%	
(7)				
(8)	kg			

令和5年度　明治学園中学校　入学試験　英語

※50点満点
（配点非公表）

解　答　用　紙

受験番号

1	(1)		(2)		(3)		(4)		(5)	

2	(1)		(2)		(3)		(4)	

3	(1)		(2)		(3)		(4)	

4	(1)		(2)		(3)		(4)	

5	(1)		(2)		(3)		(4)	

6	(1)		(2)		(3)		(4)	

7

(1) You

(2) What

8

問1	(1)		(2)		(3)	

問2

(1)

(2)

※100点満点
（配点非公表）

受験番号					

令和 5 年度　明治学園中学校　入学試験　算数　（4 の 4）

解　答　用　紙

1

（1）	（2）	（3）	（4）		（5）
			①　円	②　%	通り

（6）	（7）		（8）	（9）
	①　℃	②　℃	度	㎠

2

（1）	（2）	（3）
ウサギ　%	考え方	%
カメ　%	答　月	

3

（1）	（2）	（3）	
通り	通り	①　回	②　通り

4

（1）	（2）	（3）	（4）
分速　m	分速　m		

5

（1）	（2）	（3）	（4）
㎤	㎠	：	（図）　：

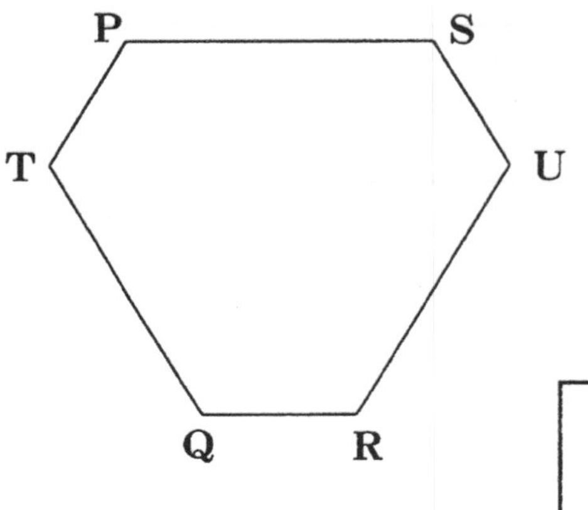

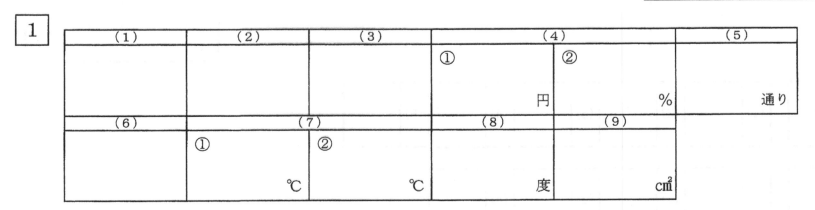

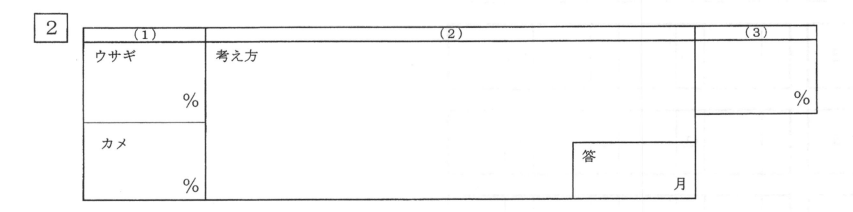

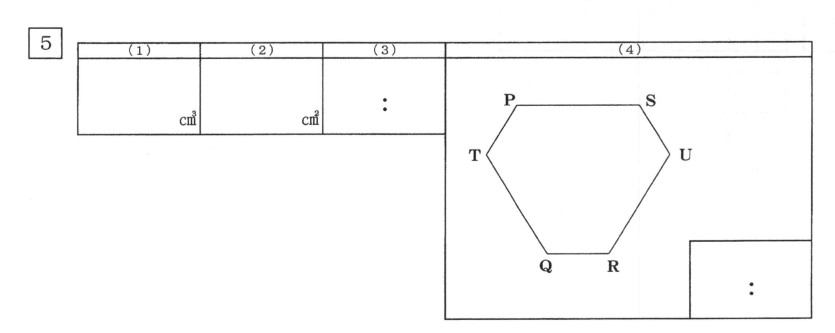

令和五年度　明治学園中学校　入学試験問題　国語　（7の7）

解答用紙

【一】

一　a　b

二

三

四

五

六

七　a　b　c

【二】

一　a　b　c

二

三

四　Ⅰ　Ⅱ　Ⅲ　Ⅳ

五

六

七

八　(1)　(2)

【三】

一　①　②　③　④　⑤　⑥　⑦　⑧　⑨　⑩　⑪　⑫　⑬　う　⑭　⑮

二　①　②　③　④　⑤

※100点満点
（配点非公表）

受験番号

年表Ⅲ

年	内　容
1889 年	⑧大日本帝国憲法が発布される。
1894 年	日清戦争が起こる。
1904 年	日露戦争が起こる。
1914 年	⑨第一次世界大戦に参戦する。
1945 年	ポツダム宣言を受諾《だく》する。
1946 年	⑩日本国憲法が公布される。
1951 年	⑪サンフランシスコ平和条約を締結し、国際社会に復帰する。
1964 年	⑫東京オリンピックが開催《さい》される。
2020 年	⑬新型コロナウイルス感染症《せんしょう》が世界的に拡大する。

問９　下線部⑧について、大日本帝国憲法における主権者はだれか。漢字で答えなさい。

問 10　下線部⑨について、日本でも第一次世界大戦前後から普通選挙を求める動きが盛り上がり、1925 年に普通選挙法が制定された。この結果、選挙権をもつ人は全人口の約 20%に達した。このことを参考に、1925 年当時の年齢《れい》別の人口分布を示したグラフはどれか。下のア～エから１つ選び、記号で答えなさい。

ア　　　　イ　　　　ウ　　　　エ

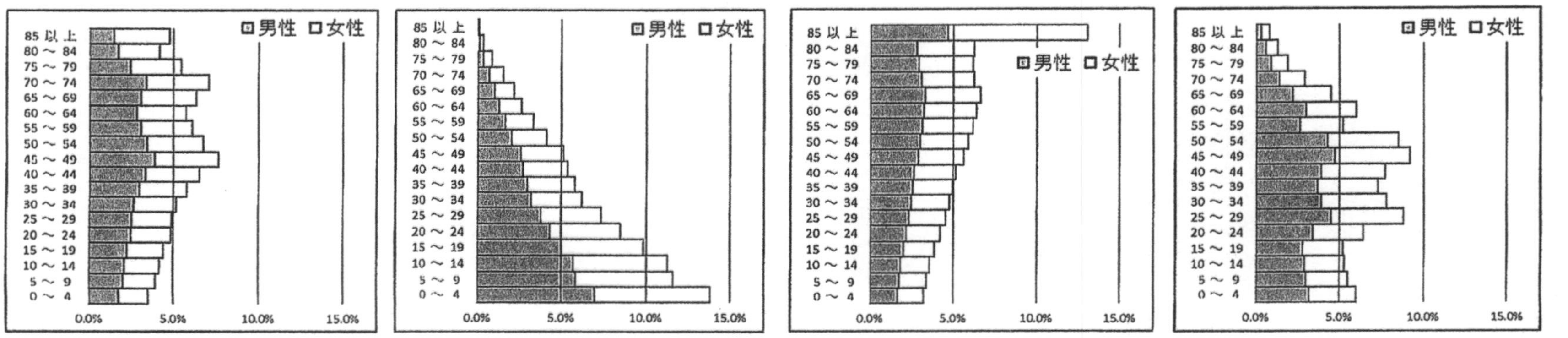

（「人口推計」（総務省統計局）や国立社会保障・人口問題研究所ホームページなどをもとに作成）

問 11　下線部⑩について、次の各問いに答えなさい。

（１）日本国憲法の３つの柱は、国民主権・平和主義と、もう１つは何か答えなさい。

（２）日本国憲法が公布された 11 月３日は国民の祝日となっている。この 11 月３日の祝日として適切なものを、下のア～エから１つ選び、記号で答えなさい。

ア　建国記念の日　　イ　文化の日　　ウ　憲法記念日　　エ　勤労感謝の日

問 12　下線部⑪について、右の切手は 1966 年の沖縄で使用されたもので、印刷されている金額は３￠（セント）や１½￠（セント）となっている。なぜそのように印刷されているのか。当時の沖縄の状況をふまえて、簡単に説明しなさい。

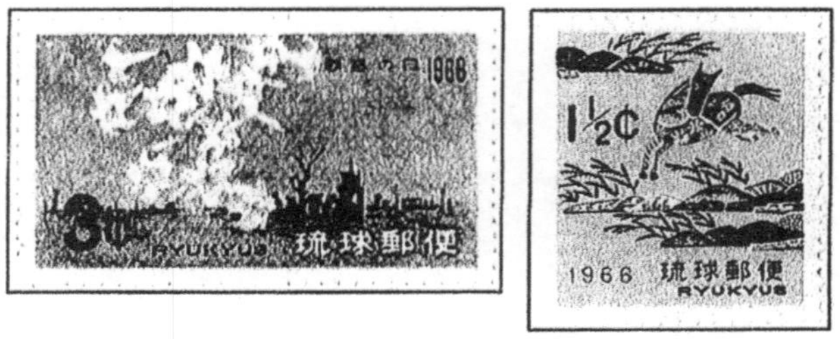

問 13　下線部⑫について、2021 年に再びオリンピックが東京で開催された。下のア～エの雨温図は、2004 年アテネ（ギリシャ）、2008 年ペキン（中国）、2012 年ロンドン（イギリス）、2021 年東京（日本）の雨温図である。下のア～エをオリンピックの開催された順番に並べかえなさい。

ア　　　　イ　　　　ウ　　　　エ

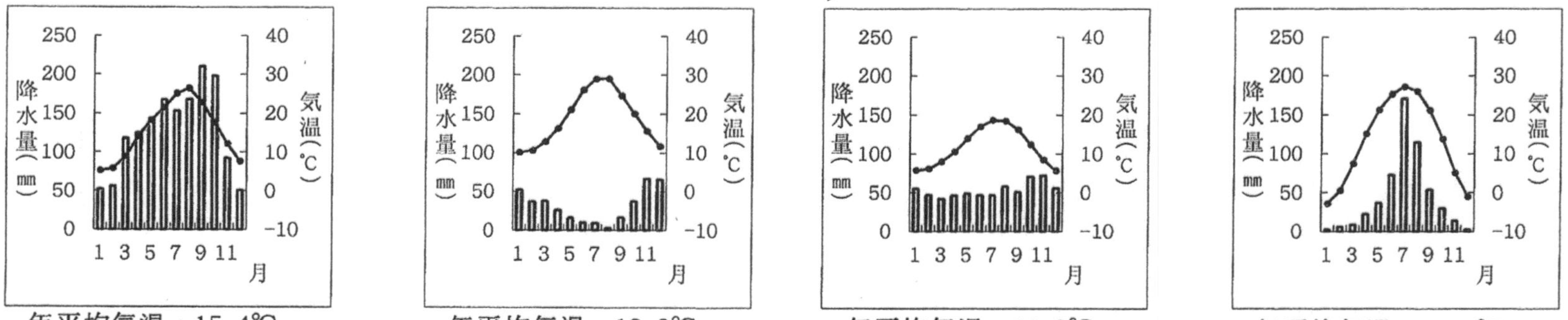

ア　年平均気温：15.4℃　年降水量　：1528.8mm

イ　年平均気温：18.9℃　年降水量　：375.9mm

ウ　年平均気温：11.8℃　年降水量　：640.3mm

エ　年平均気温：13.3℃　年降水量　：530.8mm

問 14　下線部⑬について、日本において、新型コロナウイルス感染症などの病気の予防や、食品や薬の安全確認などを担う国の機関として適切なものを、下のア～エから１つ選び、記号で答えなさい。

ア　総務省　　イ　環境省　　ウ　農林水産省　　エ　厚生労働省

年表Ⅱ

年	内　容
1274年・1281年	③元寇〔文永の役・弘安の役〕が起こる。
15世紀	④日明貿易が行われる。
1549年	⑤フランシスコ＝ザビエルが来日し、日本各地でキリスト教を広める活動を行う。
1592年・1597年	豊臣秀吉が朝鮮出兵〔文禄の役・慶長の役〕を命じる。
1612年	キリスト教が禁止される。
1637年	⑥島原・天草の一揆が起こる。
1641年	⑦オランダ商館が出島に移される。
1853年	アメリカのペリーが来航し、日本に開国を要求する。
1858年	日米修好通商条約を結ぶ。

問４　下線部③について、元寇〔文永の役・弘安の役〕がその後の日本に与えた影響として適切なものを、下のア～エから１つ選び、記号で答えなさい。

ア　この戦いの後、幕府は支配力を強めるために全国に守護・地頭を置いた。

イ　この戦いの後、九州の御家人が反乱をくわだてたので、全国の御家人に参勤交代を課した。

ウ　この戦いで、元軍が使った「てつはう」は日本に鉄砲として伝わり、幕府の支配力が強まった。

エ　この戦いの後、幕府は御家人たちへ十分な恩賞を与えることができず、幕府への不満が高まった。

問５　下線部④について、日明貿易を始めた将軍が建立《こんりゅう》した建造物として適切なものを、下のア～エから１つ選び、記号で答えなさい。

ア　鹿苑寺金閣　　イ　慈照寺銀閣　　ウ　日光東照宮　　エ　五稜郭

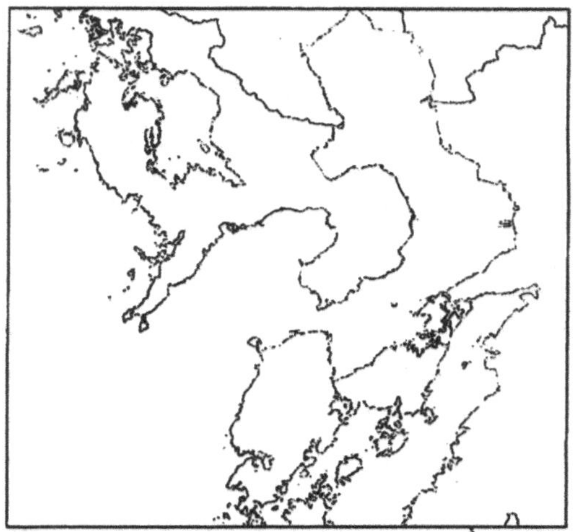

問６　下線部⑤について、フランシスコ＝ザビエルは布教のため、当時の天皇や将軍にも拝謁《えっ》している。この時代の将軍は何氏か。適切なものを、下のア～エから１つ選び、記号で答えなさい。

ア　北条氏　　イ　藤原氏　　ウ　足利氏　　エ　徳川氏

問７　下線部⑥について、右は島原・天草の一揆が起こった地域の現在の地図である。この地図にみられるような入り江や岬《みさき》が複雑に入り組んだ、のこぎりの歯のような海岸線のことを何というか答えなさい。

問８　下線部⑦について、次の各問いに答えなさい。

（１）下の【地図Ⅰ】は長崎市にある旧出島周辺の地図である（地図中の【Ｘ】は旧出島の範《はん》囲を示している）。現在の出島は埋め立てられ、かつての海岸線は観光地の境界として残っているだけである。もし、この地域で大地震《しん》が発生した場合にどのような現象が起こるか簡単に説明しなさい。

（２）江戸時代、鎖国の下で海外との交流の窓口は、４つの地域に限定されており、下の【地図Ⅱ】中Ａ～Ｄは、その４つの交流の窓口を示している。Ａ～Ｄの地域とその交流相手の組み合わせとして適切なものを、下のア～エから１つ選び、記号で答えなさい。

ア　Ａ…オランダ　　イ　Ｂ…琉球　　ウ　Ｃ…朝鮮　　エ　Ｄ…アイヌ

【地図Ⅰ】

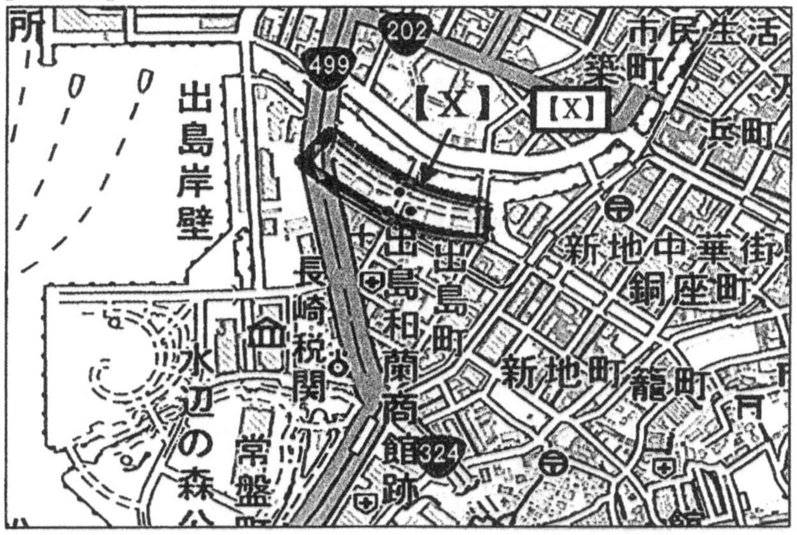

【地図Ⅱ】

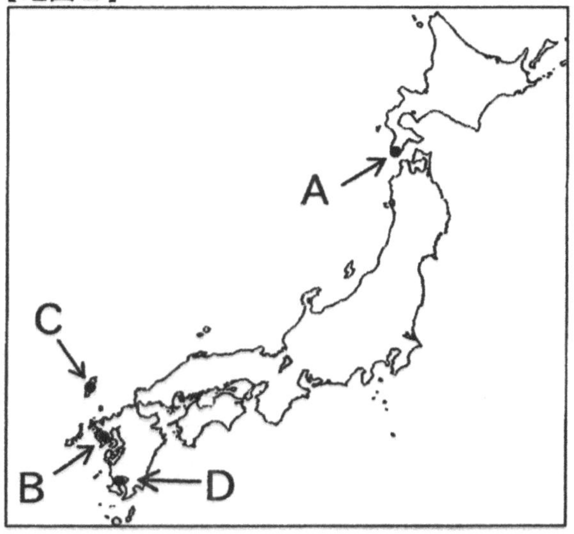

（25分）

日本の歴史は外交・貿易・戦争など世界の国々からも様々な影響《えいきょう》を受けて成り立ってきた。終戦後の日本のかじ取りを担《にな》った吉田茂首相は、サンフランシスコ平和条約締《てい》結に際して、次のように話している。「日本は 1854 年アメリカ合衆国と和親条約を結び国際社会の仲間入りを果たしました。その後１世紀を経て、その間二回にわたる世界戦争があって、極東の様相は一変しました。国際連合憲章の下に数多《あまた》のアジアの新しい国家は相互依《い》存して平和と繁《はん》栄をともに享《きょう》受しようと努力しています。私は国民とともに対日平和条約の成立がこの努力の結実のひとつであることを信じ、様々な困難が除去されて日本もその輝《かがや》かしい国連の一員として、諸国によって迎えられる日の一日も早からんことを祈ってやみません。（後略）」※出題のため一部表現を改めている。

吉田はこのように国際社会の重要性を説いた。下の年表Ⅰ～Ⅲは、世界と日本のつながりのある事柄《がら》を記している。下の年表を見て、後の各問いにそれぞれ答えなさい。

年表Ⅰ

年	内　容
紀元前４世紀	大陸から稲作が伝えられる。
紀元前１世紀	【あ】…漢の歴史書に、倭に多くの小国が存在した記述がある。
紀元１世紀	【い】…後漢の歴史書に、九州北部の国が金印を授かる記述がある。
３世紀	【う】…魏の歴史書に、邪馬台国の女王が魏に使いを送る記述がある。
607 年	遣隋使が派遣《けん》される。
630 年	遣唐使が派遣される。
752 年	①東大寺の大仏が完成する。
754 年	鑑真が来日する。
12 世紀	②日宋貿易が行われる。

問１　年表Ⅰ中の【あ】～【う】は、中国の歴史書に出てくる日本の記述である。次の各問いに答えなさい。

【あ】「倭人が 100 あまりの小さな国をつくり、（A）その一部の国は漢に使いを送っていた。」

【い】「九州北部にあった倭の（B）ある国の王が、漢に使いを送り、皇帝から金印を授けられた。」

【う】「倭は争いが絶えなかったが、小さな国々が共同して（C）女王を立て、争いがおさまった。」

（１）下線部（A）について、倭の一部の国が、漢に使いを送った理由を簡単に説明しなさい。

（２）下線部（B）について、この国が授かった金印は、江戸時代に現在の福岡市の志賀島《しかのしま》で発見された。この金印を授かった国の名前を漢字で答えなさい。

（３）下線部（C）について、この女王の名前を漢字で答えなさい。

問２　下線部①について、次の文中の（　あ　）～（　え　）に当てはまる語句の組み合わせとして適切なものを、下のア～カから１つ選び、記号で答えなさい。

（　あ　）天皇は全国に国分寺を建てることを命じ、都には東大寺を建て、大仏を作ることを決めた。東大寺にある（　い　）には、大仏の開眼式の時に使われた道具や、聖武天皇の持ち物などが収められた。その中には遠く離れたペルシャ（現在のイラン）の文化の影響を受けた品物もある。唐はヨーロッパにつながる交易路である（　う　）を通して、広い地域と交流をもっていた。奈良は唐やペルシャ・インドの文化の影響を強く受け、（　え　）文化であった。

	（　あ　）	（　い　）	（　う　）	（　え　）
ア	天武	平等院	アイアンロード	日本の風土や生活にあった日本風の
イ	桓武	正倉院	シルクロード	国際色豊かで、はなやかな
ウ	聖武	大仏殿	シュガーロード	渡来人の手による、仏教をもととした
エ	聖武	正倉院	シルクロード	国際色豊かで、はなやかな
オ	天武	平等院	シュガーロード	日本の風土や生活にあった日本風の
カ	桓武	大仏殿	アイアンロード	渡来人の手による、仏教をもととした

問３　下線部②について、日宋貿易は大輪田泊（現在の神戸港）から瀬戸内海を経由して行われていた。この瀬戸内地方の気候を説明した文として適切なものを、下のア～エから１つ選び、記号で答えなさい。

ア　夏と冬の季節風が山地によってさえぎられるため、年間を通じて天気や湿度が安定しており、降水量が少ない。

イ　黒潮の影響を受けるため、年間の平均気温が 23℃を超え、７～10 月にかけての台風が近づく時期の降水量が多い。

ウ　北西季節風が日本海の湿った空気を運んでくる影響で、冬に雪や雨が多くなり、降水量が多い。

エ　冬は内陸を中心に氷点下 20℃以下になる日が多い。梅雨前線の影響が少なく、年間を通じて降水量が少ない。

Ⅰ～Ⅲで述べられているように，水は海や地上と大気との間を循環しています。しかし，海水に含まれる塩分は循環していません。これは水と食塩の性質の違いによるものです。この性質の違いを利用して，日本では昔から，次のような方法で海水から塩をつくってきました。

〈海水から塩をつくる方法〉

①　海水をくむ。

②　海水を砂地の塩田にまいて，かわかす。

③　かわいた砂を集めて専用の箱に入れたあと，海水を注いで箱の下から出てくる塩水を取り出す（図１）。

④　かまどで③の塩水を熱して塩を取り出す。

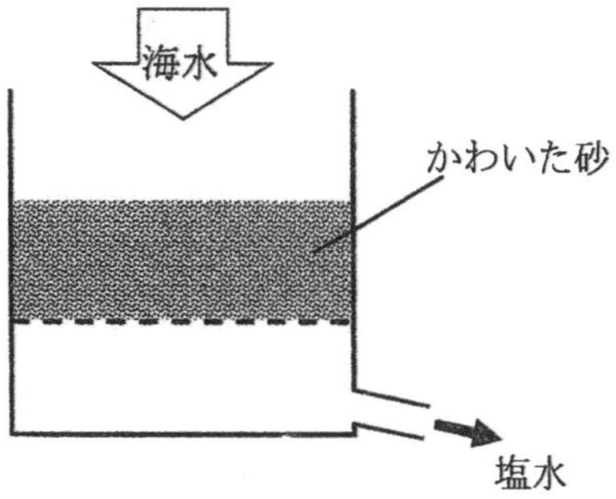

図１：③の模式図

海水から塩をつくる過程をまねた実験を行いました。

〈実験〉

$_{D}$3%の食塩水 300 g を用意し，図２のような装置で食塩水をカセットコンロで加熱すると，ふっとうが始まりビーカーの底から$_{E}$あわが出てきました。20 分間加熱した結果，水が蒸発し，$_{F}$食塩水が 200 g になりましたが，食塩を得ることはできませんでした。

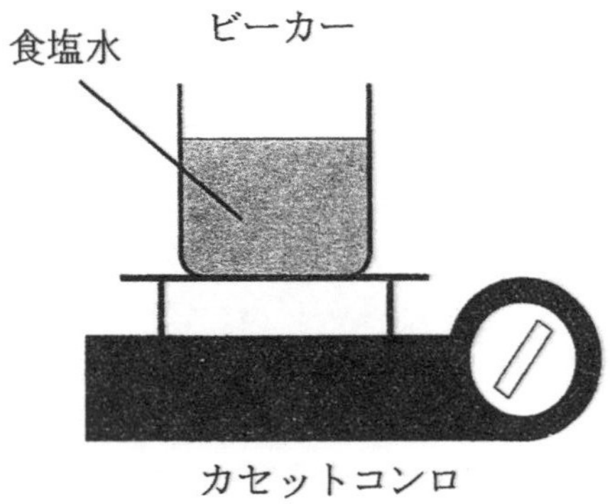

図２

(4)　下線部Ｄの食塩水をつくるのに必要な食塩と水はそれぞれ何 g ですか。

(5)　下線部Ｅのあわの正体は何ですか。

(6)　下線部Ｆの食塩水の濃度は何％ですか。

(7)　〈実験〉をふまえて，〈海水から塩をつくる方法〉の②，③の手順にはどのような利点があると考えられますか。

(8)　海水には塩分として食塩とそれ以外の物質が含まれています。海水をそのまま加熱して，300 g の食塩をつくるために必要な海水は，少なくとも何 kg ですか。ただし，海水の塩分濃度を 3%とし，その塩分のうち 80%が食塩であり，残りは食塩以外の物質とします。

動物のからだにある他の関節も，同じようなしくみで動かすことができます。ここで，あごを動かすときのことを考えてみましょう。図３は，ある肉食動物の頭の骨とあごの骨，ものをかむときに動かす筋肉の関係を模式的に表したものです。ただし，歯の形は前歯と奥《おく》歯で同じにしています。

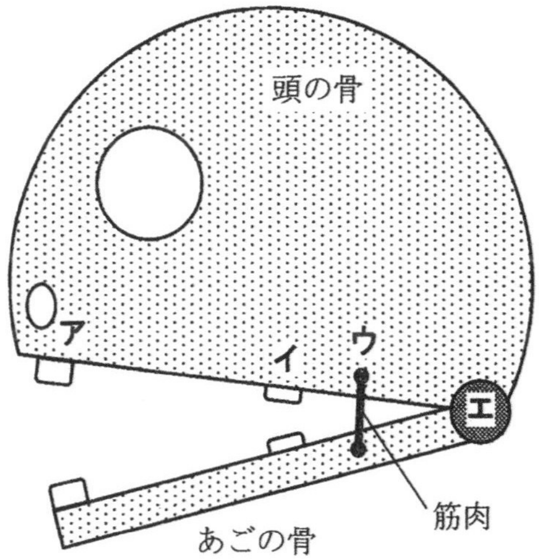

図３

(8)　前歯でものをかむとき，支点，力点，作用点は図３中の**ア**～**エ**のうちどれですか。それぞれ１つずつ選び，記号で答えなさい。

(9)　下の文章は，肉食動物がえものの骨をかみくだくことについて述べたものです。文中の①・②に入れる語句として適する方をそれぞれ選びなさい。

えものの骨をかみくだくためには，大きな力が必要である。図３において，**ウ**の筋肉が一定の強さで収縮するとき，歯から**エ**までの距離が（①　長い　・　短い　）方がより大きな力が生じるので，（②　**ア**　・　**イ**　）の歯でかむとよい。

2　雨や雪，台風などの日々の気象の変化は，水が大きく関係しています。地球上ではこの水が，液体や固体，気体などにすがたを変えながら循環《じゅんかん》しています。この水の役割について考えてみましょう。雨や雪によって地上に降った水は，次のⅠ～Ⅲの過程で循環しています。

Ⅰ　地中にしみこんだ水は，すぐには流れていかず，（　①　）となって地中にたくわえられながら移動する。（　①　）は，川に流れこんだり，湧《わ》き水として再び地表に現れたりする。

Ⅱ　地面を流れる水は，（　②　）所から（　③　）所へと流れていき，流れが合わさって川をつくり，海や湖へと流れていく。この水の動きは，（　①　）に比べて（　④　）。そのためこの水は，A土地をけずったり，B土砂を運んだり，C平野をつくったりすることができる。

Ⅲ　地面や水面から空気中に蒸発する水は，（　⑤　）となって空気中にたくわえられるが，冷やされることによって（　⑥　）になり，それが地面や海に雨や雪を降らせ，地上にもどっていく。

このようにして，地球上の水は，蒸発と降雨のバランスをうまく保ちながら循環をくりかえしているのです。

(1)　文章中の（　①　）～（　⑥　）に当てはまる語句として適切なものをそれぞれ**ア**～**ス**から選び，記号で答えなさい。

ア　海水　　**イ**　湖水　　**ウ**　蒸留水　　**エ**　地下水　　**オ**　広い
カ　せまい　　**キ**　高い　　**ク**　低い　　**ケ**　速い　　**コ**　遅い
サ　湯気　　**シ**　水蒸気　　**ス**　雲

(2)　下線部**A**～**C**の水の作用をそれぞれ何といいますか。

(3)　Ⅲの文章において，地面や水面から水を空気中に蒸発させるためのエネルギーはどこからもたらされますか。

(25分)

1　動物のからだのつくりに関する次の文章を読み，下の問いに答えなさい。

Ⅰ　ヒトは，食事をしないと生きていけません。食べ物から養分を取り込み，その養分に含《ふく》まれるエネルギーを利用して活動しているからです。養分を取り込むためには，食べ物を，からだが吸収しやすい状態に変える必要があります。このはたらきを（　①　）とよびます。例えば，口では，歯によって食べ物が細かくくだかれるとともに，（　②　）によって（　③　）が分解されます。ほかにも，胃では胃液によってタンパク質が分解されます。このような過程を通して，最終的に吸収しやすい状態に変えられた食べ物は，A小腸などで養分として吸収されます。

吸収できなかった物質は，肛《こう》門から便として排出されます。一方，体内で生じた不要な物質は，（　④　）という臓器でこしとられ，水とともに尿として排出されます。体内に吸収された物質のうち，からだに悪い影響《えいきょう》があるものは，Bかん臓によって安全な物質に作り変えられます。

(1)　文中の空欄《らん》①～④に適する言葉を答えなさい。

(2)　下線部Aについて，小腸の内側表面には微絨毛（びじゅうもう）とよばれるとても細かい突《とっ》起がたくさん存在します。微絨毛が存在する理由を「表面積」と「吸収の効率」という言葉を用いて，説明しなさい。

(3)　図１は，ヒトの消化管などを示した図です。下線部Bについて，かん臓はどの部分にあたりますか。解答欄に示した図の中で，かん臓にあたる部分をぬりつぶしなさい。

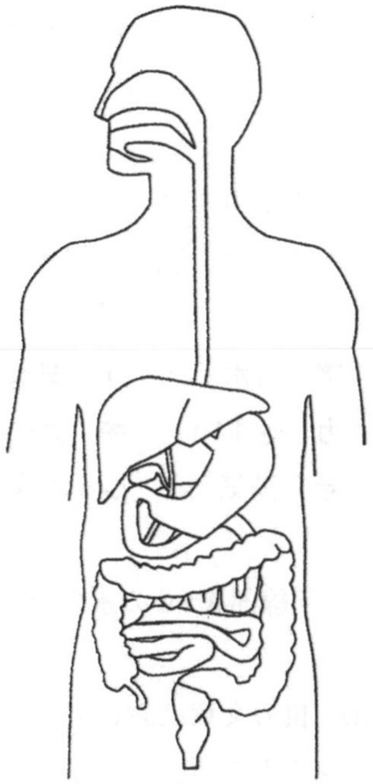

図１

Ⅱ　動物のからだは，骨格で支え，筋肉によって動かしています。筋肉は，もとの大きさに対して縮むことしかできません。縮んだり，ゆるんでもとの大きさに戻《もど》ったりすることで，その筋肉がついている骨格を動かすことができます。また，骨格には大きく２種類あり，筋肉の内側に骨格がある内骨格と，筋肉の外側に骨格がある外骨格にわけられます。図２－１と図２－２は，内骨格や外骨格をもつ生物が，関節を曲げのばしするときの，骨と筋肉の動きを再現した模型です。の部分A，Bは，変形しないものでできていて，骨の役割を持っています。AとBは，間をつないでいるの部分で動かすことができます。筋肉が縮む動きは，ひもを引く動きにおきかえて考えます。次の各問いに答えなさい。

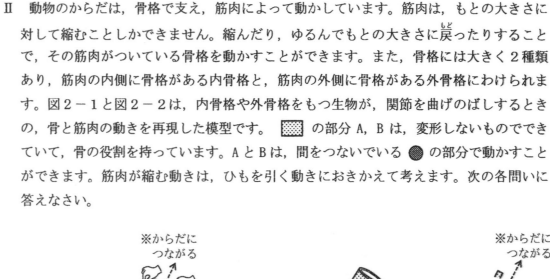

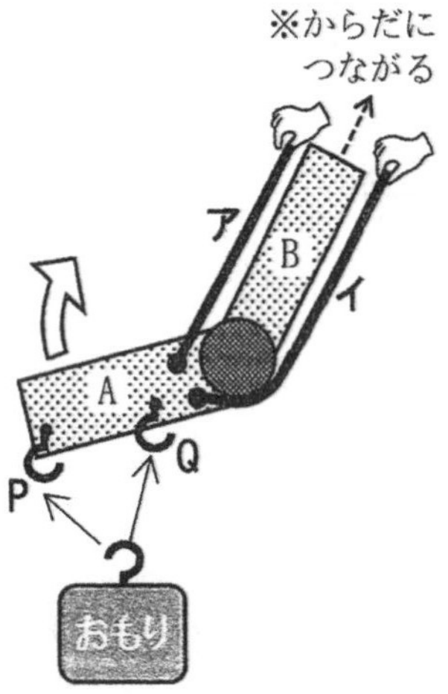

図２－１：内骨格の関節の模型

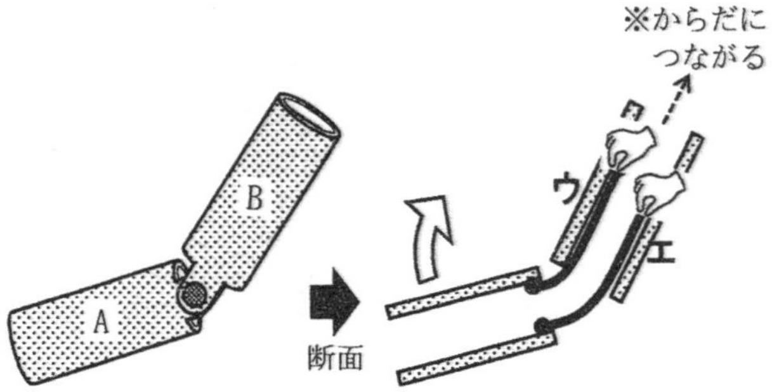

図２－２：外骨格の関節の模型

(4)　図２－１，図２－２を参考に，内骨格・外骨格をもつ動物の例をそれぞれ１つずつ答えなさい。ただし，ヒトはのぞきます。

(5)　図２－１で，Aを矢印の向きに動かすときに引くひもは**ア**と**イ**のどちらですか。

(6)　図２－２で，Aを矢印の向きに動かすときに引くひもは**ウ**と**エ**のどちらですか。

(7)　図２－１で，おもりをPまたはQにつり下げて，ひもを引くことでおもりを支えようとしました。ひもを引く力がより小さくてすむのは，PとQのどちらにおもりをつり下げたときですか。

4

第4問。説明の後に質問と4つの選択肢が読まれます。質問に対する答えとして最も適切なものを1，2，3，4の中から1つ選びなさい。説明，質問，選択肢は2度読まれます。

では，始めます。

(1) It's an animal.　It has long ears.　It can run fast.

Question:　What is it?

1. A giraffe.　2. A koala.　3. A turtle.　4. A rabbit.

(2) They are stationery.　We use them when we cut paper.

Question:　What are they?

1. Erasers.　2. Staplers.　3. Pencils.　4. Scissors.

(3) It's a season.　People enjoy cherry blossoms.　School in Japan starts in this season.

Question:　What is the season?

1. Spring.　2. Summer.　3. Autumn.　4. Winter.

(4) It's a big place.　We can see lots of jellyfish, penguins, and dolphins here.

Question:　Where is it?

1. The aquarium.　2. The castle.　3. The gym.　4. The museum.

Listen again.（(1)～(4)繰り返し）

5

第5問。会話の後に質問と4つの選択肢が読まれます。質問に対する答えとして最も適切なものを1，2，3，4の中から1つ選びなさい。会話，質問，選択肢は2度読まれます。

では，始めます。

(1)

A: Look!　That red bike is nice.　Did you buy that, Kevin?

B: No, that's my brother's bike.　My bike is blue.

Question: Whose bike is blue?

1. Kevin's friend's bike.
2. Kevin's brother's bike.
3. Kevin's father's bike.
4. Kevin's bike.

5 続き

(2)

A: How many hot dogs did you eat?

B: I had two, and John had three.

Question: How many hot dogs did they eat?

1. They had two.
2. They had three.
3. They had five.
4. They had eight.

(3)

A: Grandma's birthday is coming.

B: I want to make a birthday cake for her.

A: Sounds good.　Let's go shopping first.　We need some eggs and milk.

Question: Why do they want to go shopping?

1. Because they want to make a cake.
2. Because they want to buy a present.
3. Because they want to drink milk.
4. Because they want to give eggs to their grandma.

(4)

A: What do you do?

B: My job?　Can you guess?
I wear a uniform.　I clean the floor and carry a lot of food every day.

A: Are you a chef?

B: No, I'm not.　OK, last hint.....　I take care of animals.

Question: What is the man's job?

1. A cook.
2. A scientist.
3. A housekeeper.
4. A zookeeper.

Listen again.（(1)～(4)繰り返し）

説明

以上でリスニング問題は終了です。

引き続き，第6問から第8問の筆記問題を解きなさい。

※音声は収録しておりません

令和５年度　明治学園中学校　入学試験問題　英語　リスニング問題　スクリプト

説明

これから，英語リスニング問題を始めます。問題用紙の４の１を見なさい。第１問から第５問はリスニング問題です。音声を聞いて問題に答えなさい。放送中，メモをとっても構いません。

1

第１問。それぞれ３つの説明文を聞き，イラストの内容を最もよく説明しているものを１，２，３の中から１つ選びなさい。説明文は１度だけ読まれます。では，始めます。

(1)
1. This is a supermarket.
2. This is an amusement park.
3. This is a stadium.

(2)
1. There is a book on the table.
2. There is a cap on the wall.
3. There is an iPad on the bed.

(3)
1. The house is in the town.
2. The house is by the river.
3. The house is on the hill.

(4)
1. The man is taking a picture.
2. The man is taking off his cap.
3. The man is taking a bath.

(5)
1. She usually listens to music in the morning and studies English in the evening.
2. She usually studies English in the morning and listens to music in the evening.
3. She doesn't study English in the morning but listens to music.

2

第２問。イラストを参考にしながら英文を聞き，最も適切な応答を１，２，３の中から１つ選びなさい。英文と応答は１度だけ読まれます。では，始めます。

(1) What do you do on Sunday?
1. I want a soccer ball.
2. I play soccer.

2 続き

3. I like soccer.

(2) When did you come to Japan?
1. At school.
2. Tomorrow.
3. Last week.

(3) Did your sister buy a pencil case or a notebook?
1. Yes, she did.
2. No, she wasn't.
3. A pencil case.

(4) How cute!
1. Yes, she has very beautiful eyes.
2. Of course.　She was sick in bed.
3. Sure.　She is four years old.

3

第３問。会話の後に質問が読まれます。質問に対する答えとして最も適切なものを１，２，３の中から１つ選びなさい。会話と質問は１度だけ読まれます。では，始めます。

(1)
A: What time did you get up this morning?
B: I got up at five thirty.
Question: What time did she get up today?

(2)
A: I want to read a book about animals.
B: OK.　I'll show you.　Come with me.
Question: Where is the boy?

(3)
A: Please tell me your phone number.
B: OK.　It's 881－2608.
Question: What is his phone number?

(4)
A: Tom, it's time for dinner.　Mary is waiting.
B: OK, mom.　I'm coming!
Question: Who is at the dinner table now?

6　(　　)内に入る語として最も適切なものを 1，2，3，4 の中から 1 つ選びなさい。

(1) I am (　　　) at dancing.　Let's dance together.
　　1. easy　　2. hard　　3. good　　4. well

(2) I'm cleaning my room.　Can you (　　　) me?
　　1. turn　　2. help　　3. listen　　4. think

(3) A: (　　　) color is your baseball cap?
　　B: It's yellow.
　　1. How　　2. When　　3. Whose　　4. What

(4) A: How was the school trip?
　　B: We had a very good (　　　).
　　1. time　　2. place　　3. friend　　4. question

7　次の日本文に合うように，[　]内の語や記号を並べかえて英文を完成しなさい。

(1) 今夜テレビを見てもいいですよ。
　　You [TV / tonight / watch / can / .]

(2) あなたは誕生日に何が欲《ほ》しいですか。
　　What [for / do / your / want / birthday / you / ?]

8　下の表は，３つの都市の１週間の天気を表しています。表の内容について次の問いに答えなさい。

	1 月 31 日 土曜日	2 月 1 日 日曜日	2 月 2 日 月曜日	2 月 3 日 火曜日	2 月 4 日 水曜日	2 月 5 日 木曜日	本日 2 月 6 日 金曜日
福岡	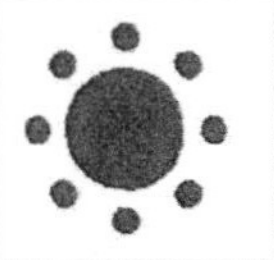						
大阪	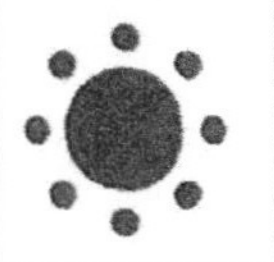	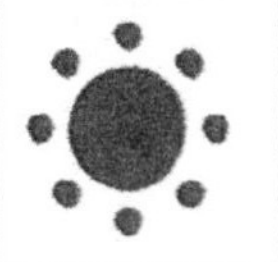					
東京							

問1　(1)～(3)の質問の答えを下の語群からそれぞれ１つ選び，記号で答えなさい。

(1) Today is February sixth.　What day is it today?

(2) It was sunny in Fukuoka and Osaka, but cloudy in Tokyo.
　　What day was it?

(3) It was cloudy and rainy in Fukuoka, snowy in Osaka, and cloudy in Tokyo.
　　What day was it?

［語群］

ア. Sunday	イ. Monday	ウ. Tuesday	エ. Wednesday
オ. Thursday	カ. Friday	キ. Saturday	

問２　(1)と(2)の答えとなる地名をアルファベット（ローマ字）で書きなさい。

(1) It was sunny last weekend, but it is rainy today.

(2) It was rainy yesterday, but now there is a lot of snow.

3　会話の後に質問が読まれます。質問に対する答えとして最も適切なものを 1，2，3 の中から１つ選びなさい。**会話と質問は１度だけ読まれます。**

(1)
1. At 5:00.
2. At 5:13.
3. At 5:30.

(2)
1. In a library.
2. In a bakery.
3. In a police station.

(3)
1. 881 — 2860
2. 881 — 2608
3. 881 — 2086

(4)
1. Tom is.
2. Mary is.
3. Tom and Mary are.

4　説明の後に質問と４つの選択肢《たくし》が読まれます。質問に対する答えとして最も適切なものを 1，2，3，4 の中から１つ選びなさい。**説明，質問，選択肢は２度読まれます。**

(1)　1 ・ 2 ・ 3 ・ 4

(2)　1 ・ 2 ・ 3 ・ 4

(3)　1 ・ 2 ・ 3 ・ 4

(4)　1 ・ 2 ・ 3 ・ 4

5　会話の後に質問と４つの選択肢が読まれます。質問に対する答えとして最も適切なものを 1，2，3，4 の中から１つ選びなさい。**会話，質問，選択肢は２度読まれます。**

(1)　1 ・ 2 ・ 3 ・ 4

(2)　1 ・ 2 ・ 3 ・ 4

(3)　1 ・ 2 ・ 3 ・ 4

(4)　1 ・ 2 ・ 3 ・ 4

以上でリスニング問題は終了《りょう》です。引き続き 6 から 8 の筆記問題を解きなさい。

令和５年度　明治学園中学校　入学試験問題　英語（４の１）

(25分)

1から5はリスニング問題です。音声を聞いて問題に答えなさい。放送中，メモをとっても構いません。6から8は筆記問題です。

1　それぞれ３つの説明文を聞き，イラストの内容を最もよく説明しているものを１，２，３の中から１つ選びなさい。<u>説明文は１度だけ読まれます</u>。　※音声は収録しておりません

(1)

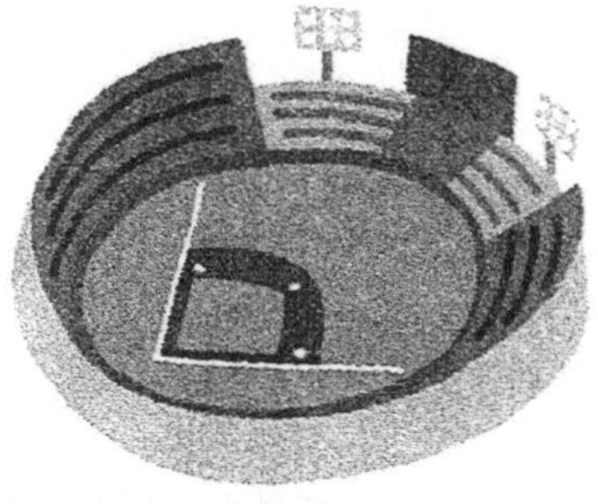

1 ・ 2 ・ 3

(2)

1 ・ 2 ・ 3

(3)

1 ・ 2 ・ 3

(4)

1 ・ 2 ・ 3

(5)

1 ・ 2 ・ 3

2　イラストを参考にしながら英文を聞き，最も適切な応答を１，２，３の中から１つ選びなさい。<u>英文と応答は１度だけ読まれます</u>。

(1)

1 ・ 2 ・ 3

(2)

1 ・ 2 ・ 3

(3)

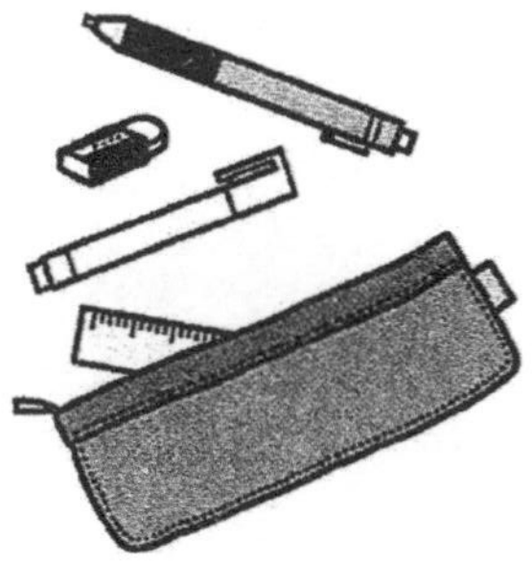

1 ・ 2 ・ 3

(4)

1 ・ 2 ・ 3

4　太郎さんと花子さんが2000 m離《はな》れた地点ＡとＢを何度も往復して走っています。下のグラフは，地点Ａを二人が同時に出発してからの時間と二人の間の距離《きょり》の関係を表しています。また，太郎さんと花子さんの走る速さは一定で，太郎さんの方が花子さんより速く走ることとします。

このとき，次の問いに答えなさい。

(1) 太郎さんの走る速さは分速何 m ですか。

(2) 花子さんの走る速さは分速何 m ですか。

(3) ア にあてはまる数を求めなさい。

(4) イ にあてはまる数を求めなさい。

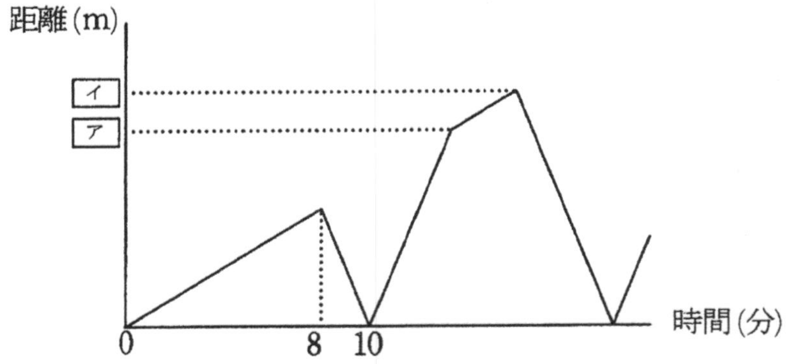

5　下の図は，１辺の長さが６cmの立方体から直方体を切り取ったものです。このとき，次の問いに答えなさい。

(1) この立体の体積を求めなさい。

(2) この立体の表面積を求めなさい。

(3) この立体を頂点Ａ，Ｂ，Ｃ，Ｄを通る平面で切ったとき，この立体の切り口の面積と長方形ABCDの面積の比を最も簡単な整数比で表しなさい。

(4) この立体を点Ｐ，Ｑ，Ｒ，Ｓを通る平面で切ります。切り口の平面が辺AB，DCと交わる点をそれぞれＴ，Ｕとします。この立体の切り口の図を解答欄《らん》の六角形PTQRUSの中に 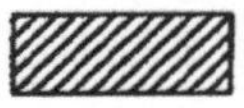 でかきなさい。また，この立体の切り口の面積と六角形PTQRUSの面積の比を最も簡単な整数比で表しなさい。

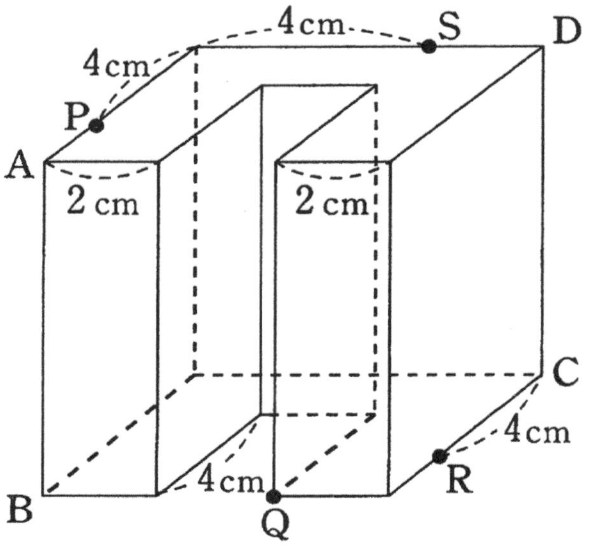

2

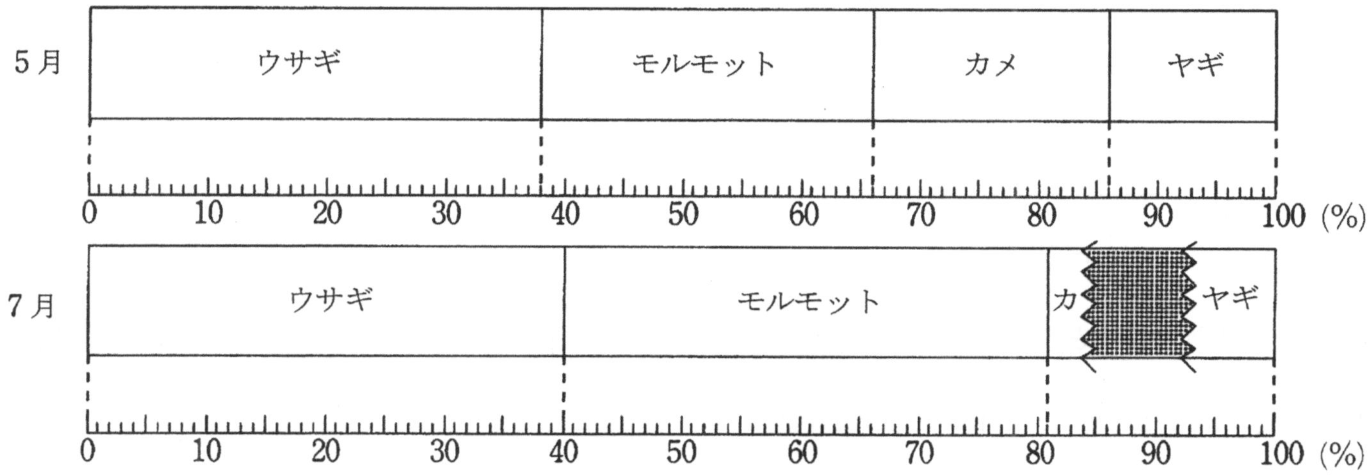

ある動物園のふれあい広場では，ウサギ，モルモット，カメ，ヤギのうち１種類の動物とだけふれあうことができます。上の図は，５月と７月の来場者がふれあった動物について，人数の割合を表したものです。

５月の来場者全体は650人，７月の来場者全体は500人でした。このとき，次の問いに答えなさい。

(1) ５月にウサギとカメにふれあった人数の割合は，５月のふれあい広場への来場者全体の何％になりますか。それぞれ求めなさい。

(2) ウサギにふれあった人数が多いのは５月と７月のどちらですか。この問題は考え方も書きなさい。

(3) データをまとめたあと，図のように７月にカメとヤギにふれあった人数の割合がわからなくなりました。ヤギにふれあった人数はカメにふれあった人数の2.8倍でした。７月にカメにふれあった人数の割合は，７月のふれあい広場への来場者全体の何％にあたりますか。

3 「グーの後にチョキ，チョキの後にパー，パーの後にグー」のきまりで，くり返し手を出すジャンケンロボットがあります。このロボットと[グー]，[チョキ]，[パー]のカードを使ってジャンケンをします。カードは箱の中に入っており，カードを取り出すときは，箱の中身を見ずに１枚だけ取り出します。ただし，箱の中から取り出したカードは元に戻しません。

例えば，箱の中に[グー]のカードが２枚，[チョキ]のカードが１枚入っているとき，カードの取り出し方は，[グー][グー][チョキ]，[グー][チョキ][グー]，[チョキ][グー][グー]の３通りです。このとき，次の問いに答えなさい。

(1) 箱の中に[グー]，[チョキ]，[パー]のカードが１枚ずつ入っていて，３回ジャンケンをします。このとき，カードの取り出し方は全部で何通りですか。

(2) 箱の中に[グー]のカードが２枚，[チョキ]と[パー]のカードが１枚ずつ入っていて，４回ジャンケンをします。１回目にロボットがグーを出すことが分かっています。このとき，２回だけ勝つようなカードの取り出し方は全部で何通りですか。

(3) 次の[①]，[②]にあてはまる数を答えなさい。

箱の中に[グー]，[チョキ]，[パー]のカードが10枚ずつ入っていて，30回ジャンケンをします。１回目に取り出したカードが[パー]であったところ，ロボットに負けました。残りの29回のうち，勝てる回数は最大[①]回で，そのようなカードの取り出し方は全部で[②]通りです。

（50分）

1　次の(1)～(9)の □ の中にあてはまる数を答えなさい。

(1)　$120 \div 12 - 2 \times 5 =$ □

(2)　$12.6 + 1.4 \div \dfrac{2}{7} =$ □

(3)　$\left\{60 \div \left(15 - \square\right)\right\} \div 5 = 4$

(4)　2000円で仕入れた品物を，80％の利益を見込んで定価を ① 円としましたが，売れなかったので値引きして2450円で売りました。そのため利益は仕入れ値の ② ％でした。

図１

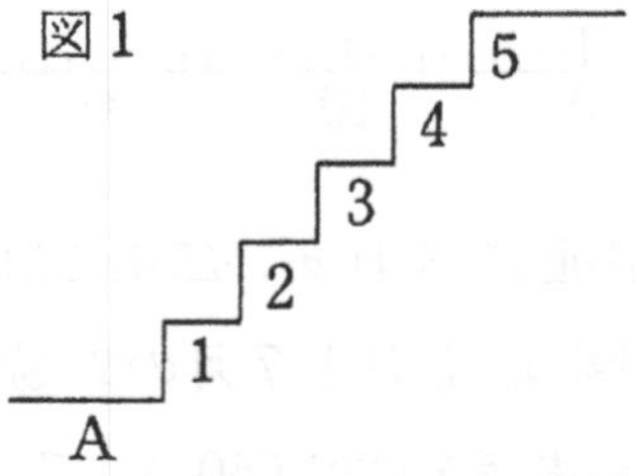

(5)　図１のように全部で５段の階段があります。
A地点から５段目まで上ります。一度に１段または２段上るとき，
上り方は全部で □ 通りです。

(6)　２つの数 a，b に対して，記号＊を $a * b = (a+b) \times b$ のように計算するものとします。
例えば，$2 * 3$ の場合は，$2 * 3 = (2+3) \times 3 = 15$ となります。このとき，$(1 * 2) * 3 =$ □ です。

(7)　下の表は北九州市の１日の平均気温を２週間分記録したものです。

3.5	2.8	5.8	5.3	5.4	2.9	4.9	2.8	3.5	7.8	3.5	6.5	5.8	6.5	(℃)

このデータの最頻《ひん》値は ① ℃，中央値は ② ℃です。

(8)　図２は，正三角形の紙を折ったものです。㋐の角の大きさは □ 度です。

(9)　図３は，３つの半円と直角三角形を組み合わせた図形です。▒▒ 部分の面積は □ cm^2 です。
ただし，円周率は3.14とします。

図２

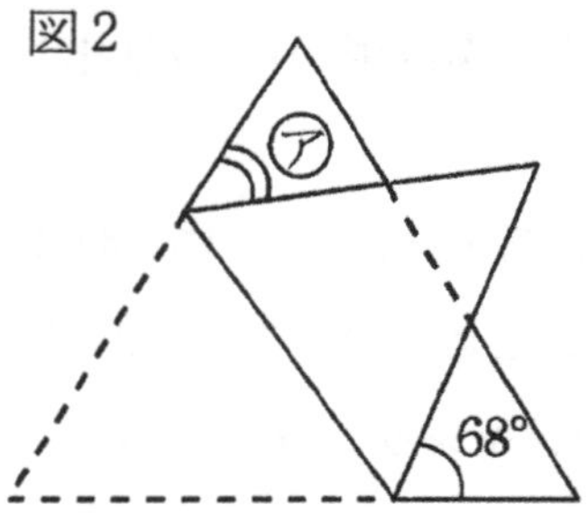

図３

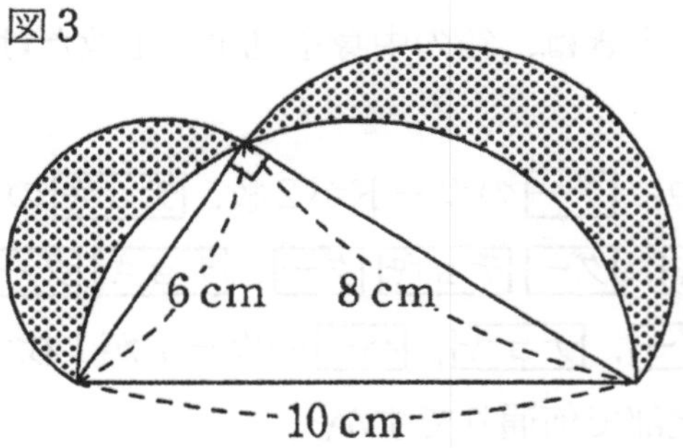

【三】次の問いに答えなさい。

問一　次の①～⑩の傍《ぼう》線部のカタカナを漢字に直し、⑪～⑮の傍線部の読みを書きなさい。必要ならば送りがなをひらがなで書くこと。

①式典のあいさつ文をネル。
②ヒガンの優勝を果たす。
③リンカイ工業地帯。
④選挙ポスターをスル。
⑤資源のむだをハブク。
⑥塩分をオギナウ。
⑦非セッショク型のロボット。
⑧健康をシコウする。
⑨ソンエキを計算する。
⑩勉強するにシタガイ、成績が上がる。
⑪鬼《おに》のような形相で叱《しか》られた。
⑫身の潔白が証明された。
⑬目上の人を敬う。
⑭小遣《づか》いを工面して本を買う。
⑮この道具は重宝している。

問二　次の意味を表す四字熟語を後の〔　〕の中から選び、それぞれ漢字に直して答えなさい。

①ものごとの重要ではない部分のこと。
②ひたすらあやまること。
③おこないがきちんとしていてただしいこと。
④好み・考え方などは、それぞれちがいがあるということ。
⑤こまかい点ではちがいがあるが、だいたいおなじであること。

〔　じゅうにんといろ　　へいしんていとう　　だいどうしょうい　　ひんこうほうせい　　しようまっせつ　〕

でした。しかし、科学の世界では、④往々にしてこのようなことが起こります。そして、それがもっともらしい仮説だと、多くの人が信じてしまうことも起こるのです。

⑤科学は、ときどき、ウソをつきます。

人間は感情のある生き物です。人間の思考や感情が不確かなように、人間が行う科学的な検証が常に正しいとは限りません。人間は感情のある生き物です。科学にとっては人間の「思い込み」が一番、怖《こわ》いのです。

（稲垣栄洋《いながきひでひろ》『怖くて眠《ねむ》れなくなる植物学』ＰＨＰ研究所より）

問一　（ａ）～（ｃ）に入る適切な言葉を次から選び、それぞれ記号で答えなさい。

ア　つまり　　イ　もちろん　　ウ　さらに　　エ　たとえば　　オ　しかし

問二　【Ｘ】に入る適切な言葉を、これより前の文章中から三字で抜《ぬ》き出して答えなさい。

問三　傍《ぼう》線部①「植物には、人間と同じような感情はあるのでしょうか」とありますが、この問いに対する筆者の考えを、「植物のきもち」という小見出しがついた部分から読み取り、三十字以内で説明しなさい。

問四　傍線部②「有名な実験があります」とありますが、その実験の内容を次のようにまとめました。（Ⅰ）～（Ⅳ）に入る適切な言葉を、指定された字数で本文中からそれぞれ抜き出して答えなさい。

【仮説】　植物に感情がある。

【実験】　ウソ発見器が植物に対してどのような反応を示すか調べる。

実験	反応	考察（解釈）
熱いコーヒーに浸す。	変化なし。	植物は熱には反応しない。
マッチに火をつけ、燃やそうと思う。	激しく動く。	
マッチに火をつけず、燃やそうと思ってマッチを手にする。	動く。	（Ⅱ　二十字以内）。
（Ⅰ　十字以内）をする。	反応なし。	
植物に別の植物を踏み潰すのを見せて、その人物が植物に近づく。	動く。	（Ⅲ　二十字以内）。

【結論】　植物には（Ⅳ　十五字以内）。

問五　【Ｙ】に入る適切な言葉を、二字以上四字以内で答えなさい。

問六　傍線部③「あります」の主語を波線部ア～エから選び、記号で答えなさい。

問七　傍線部④「往々にして」の本文中での意味として最も適切なものを次から選び、記号で答えなさい。

ア　まれに　　イ　ますます　　ウ　つねに　　エ　しばしば

問八　傍線部⑤「科学は、ときどき、ウソをつきます」とありますが、

(1)　ここで用いられている表現技法として最も適切なものを次から選び、記号で答えなさい。

ア　呼びかけ　　イ　擬《ぎ》人法　　ウ　倒《とう》置法　　エ　反復法

(2)　このようなことが起こる理由として最も適切なものを次から選び、記号で答えなさい。

ア　最初に立てた仮説が正しかったとしても、人間が実験を行うので誤りが起きてしまうから。

イ　有名な科学者が最初に仮説を立てると、それがもっともらしいと多くの人が信じてしまうから。

ウ　最初に立てた仮説の正当性を信じる思い込みにより、データが誤って解釈されてしまうから。

エ　人間は思考や感情が不確かな生き物なので、最初に立てた仮説が正しいとは限らないから。

【二】次の文章を読んで、後の問いに答えなさい。

植物のきもち

①植物には、人間と同じような感情はあるのでしょうか。

これは難しい問題です。植物の立場になってみないと、それはなかなかわかりません。すべての生き物は外界の環《かん》境を感じて、それに対応しながら生きています。たとえば、植物も光を感じて、光の方に茎《くき》を伸《の》ばして葉を広げます。（　ａ　）、人間のように「明るい」と感じたり「まぶしい」と感じるわけではありません。

人間の目は光の情報を電気信号に変換《かん》して脳に伝えます。この信号をキャッチした脳は、「まぶしい」と認《にん》識するのです。人間は目がないと光を感じることはできません。目隠《かく》しされれば、手足が光を受けても明るさを感じることはできないのです。

人間の感情もまた、人間の脳が作りだすものです。人間は外界の刺《し》激を電気信号に変えて、脳に集中させて、情報を処理します。そういう仕組みに進化してきたのです。感情も、そのような脳の働きの中で生まれると考えられています。

人間がそうだからと言って、他の生物もそうに違《ちが》いないと思うのは、正しくありません。ミジンコもクラゲも、ミミズも、そして植物も、外界の環境条件を感じながら生きています。しかし、その【　Ｘ　】は人間とは異なるのです。

植物がどのような気持ちなのかは、植物でなければわかりませんが、それは人間の持つ感覚や感情とはまったく別のものであることは明らかです。

植物とウソ発見器

②有名な実験があります。

ウソ発見器の専門家である研究者が、ウソ発見器が植物に対してどのような反応を示すかを試《ため》してみました。すると、驚《おどろ》くようなことがわかったのです。

ドラセナという植物をウソ発見器につないで、熱いコーヒーに浸《ひた》したところ、変化は見られませんでした。つまり熱には反応しなかったのです。

ところが不思議なことが起こりました。マッチで葉を燃やそうと思った瞬《しゅん》間、ウソ発見器が激しく動いたのです。しかも、マッチに火をつけなくても、燃やそうとマッチを手にしただけで、ウソ発見器は動きを見せました。

（　ｂ　）、燃やそうというふりをしただけでは、ウソ発見器には反応はなく、本当に燃やそうとしたときにだけ、ウソ発見器は動きを見せたのです。驚くことに、植物は、人間の殺意を察して動揺《よう》したのです。

ウソ発見器の種類を変えても、植物の種類を変えても、同じような結果が得られました。このことから、植物は人間の感情を読むことができると結論づけられたのです。

それだけではありません。

植物の目の前で、別の植物を踏《ふ》み潰《つぶ》させて見せてから試験をすると、植物を踏み潰した殺害者が近づいたときにだけ、植物は恐《きょう》怖《ふ》を感じてウソ発見器が動くというのです。このことから、植物は、人物を認識し記憶《おく》することができることがわかったのです。

植物には、本当に人間と同じような感情があるのでしょうか？

科学は時に嘘《うそ》をつく

現在では、この実験結果は【　Ｙ　】であったことが指摘《てき》されています。

（　ｃ　）、実験をした人は、故意にデータをねつ造したわけではありません。しかし、ウソ発見器を植物につないだときの反応は不安定です。

科学では仮説を立てて検証します。「植物に感情がある」が、この実験の仮説です。しかし、「植物に感情があるにちがいない」とあまりに決めつけてしまうと、どんなデータもそうであるかのように見えてしまうのです。

もしかすると、ウソ発見器は動いたり、動かなかったりしたのかも知れません。しかし、動くはずだという思い込《こ》みがあると、動かなかったときには、実験がうまくいっていないのだと思って、やり直してみたり、実験の方法を変えてみたりしてしまいます。

こうして、たまたま動かなかった時のデータは除かれて、たまたま動いたときのデータが蓄《ちく》積されていったのかも知れません。こうした思い込みによって、データは誤ったア解釈《しゃく》がされて、誤ったイ結論がなされてしまうウ危険が、エ科学には常に③あります。

植物と人間とはまったく違うしくみで生きています。そのため、「植物に感情がある」というのは、多くの人が信じない仮説

問二　傍線部②「どうやら一抹の不安を抱えていたのだということを、安堵して初めて自覚する」とありますが、この状態を説明したものとして最も適切なものを次から選び、記号で答えなさい。

ア　社長と田中事業部長は、新商品が本当においしいのか心配であったが、実際に食べてみておいしいことが分かり、自分たちの心配は結局はとるに足りないものであったことに気づいたということ。

イ　勝目は、おいしくないという評価を受けるのではないかと心のどこかで心配していたが、おいしいと言われたことで、その心配が一瞬で消えて、心からほっとしている自分がいることに気づいたということ。

ウ　社長と田中事業部長は、おいしいに違いないと信じていたが、実際に食べてみておいしいとわかって、自分たちが疑いの気持ちを持っていたことに初めて気づいたということ。

エ　勝目は、新商品の味に自信を持っていたが、おいしいという言葉を聞いてほっとしており、そのとき心のどこかに新商品に対する評価を気にしている自分がいたことに気づいたということ。

問三【　Ａ　】に入る最も適切な言葉を次から選び、記号で答えなさい。

ア　余韻《いん》に浸《ひた》る　イ　責任を取る　ウ　根拠《きょ》を示す　エ　意味を探《さぐ》る

問四　傍線部③「社長が目を見開いた」とありますが、このときの社長の心情を説明したものとして最も適切なものを次から選び、記号で答えなさい。

ア　新商品に対する強い思い入れから発せられた勝目の言葉に衝撃《しょうげき》を受けている。

イ　自分の立場をわきまえない勝目の強気の発言に憤《いきどお》りを覚えている。

ウ　勝目に話をさえぎられたうえ、店の経営を考えない発言にあきれている。

エ　勝目の商品化に対する楽観的な案を簡単には受け入れがたく、抵抗《ていこう》を感じている。

問五　［Ｂ］にあてはまる一文として最も適切なものを次から選び、記号で答えなさい。

ア　いったんおいしいと言っておきながら、無駄が出るとわかったとたん、なぜ前言をひるがえしてしまうのか。

イ　人気商品を作ってくれということは今さら言われなくてもわかっていることなのに、どうして何度もくり返すのか。

ウ　職人の苦労を知らない側の勝手な言い分に、なぜ、自分の信条を曲げてまでつきあわなくてはならないのか。

エ　商品化についてできるかぎりの努力をしたのだから、試作品のままで終わらせるのはもったいないではないか。

問六　傍線部④「ベストセラーではなくてロングセラーを作り続けましょう」とありますが、どういうことですか。本文中の言葉を用いて五十字以内で説明しなさい。

問七　傍線部⑤「わかった。――やってみてくれ」とありますが、この社長の発言についてグループで話し合いをしました。次の会話文中の（　ａ　）～（　ｃ　）に入る適切な言葉を、指定された字数でそれぞれ答えなさい。ただし、ａ・ｂは本文中から抜き出し、ｃは考えて書きなさい。

児童Ｘ　東京會舘の社長がこの言葉を言ったきっかけってなんだったのかな。

児童Ｙ　やっぱり田中さんの言葉なんじゃないかな。

児童Ｚ　勝目さんが言ったように、田中さんも「（　ａ　十字　）」と同じことを言っているよね。

児童Ｙ　それに、お菓子作りで大切にしたい姿勢を「（　ｂ　七字　）」だとも言っているよね。これは社長の胸に響《ひび》いたんじゃないかな。

児童Ｘ　どうして社長の胸に響いたと言えるの。

児童Ｚ　社長は田中さんの言葉を聞いてしばらく動かなかったとあるよね。さらに、その後社長は周りの人たちが自分を見つめていることに気づいてゆっくりと頷いたとあるから、社長は田中さんの言葉に心を動かされたと解釈《しゃく》できるんだよ。

児童Ｘ　そうか。だから社長は（　ｃ　十五字以内　）ことを決意して「わかった。――やってみてくれ」と発言したんだね。

「私のレシピは」

社長が渋《しぶ》い顔をするのを見て、勝目は自分の目つきが鋭《するど》くなるのを止めることができなかった。勝手なことばかり言って、と相手を睨《にら》みそうになる。

「たくさん作るためのレシピではないんです。それは、この先、他のクッキーやケーキを作ったところで自然とそうなります。保存料も使いませんし、手作りのまま、おいしさを持ち帰っていただかなくては意味がない」

「しかし、こちらとしては人気商品となってもらいたいわけだから……」

社長がなおも渋り、試作品のクッキーと勝目とを交互《ご》にちらちらと見る。

勝目は怒《おこ》っていた。［　B　］

頑《がん》固だと言われようと構わない。これが勝目にできるクッキーだ。ならば勝手にすればいい、もう結構、と勝目が話を終わらせてしまおうとした、その時、それまで自分たち二人の様子を見守っていた田中が「社長」と、声を上げた。

「いいじゃありませんか。勝目さんはつまり、この東京會舘で、④ベストセラーではなくてロングセラーを作り続けましょう、と言っているんですよ」

それは場違《ちが》いなほど明るい声だった。

その場にいた誰《だれ》もがそれまでの険悪なムードを一瞬忘れてぽかんとしたほどだ。勝目もそうだった。拍《ひょう》子抜《ぬ》けして、え？とこの若い事業部長の方を見る。田中は微笑《ほほえ》んでいた。

「そうですよね、勝目さん」と勝目を見る。

「一時の人気で量産するよりも、勝目さんのレシピを丁寧《ていねい》に守ることで、長く続けられるお菓子の在り方を考案してくれた、ということなんだと思います。私がお願いしたかったお菓子というのはそういうものです。丁寧で、何より、おいしくなくては意味がない」

田中が社長に向き直る。

「私からもお願いします。合理性よりおいしさを。ロスが出ても、それが東京會舘《うち》らしさなのだと思います」

田中の言葉に社長はしばらく、動かなかった。けれど、その場の皆《みな》が自分の方をじっと見つめていることを察して、ややあってから、ゆっくりと頷《うなず》いた。手にしていたクッキーは、長時間彼《かれ》の指につまれていたために、すでにかなり崩れている。中のクリームが、人差し指の腹についていた。

社長が言った。

「⑤わかった。――やってみてくれ」

言うなり、手にしていたソフトクッキーの残りを口に入れる。指についたクリームまで行儀《ぎ》悪く舐《な》め取る。それは無意識にしてしまったことらしく、後から気まずそうにナプキンを手に取り、慌《あわ》てたように指を拭《ぬぐ》っていた。

（辻村《つじむら》深月《みづき》『東京會舘とわたし（上）旧館』文春文庫刊より）

（注）　※カラメリゼ…砂糖を熱して褐《かっ》色にこがすこと。
　　　※製パン長…製菓部の中でパン作りを担当するリーダーのこと。

問一　傍《ぼう》線部①「おいしく食べてもらうための労力を惜しまない」とありますが、勝目はガトーの開発の際にどのようなことを重視していましたか。それを説明した次の文の（　ａ　）・（　ｂ　）に入る言葉を、本文中からそれぞれ九字で抜《ぬ》き出して答えなさい。

> 土産物だが會舘で食べる通りの（　ａ　）にすることと、クッキーの（　ｂ　）をそこなうものには絶対にしないこと。

※（　７　の　３　）につづきます。

令和五年度　明治学園中学校　入学試験問題　国語（50分）

※注意　字数が指定されている場合は、句読点・記号も一字として数えます。

【一】次の文章を読んで、後の問いに答えなさい。

> 東京會舘《かいかん》は大正十一年に創業した宴《えん》会場である。勝目清鷹《かつめきよたか》は製菓《か》部（お菓子を製造する部門）の初代部長を務め、その指導の厳しさから若手に恐《おそ》れられていた。昭和三十一年十月、社長と事業部長の田中《たなか》に呼び出された勝目は、持ち帰りのできる土産《みやげ》用の箱菓子を作るように依頼《いらい》された。お菓子作りにこだわりを持つ勝目はその依頼を一度は断ったものの、その後、田中の熱意に動かされ、妥《だ》協しないことを条件に依頼を引き受けた。

こうして誕生したのが、東京會舘のフランス菓子〝ガトー〟だ。

〝Gâteau〟はフランス語でケーキのことだ。ただしこの〝ガトー〟は、ガトー・ア・ラ・フランセーズの略で、小麦粉に砂糖とバターを混ぜて焼き上げたフランス風のクッキーだ。

さまざまな試行錯《さく》誤の結果、昭和三十一年、勝目が第一号を焼き上げた。

何種類かのクッキーが入っているが、勝目が最初に完成させたのは、プラリネクリームをサンドした半生《はんなま》タイプのクッキーだ。このソフトクッキーのしっとりと優《やさ》しい味わいを引き立てるクリームは、一度アーモンドを※カラメリゼしてから細かく、細かく砕《くだ》くという凝《こ》ったものだ。土産用の菓子であっても、①おいしく食べてもらうための労力を惜《お》しまないという、むしろ量産とは真逆の方向に舵《かじ》を切った結果だった。

試作品は、社長と田中事業部長らがまず試食した。

「うまい」

「おいしい」

全員の声がそろった時、勝目は当然であろうと思ったが、それでも安堵《ど》を感じている自分もどこかにいた。②どうやら一抹《まつ》の不安を抱《かか》えていたのだということを、安堵して初めて自覚する。

「このクッキーは柔《やわ》らかいな。こんなものは食べたことがない。これが本当に箱売りできれば人気になるぞ」

「ありがとうございます」

田中への宣言の通り、このガトーの開発に際して勝目は一切《さい》の妥協をしなかった。會舘で食べる通りのさっくりとした食感にすること。この柔らかさと口当たりをそこなうものには絶対にしないこと。そのため、崩《くず》れやすいことを承知の上で、粉に対してのフレッシュバターの配分は変えないこと、などを心掛《が》けた。

これらの工程は、すべて手作りだ。

そのため、開発の段階から、勝目や部下たちにかかった負担は相当なものだったが、そこは※製パン長である小沼《こぬま》の言葉を信じた。店売りの菓子が評判を呼べば、おそらく会社は製菓部にも力を入れるようになる。人員と場所をきちんと確保するようになる。

言葉の【　　A　　】ように、小沼もまた、土産用の菓子の開発には積極的に協力をしてくれている。

「このクッキーの口当たりは本当にいいな。口に入れた瞬《しゅん》間にまるでほろっと溶《と》けるようだ。素《す》晴《ば》らしいよ、勝目さん」

社長の絶賛はなおも続き、試作品の二つ目に手が伸《の》びる。

その姿を前にしながら、勝目は礼を言う。

「ありがとうございます」

「この柔らかさが店売りには向かないと前に言っていたと思うが、崩れにくくする工夫《ふう》は何か思いついたのか」

「いいえ」

勝目が答えると、社長がクッキーを食べる手を止めて、驚《おどろ》いたように勝目を見た。

「この口当たりを守るためには、材料の分量は変えられません。クッキーは相変わらず柔らかく、崩れやすいままです」

「では、土産用には……」

「なので、無駄《ロス》が出ることは仕方ないもの、と覚悟《ご》してください」

勝目のきっぱりとした口調に③社長が目を見開いた。しかし、勝目のこの決断に迷いはない。堂々とした口調で言い切る。

「ガトーは、この厚さであることに意味があります。ガトーの厚さはガトーの命。この厚さでなければならない以上、合理的であるよりもおいしさを守り続けることを第一に考えたく思います。ロスが出ることも考えのうちに入れながら、なるべくそれを出さないように、ひとつひとつを大事に扱《あつか》う。手作りで、注意を払《はら》って作り続けていけば、商品化は不可能ではありません」

「しかし、無駄《むだ》が出ることを最初から……」

※50点満点
（配点非公表）

令和４年度　　明治学園中学校　入学試験　社会　　（　４の４　）

解　答　用　紙

受　験　番　号					

問1			問2		
問3					
問4	(1)		(2)		
問5	(1)	A		B	
	(2)	（　　　　　　　　）選手団			
	(3)	①		②	
問6	(1)		(2)		
	(3)		(4)		
	(5)				
	(6)				
問7			問8		

解　答　用　紙

受　験　番　号

1

(1)	吸気	呼気	
(2)	①固体Ｘ	液体Ｙ	②
	③		
(3)	① 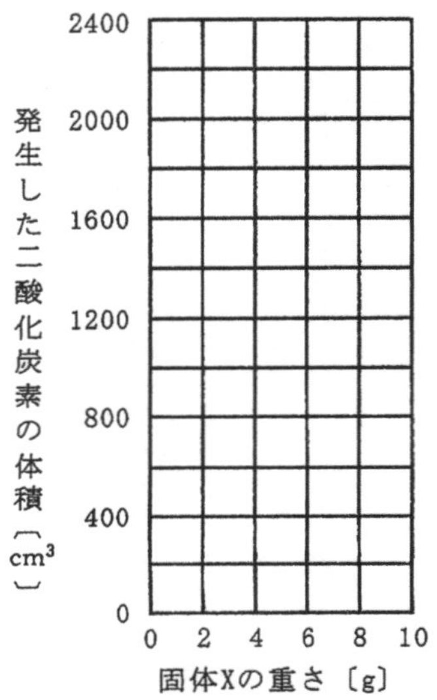	②	(4)
		(5) ①	② ｜ ③

2

(1)	①	②	③
(2)	①	②	
(3)	①	②	
(4)	時速　　　km	(5)	(6)
(7)	① Ａ ： Ｂ ＝	②	

令和４年度　明治学園中学校　入学試験　英語　※50点満点（配点非公表）（４の４）

解　答　用　紙

受験番号					

1

(1)		(2)		(3)		(4)		(5)	

2

(1)		(2)		(3)		(4)		(5)		(6)	

3

(1)		(2)		(3)		(4)		(5)		(6)	

4

(1)		(2)		(3)	

5

(1)		(2)		(3)	

6

(1)		(2)		(3)		(4)	

7

(1) I

(2) What

8

手順①		手順②		手順③	

※100点満点
（配点非公表）

令和 4 年度　明治学園中学校　入学試験　算数　（4 の 4）

受験番号					

解　答　用　紙

1

（1）	（2）	（3）	（4）	（5）
			円	個

（6）	（7）		（8）	（9）
班	①	②	度	cm²

（10）	
考え方	答　　度

2

（1）	（2）	（3）
分速　　m	m	15 時　　分　　秒

3

（1）		（2）	（3）	（4）	（5）
中央値　　分	最頻値　　分	分			分

4

（1）	（2）	（3）	
cm³	cm³	①	②　　cm

5

（1）		（2）	（3）
①	②		

令和四年度　明治学園中学校　入学試験問題　国語　（８の８）

解答用紙

※100点満点
（配点非公表）

受験番号

【一】

一　a　b　c

二

という考え。

三　1　2　3

四

五　(1)　(2)　I

II

六

七　(1)　I　II

(2)

【二】

一　I　II　二　三

四

五　(1)　(2)

六

七

八

【三】

一　①　②　③　④　⑤　い　⑥　⑦　⑧　⑨　⑩　⑪　⑫　⑬　⑭　⑮

む

二　①　②　③　④　⑤

（３）　下の絵図【Ａ】・【Ｂ】は、それぞれある時代の屋敷を示している。そこに住んでいた人（Ｘ～Ｚ）の組み合わせとして適切なものを、ア～カから１つ選び、記号で答えなさい。

【Ａ】

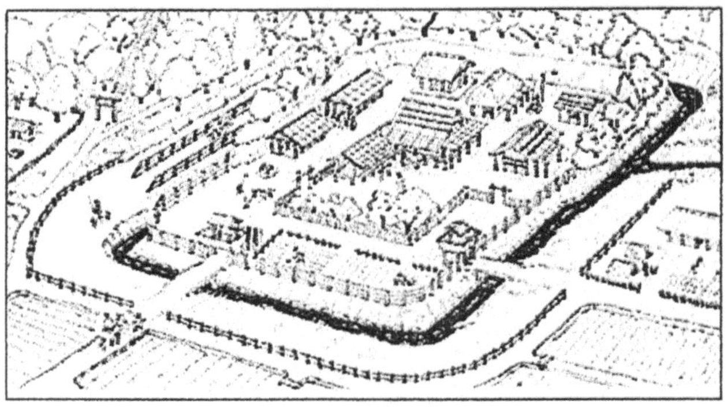

（出典：山川出版社『詳説日本史Ｂ』）

【Ｂ】

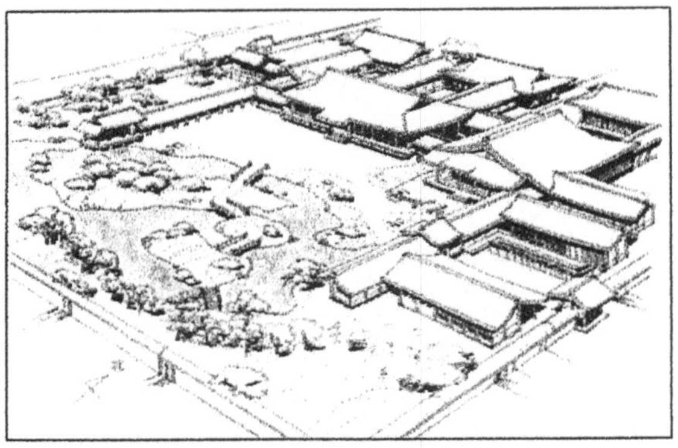

（出典：住宅史研究会編『日本住宅史図集』）

（出典：笹間良彦編著『資料日本歴史図録』）

ア　【Ａ】…Ｘ　【Ｂ】…Ｙ　　イ　【Ａ】…Ｘ　【Ｂ】…Ｚ
ウ　【Ａ】…Ｙ　【Ｂ】…Ｘ　　エ　【Ａ】…Ｙ　【Ｂ】…Ｚ
オ　【Ａ】…Ｚ　【Ｂ】…Ｘ　　カ　【Ａ】…Ｚ　【Ｂ】…Ｙ

（４）　江戸幕府の８代将軍徳川吉宗は、江戸の人々の暮らしを安定させるためさまざまな取り組みを行った。吉宗が行った取り組みとして適切でないものを、ア～エから１つ選び、記号で答えなさい。

ア　目安箱を設けて、庶民《しょみん》の投書も参考にしながら政治を進め、無料で医療《いりょう》をほどこし入院させる小石川養生所をつくった。
イ　町人たちを町火消として組織させ、火事が起こったときには、あらかじめ決められた地域の火を消す活動を行わせた。
ウ　町人による新田開発を進めて、幕府に納めさせる年貢を増やし、米の値段の安定化をはかった。
エ　差別されていた人々の身分を解放し、結婚や職業、住む場所などを自由に選択できるようにした。

（５）　1923 年の関東大震災《しんさい》により、東京は大きな被害《ひがい》を受けた。右の写真は、震災の後に作られた錦糸《きんし》公園（現在の東京都墨田《すみだ》区）である。このような公園は、市民のいこいの場としての機能以外に、どのような目的で作られたか。簡単に説明しなさい。

（錦糸公園の写真）

お詫び：著作権上の都合により，掲載しておりません。ご不便をおかけし，誠に申し訳ございません。
教英出版

（出典：土木図書館デジタルアーカイブス）

（６）　近年日本では自然災害が多発し、多くの被害が生じている。「自然災害による被害の軽減や防災対策に使用する目的で、被災《ひさい》想定区域や防災関係施設の位置などを表示した地図」を見ることにより防災・減災を図ることができる。このような地図のことを何というか、カタカナで答えなさい。

問７　目標 12『つくる責任　つかう責任』に関連して、現代のわたしたちがリサイクルを考えるとき、江戸の町は「リサイクル都市」として大変参考になる。江戸は、世界最大の人口をかかえた都市であったが、ゴミの種類や量が少なかったといわれる。その背景には、右の図のような壊《こわ》れたものを修理して再生させる職人や、不要なものを回収して再利用する業者がいたことがあげられる。彼らが、江戸の町で活躍《かつやく》できた理由を説明した文として適切でないものを、ア～エから１つ選び、記号で答えなさい。

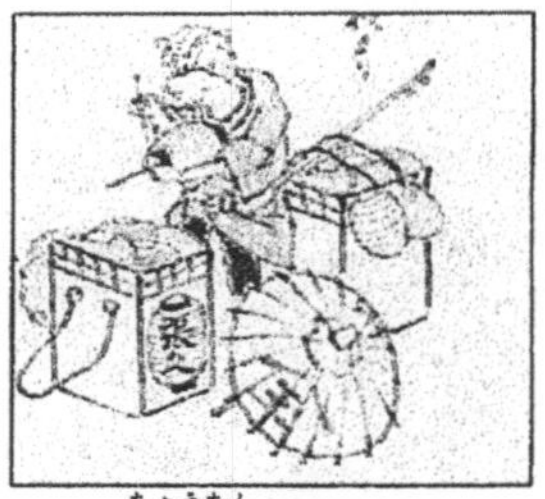

提灯《ちょうちん》張りかえ

古着屋

（出典：『守貞謾稿』）

ア　幕府がものを新たに作ることを禁止したから。
イ　多くのものが手作りであり、新品は高価なものだったから。
ウ　プラスチックなどの石油化学製品がなかったから。
エ　使い捨てをせず、ものを大切にして長い間使っていたから。

問８　目標 16『平和と公正をすべての人に』について、世界では平和機構として、第一次世界大戦後に国際連盟がつくられた。しかし、第二次世界大戦を防ぐことができなかったため、その後国際連合がつくられた。国際連盟や国際連合について説明した文として適切でないものを、ア～エから１つ選び、記号で答えなさい。

ア　国際連盟は、さまざまな問題に取り組み、決定は全会一致制をとった。
イ　国際連合が発足した 1945 年に、戦争に敗れた日本も加盟した。
ウ　国際連合では、安全保障理事会が中心となり、平和を守るための活動をしている。
エ　国際連合では、すべての加盟国が集まる総会でさまざまなことを決定している。

（2）　図1は日本の自動車の国内生産台数と海外生産台数を示したグラフである。1990年代以降、海外での生産台数が大きく伸《の》びている。その理由として適切なものを、ア～エから1つ選び、記号で答えなさい。

ア　石油の値段が上がったため、自動車企業の国内生産が減少したから。
イ　急激な人口減少により、日本国内での自動車の売り上げが減少したから。
ウ　輸出台数が増えて、海外とつりあいのとれた貿易ができなくなったから。
エ　国内で自動車企業の競争がはげしくなった結果、倒産《とうさん》が相次ぎ、新たな市場として海外に進出したから。

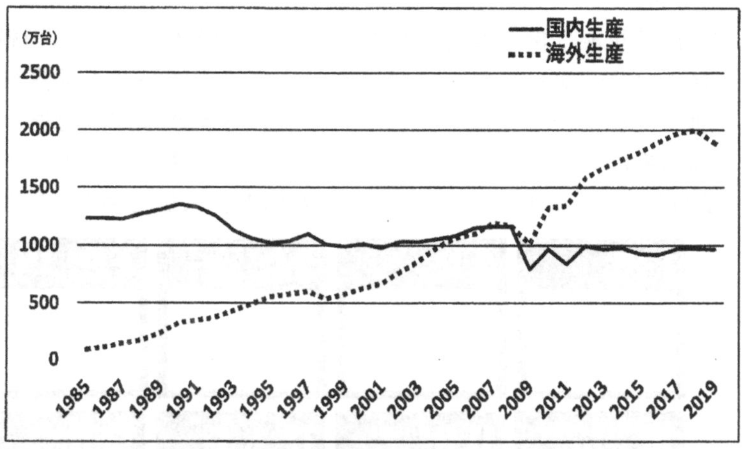

図1　日本の自動車の国内生産台数と海外生産台数
（出典：日本自動車工業会 HP　日本国勢図会 2020/21 より作成）

問5　目標10『人や国の不平等をなくそう』に関連した次の（1）～（3）の各問いに答えなさい。

（1）　明治政府は、江戸幕府が幕末に欧米《おうべい》諸国と結んだ不平等条約の改正に向けて、外国との交渉《こうしょう》や富国強兵政策、大日本帝国憲法の制定などを進めた。その結果、治外法権の撤廃《てっぱい》や関税自主権の回復に成功した。【A】治外法権の撤廃、【B】関税自主権の回復は、いつ達成されたか。適切な時期を（ア）～（エ）から1つずつ選び、それぞれ記号で答えなさい。なお、下の出来事は年代順に並んでいる。

岩倉使節団の派遣　⇒（ア）⇒　大日本帝国憲法の発布　⇒（イ）⇒　日清戦争　⇒（ウ）⇒　日露戦争　⇒（エ）⇒　第一次世界大戦

（2）　2021年に東京オリンピックが開催《かいさい》され、その中で、政治上・宗教上などの理由から迫害《はくがい》されたり、紛争《ふんそう》をさけたりして国外へ逃《のが》れた人々で結成された選手団も参加した。この選手団を何というか。解答欄《らん》に合うように漢字で答えなさい。

（3）　第二次世界大戦後に、日本国憲法が制定され、大日本帝国憲法にはなかった新しい権利が認められた。憲法とは、国の政治の基本的なあり方を定めたもので、特に日本国憲法の中では3つの原則が重要と考えられている。次の①と②の各問いに答えなさい。

①　日本国憲法について説明した文として適切でないものを、ア～エから1つ選び、記号で答えなさい。
ア　日本国憲法には、国が国民に守らせるきまりのみが書いてある。
イ　日本国憲法の3つの原則とは、国民主権・平和主義・基本的人権の尊重のことである。
ウ　日本国憲法には、国が国民の権利を守らなければならないと書いてある。
エ　日本国憲法では、天皇は日本国の象徴《しょうちょう》として、国事行為《こうい》のみを行うものとされている。

②　下線部について、日本国憲法制定以前から認められていた権利として適切なものを、ア～エから1つ選び、記号で答えなさい。
ア　女性の参政権　　イ　労働者の権利　　ウ　法律の範囲内での言論の自由の権利　　エ　健康で文化的な生活を送る権利

問6　目標11『住み続けられるまちづくりを』に関連した次の（1）～（6）の各問いに答えなさい。

（1）　近年、日本の地方都市などでは商店街の衰退《すいたい》がみられる。表4は商店街の抱《かか》える問題の推移を示したものである。表中の【　A　】に当てはまる内容として適切なものを、ア～エから1つ選び、記号で答えなさい。

表4　商店街の抱える問題の推移

	1位	2位	3位
2006年度	魅力《みりょく》ある店舗《てんぽ》が少ない（36.9%）	商店街活動への商業者の参加意識が低い（33.4%）	【　A　】(31.4%)
2009年度	【　A　】(51.3%)	魅力ある店舗が少ない（42.7%）	核となる店舗がない（27.2%）
2012年度	【　A　】(63.0%)	集客力が高い・話題性のある店舗・業種が少ないまたは無い（37.8%）	店舗等の老朽《ろうきゅう》化（32.8%）
2015年度	【　A　】(64.6%)	集客力が高い・話題性のある店舗・業種が少ないまたは無い（40.7%）	店舗等の老朽化（31.6%）

（出典：「平成30年度　商店街実態調査報告書　概要版」より作成）

ア　空き店舗の増加　　イ　駐車場・駐輪場の不足　　ウ　高齢化による後継者《こうけいしゃ》不足　　エ　大型店との競合

（2）　2021年7月「北海道・北東北の縄文遺跡《いせき》群」が世界文化遺産に登録された。青森県にある三内丸山遺跡からは、今から5500年ほど前から1500年間にわたって、人々が暮らしていたあとが見つかった。この時代の人々の生活を説明した文として適切なものを、ア～エから1つ選び、記号で答えなさい。
ア　狩りや漁をしたり、木の実を採集したりして暮らしていた。　　イ　土地や水をめぐる争いを通して、身分の差が広がった。
ウ　米作りが広がり、うすくてかたい土器が使われるようになった。　エ　豪族の支配のもと、古墳の建造に人々が動員された。

（25分）

持続可能な開発目標（SDGs）とは、2030年までに持続可能でよりよい世界をめざす国際目標のことである。SDGsは17のゴール、169のターゲットから構成され、その達成にむけて世界が協力して行動していくことが求められている。この目標は、2015年９月の国連サミットで加盟国の全会一致《いっち》で採択《さいたく》された「持続可能な開発のための2030アジェンダ」に記載《きさい》された。また、この目標は、発展途上国のみならず、先進国も継続《けいぞく》して取り組むものであり、日本もこの目標達成に向けて積極的に取り組んでいる。その中で、北九州市は2016年６月に国から「SDGs未来都市」に選定され、「北九州市SDGs未来都市計画」を作り「グリーン成長都市」をめざしている。

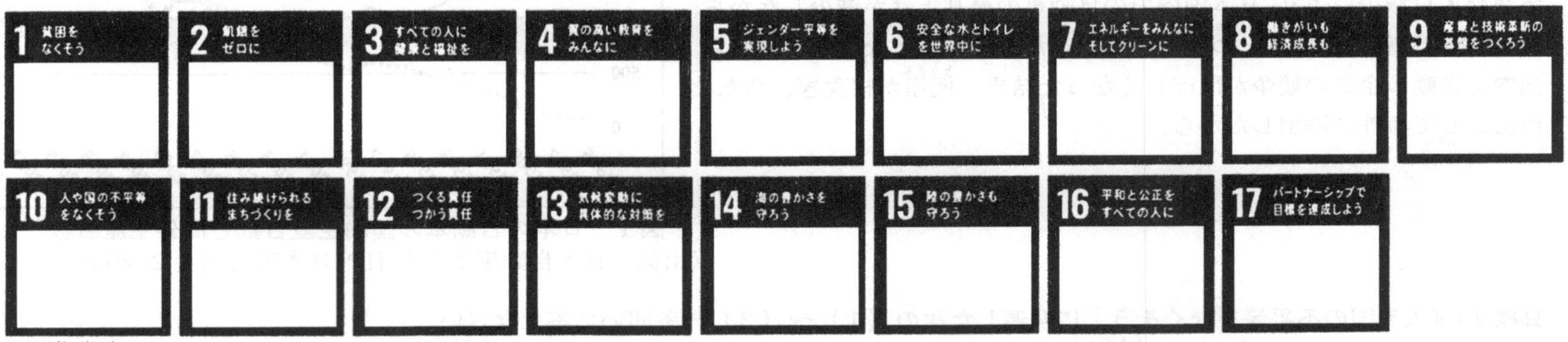
1 貧困をなくそう
2 飢餓をゼロに
3 すべての人に健康と福祉を
4 質の高い教育をみんなに
5 ジェンダー平等を実現しよう
6 安全な水とトイレを世界中に
7 エネルギーをみんなにそしてクリーンに
8 働きがいも経済成長も
9 産業と技術革新の基盤をつくろう
10 人や国の不平等をなくそう
11 住み続けられるまちづくりを
12 つくる責任つかう責任
13 気候変動に具体的な対策を
14 海の豊かさを守ろう
15 陸の豊かさも守ろう
16 平和と公正をすべての人に
17 パートナーシップで目標を達成しよう
※画像省略

問１　目標２『飢餓《きが》をゼロに』について、飢餓をなくすためには農業が発展し、その生産力の向上も重要である。表１は、世界と日本の 米・小麦・じゃがいも の生産量上位５か国・５道県を示している。この農作物【Ａ】～【Ｃ】の組み合わせとして適切なものを、ア～エから１つ選び、記号で答えなさい。

表１　世界と日本の米・小麦・じゃがいもの生産量上位国・道県

世界	１位	２位	３位	４位	５位	日本	１位	２位	３位	４位	５位
【Ａ】	中国	インド	ｳｸﾗｲﾅ	ロシア	アメリカ	【Ａ】	北海道	鹿児島	長崎	茨城	千葉
【Ｂ】	中国	インド	ｲﾝﾄﾞﾈｼｱ	ﾊﾞﾝｸﾞﾗﾃﾞｼｭ	ベトナム	【Ｂ】	新潟	北海道	秋田	山形	宮城
【Ｃ】	中国	インド	ロシア	アメリカ	フランス	【Ｃ】	北海道	福岡	佐賀	愛知	三重

（出典：データブックオブ・ザ・ワールド2021年版より作成）

ア　【Ａ】…米　【Ｂ】…じゃがいも　【Ｃ】…小麦
イ　【Ａ】…小麦　【Ｂ】…じゃがいも　【Ｃ】…米
ウ　【Ａ】…じゃがいも　【Ｂ】…小麦　【Ｃ】…米
エ　【Ａ】…じゃがいも　【Ｂ】…米　【Ｃ】…小麦

問２　目標５『ジェンダー平等を実現しよう』について、ジェンダーの平等とは、すべての女性と女児が自分たちの置かれた不利な状況《じょうきょう》を変えていこうという考え方である。現在の日本における女性の社会進出を説明した文として適切なものを、ア～ウから１つ選び、記号で答えなさい。

ア　さまざまな取り組みによって、男女の間の収入の差は完全になくなった。
イ　男性も女性も、子育てのために仕事を休んだり、時間を短縮したりして働くことができる制度が整った。
ウ　女性の社会進出が進む中で、管理職や国会議員における女性の割合は先進国の中でも高くなった。

問３　目標７『エネルギーをみんなに　そしてクリーンに』について、表２は、日本の発電電力量を示している。2010年度と2017年度の電力量を比較《ひかく》して、大きく変化したものがいくつかある。その中から２つあげ、その変化の理由もふくめて簡単に説明しなさい。

表２　発電電力量（単位：百万ｋＷｈ）

	2010年度	2017年度
火力	771,306	861,435
水力	90,681	90,128
原子力	288,230	31,278
太陽光	22	15,939
風力	4,016	6,140
地熱	2,632	2,145

（出典：資源エネルギー庁「電力調査統計」より作成）

問４　目標９『産業と技術革新の基盤《きばん》をつくろう』に関連した次の（１）と（２）の各問いに答えなさい。

（１）　表３は世界各国の産業用ロボットの稼働《かどう》（機械が動いて仕事すること）台数である。表中の【Ａ】・【Ｂ】の国の組み合わせとして適切なものを、ア～エから１つ選び、記号で答えなさい。

表３　世界の産業用ロボット稼働台数推定（単位：台数）

順位	１位	２位	３位	４位	５位
国名	【Ａ】	【Ｂ】	韓国	アメリカ	ドイツ
2016年	349,470	287,323	246,374	250,479	189,305
2019年	783,358	354,878	300,197	299,631	221,547

（出典：国際ロボット連盟(IFR)「World Robotics Industrial Robots」より作成）

ア　【Ａ】…日本　【Ｂ】…インド
イ　【Ａ】…インド　【Ｂ】…フランス
ウ　【Ａ】…イギリス　【Ｂ】…フランス
エ　【Ａ】…中国　【Ｂ】…日本

② 北九州市において，夏のある日に観測したとき，棒の影の先端《たん》はどのように移動していきますか。観測結果として正しいものを次の**ア**～**エ**から１つ選び，記号で答えなさい。ただし，**ア**～**エ**中の矢印は影の先端が移動した向きを表しています。

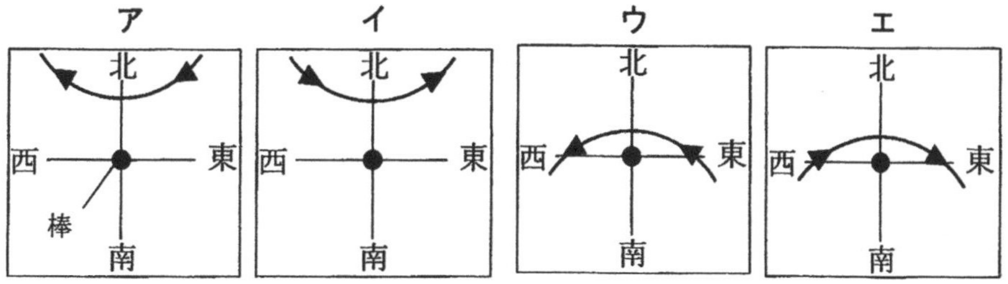

(4) 太陽や夜空の星が時間とともに移動して見えるのは，地球が１日に１回，コマのように回転しているからです（**図２**）。この回転を自転といいます。地球の自転によって北九州市は時速何 km で移動していることになりますか。ただし，自転軸《じく》と北九州市までの距離《きょり》を 5400km，１日を 24 時間，円周率を 3.14 とします。割り切れない場合は，小数第１位を四捨五入して整数で答えなさい。

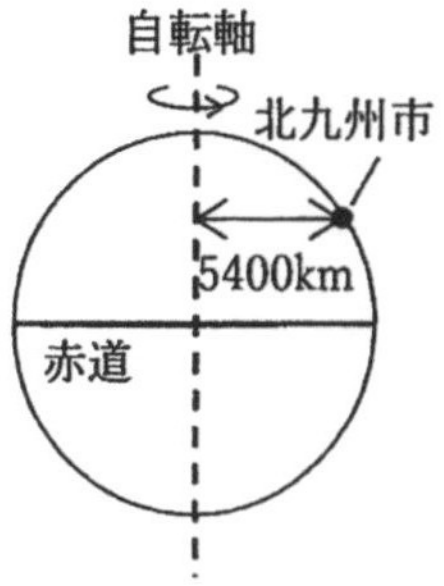

図２

(5) **図３**は，地球儀《ぎ》の写真です。地球儀の回転軸が水平面に対して垂直になっていないのは，実際の地球が自転軸を傾《かたむ》けたまま太陽のまわりを回っていることを表現しているからです。この自転軸の傾きのために，季節によって太陽の南中高度が変化します。日本の夏至の日，北九州市において太陽が南中しているときの地球のようすを太陽の方から見ると，どのように見えますか。次の**ア**～**エ**から１つ選び，記号で答えなさい。ただし，**ア**～**エ**中の★は北九州市の位置を表しています。

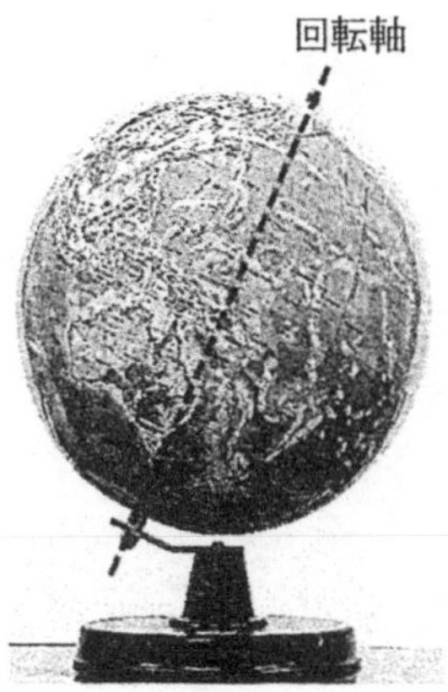

図３

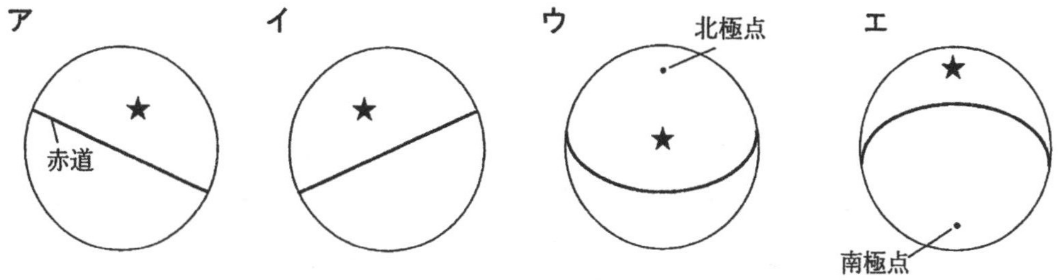

(6) 秋分のころの満月を中秋の名月と呼び，その月をめでる風習が日本にはあります。満月が東の地平線からのぼってくる時刻は何時ごろですか。午前，午後をつけて答えなさい。

(7) 月は，地球のまわりを回っているといわれますが，実際は，月と地球の間にある１つの点を中心に回っています。その点を共通重心といいます。これについて，模型を用いて考えます。

① **図４**のように，軽くて曲がらない棒の両端に 300 g と 100 g の重さの粘《ねん》土の球を取りつけました。棒のどこかに糸を結びつけてぶら下げたときに，２つの粘土球がつり合うようにしたいと思います。糸をどの位置に結びつけるとよいですか。300 g の粘土球の中心から糸を結びつける位置までの長さ(A)と，100 g の粘土球の中心から糸を結びつける位置までの長さ(B)の比を，もっとも簡単な整数で答えなさい。ただし，棒の両端はそれぞれの粘土球の中心にくるようにしています。

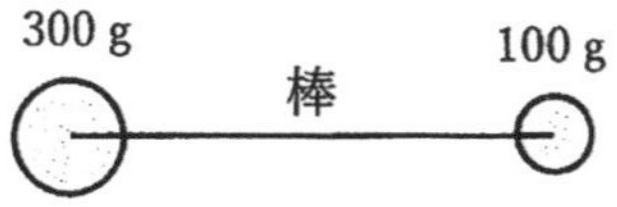

図４

② ①で求めた糸を結びつける点が，２つの粘土球の共通重心です。**図５**のようにつり下げると，２つの粘土球は共通重心を中心に，棒を水平に保ったまま回転できます。これと同様に，地球と月も共通重心を中心に回っています。地球の中心から月の中心までの距離を 380000 km，地球と月の重さの比を 81：1 とすると，地球と月の共通重心の位置は，地球の中心から約何 km の距離にありますか。十の位を四捨五入して求めなさい。

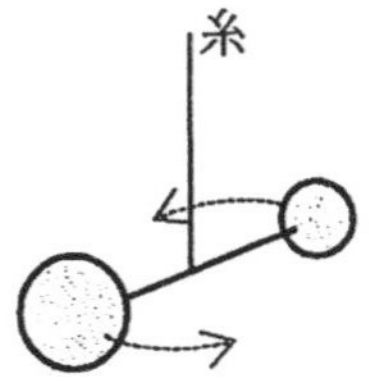

＊図中の球の大きさや，
糸を結ぶ位置は実際と異なる。
図５

(5)　発生させた二酸化炭素を水槽に追加してみましたが，水草の成長にあまり違《ちが》いは見られませんでした。A 君は，その原因を考えるために，二酸化炭素の条件と光の条件（ライトの種類）を変えて水草の成長を調べる実験を行い，下の表のような結果を得ました。なお，表では，水草の成長の程度を「＋」の数で表しており，成長がよいほど「＋」の数が多いものとします。

	二酸化炭素　追加なし	二酸化炭素　追加あり
もともと水槽に設置していたライト（光が弱い条件）	＋	＋
より強い光を放つライト（光が強い条件）	＋＋	＋＋＋

下の文章は，実験の結果から A 君が考えた内容です。空欄《らん》①～③に入れる文として適切なものを**ア**～**ク**から選び，それぞれ記号で答えなさい。

光が弱い環境では，［　①　］。
光が強い環境では，［　②　］。
このことから，A 君の水槽で水草の成長がよくなかったのは，［　③　］が不足していたからと考えられる。

①の選択肢《せんたくし》
ア　二酸化炭素を追加しても水草の成長は変化しない
イ　二酸化炭素を追加すると水草の成長がよくなる
ウ　二酸化炭素を追加すると水草の成長が悪くなる

②の選択肢
エ　二酸化炭素を追加しても水草の成長は変化しない
オ　二酸化炭素を追加すると水草の成長がよくなる
カ　二酸化炭素を追加すると水草の成長が悪くなる

③の選択肢
キ　二酸化炭素ではなく光
ク　光ではなく二酸化炭素

2　以下の各問いに答えなさい。

(1)　次の文章は，日本の春の天気について述べたものです。空欄①～③にあてはまる語句を，下の**ア**～**サ**から１つずつ選び，それぞれ記号で答えなさい。

日本の春の天気は，［　①　］。これは，日本の［　②　］の方角から［　③　］が移動してくるからである。

ア　晴れの日が続くことが多い　　**イ**　2，3 日おきに変化しやすい
ウ　長雨が続く　**エ**　東　**オ**　西　**カ**　南　**キ**　北
ク　高気圧と低気圧　**ケ**　台風　**コ**　梅雨前線　**サ**　黄砂

(2)　北半球の夏，日本には太平洋からユーラシア大陸に向かって南東の季節風がふきます。これには，もののあたたまり方が大きく関係しています。次の文章は，日本の夏に南東の季節風がふく理由を述べたものです。空欄①，②に入れる文として適切なものを**ア**～**ク**から選び，それぞれ記号で答えなさい。

大陸と海洋を比べると，大陸の方が［　①　］。そのため北半球が夏の時期，日本周辺では太平洋上に比べ，ユーラシア大陸上の空気が［　②　］が盛んになる。これにより夏の日本では南東の季節風がよくふくようになる。

①の選択肢
ア　あたたまりやすく，冷めやすい　　**イ**　あたたまりやすく，冷めにくい
ウ　あたたまりにくく，冷めやすい　　**エ**　あたたまりにくく，冷めにくい

②の選択肢
オ　あたたまりやすくなり，上昇《じょうしょう》気流　　**カ**　あたたまりやすくなり，下降気流
キ　冷えやすくなり，上昇気流　　**ク**　冷えやすくなり，下降気流

(3)　**図１**のように，地面に棒を垂直に立てて，棒の影《かげ》が時間とともにどのように動くか調べました。

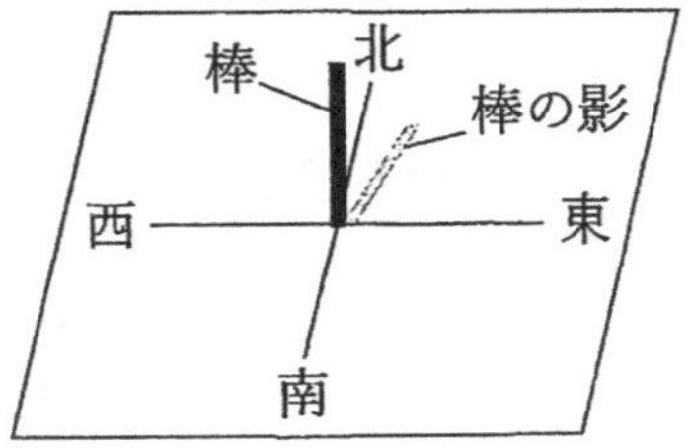

図１

①　影ができるのは，光にどのような性質があるからですか。もっとも適切なものを次の**ア**～**エ**から１つ選び，記号で答えなさい。

ア　屈折《くっせつ》　**イ**　直進　**ウ**　反射　**エ**　乱反射

(25分)

1　A君は水槽《そう》で生物を飼《し》育する「アクアリウム」を趣《しゅ》味にしています。A君は,「アクアリウム」について調べる中で，水草を育て水槽内に美しい風景を作り出す「水草アクアリウム」というジャンルがあることを知りました。そこで，家の水槽で「水草アクアリウム」に挑戦《ちょうせん》しましたが，水草があまり成長しませんでした。理科の先生に相談したところ,「水草アクアリウムでは，水槽に二酸化炭素を追加することが多いよ」というアドバイスを受けたので，A君は，二酸化炭素を発生させる方法を考えることにしました。

(1)　まずA君は，二酸化炭素を出す方法として自分の息を利用することを考えて，吸う空気（吸気）と吐《は》く空気（呼気《こき》）に含《ふく》まれる気体の比率を調べました。吸気と呼気の気体の比率として適切なものをそれぞれ**ア～キ**から選び，記号で答えなさい。

ア　酸素…約78%，二酸化炭素…約16%，ちっ素…約5%，その他…1%以下
イ　酸素…約78%，ちっ素…約21%，二酸化炭素…1%以下，その他…1%以下
ウ　二酸化炭素…約78%，ちっ素…約21%，酸素…1%以下，その他…1%以下
エ　二酸化炭素…約78%，酸素…約16%，ちっ素…約5%，その他…1%以下
オ　ちっ素…約78%，酸素…約21%，二酸化炭素…1%以下，その他…1%以下
カ　ちっ素…約78%，酸素…約16%，二酸化炭素…約5%，その他…1%以下
キ　ちっ素…約78%，二酸化炭素…約21%，酸素…1%以下，その他…1%以下

(2) インターネットで調べたところ，A君の家の水槽のサイズであれば，1日当たり約1000cm³の二酸化炭素が必要であることが分かったため，A君は自分の吐く息を利用することをあきらめ，別の方法を探すことにしました。理科の教科書を見ると，二酸化炭素を発生させる方法として下のような実験図が紹介《しょうかい》されていました。

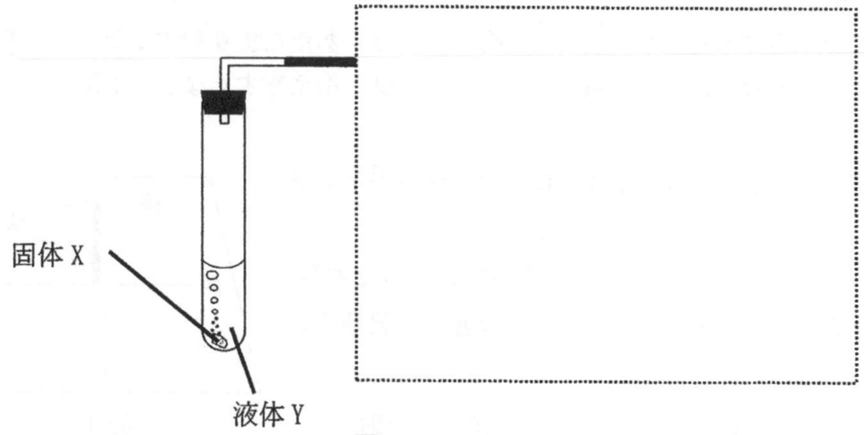

図１

①　**図１**中の固体Xと液体Yは何ですか。それぞれ答えなさい。

②　**図１**中の［　］には，二酸化炭素を集める(捕集《ほしゅう》する)ようすがかかれています。発生した二酸化炭素を捕集するのに**適さないもの**を次の**ア～ウ**から１つ選び，記号で答えなさい。

ア
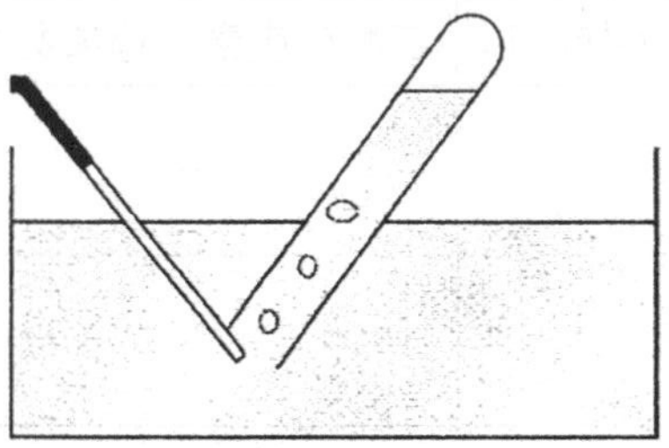

イ
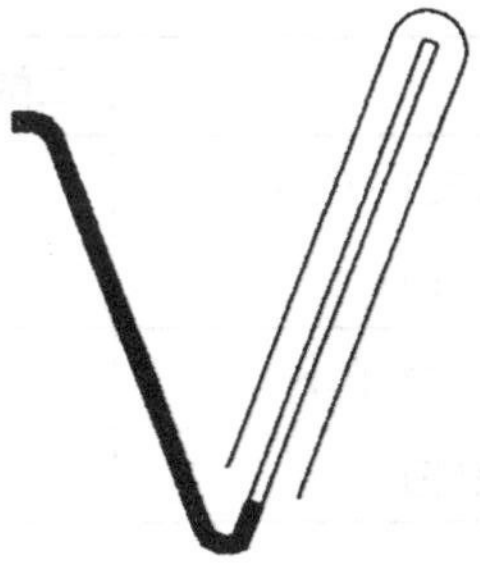

ウ
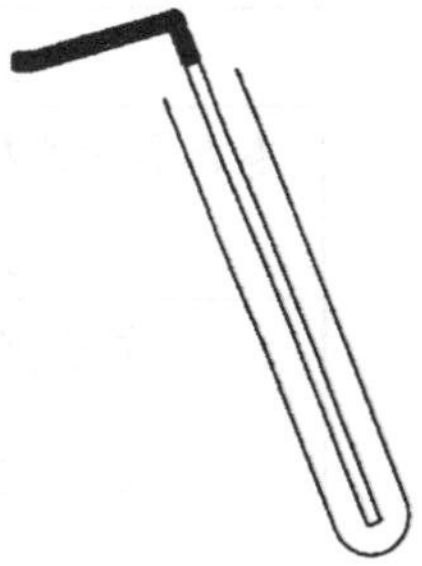

③　発生した気体が二酸化炭素であることを確認する方法を，結果を含めて説明しなさい。

(3)　A君は教科書を参考にして，二酸化炭素を発生・捕集する実験を行いました。固体Xの量を変えながら100 cm³の液体Yと反応させたところ，発生した二酸化炭素の体積が下の表のようになりました。

固体Xの重さ〔g〕	2	4	6	8	10
発生した二酸化炭素の体積〔cm³〕	440	880	1320	1760	2200

①　上の表をもとにして，用いた固体Xの重さと発生した二酸化炭素の体積との関係を表すグラフをかきなさい。なお，表の値は「•」で表すこと。

②　二酸化炭素を1000 cm³発生させるために必要な固体Xは何gですか。割り切れない場合は，小数第２位を四捨五入して，小数第１位まで答えなさい。

(4)　文中の下線部について，水槽に追加した二酸化炭素は植物の成長に使われます。植物が二酸化炭素を取り込んで，光を利用して成長に必要な物質をつくるはたらきを何といいますか。

3
続き

(4) A (Man)： I want to visit Australia. I love kangaroos and koalas.
B (Woman)： I like pandas, so I want to go to China.
Question: Where does the man want to go?

(5) A: Hello. How many people in your group?
B: Three.
A: Come with me. OK. Here's a table and this is the menu.
Question: Where are they?

(6) A: We have 8 players now, so we need one more player. Can you play with us?
B: OK. I'm good at throwing a ball and hitting with a bat.
Question: What sport are they talking about?

Listen again. ((1)～(6)繰り返し)

4

第４問。説明の後に質問と４つの選択肢が読まれます。質問に対する答えとして最も適切なものを１，２，３，４の中から１つ選びなさい。**説明，質問，選択肢は２度読まれます。**
では、始めます。

(1) It's a fruit. Its color is yellow. It tastes sweet.
Question: What is it?
1. A banana. 2. A lemon. 3. Grapes. 4. A strawberry.

(2) I see a lot of sick people every day. I always wear a white coat when I see them.
Question: Who am I?
1. A teacher. 2. A scientist. 3. A vet. 4. A doctor.

(3) I can go to many famous temples and shrines here. It was the old capital of Japan.
Question: Where am I?
1. Fukuoka. 2. Tokyo. 3. Kyoto. 4. Nagoya.

Listen again. ((1)～(3)繰り返し)

5

第５問。会話の後に質問と４つの選択肢が読まれます。質問に対する答えとして最も適切なものを１，２，３，４の中から１つ選びなさい。**会話，質問，選択肢は２度読まれます。**では、始めます。

(1) A: Let's have some sushi.
B: Oh, I don't like fish.
A: OK, so what about pizza instead?
B: Sounds good.
Question: They ate pizza. Why?
1. Because he doesn't like fish.
2. Because he doesn't like pizza.
3. Because he ate sushi yesterday.
4. Because he ate pizza yesterday.

(2) A: Mom, I need two pens and an eraser.
B: How much money do you need?
A: A pen is 200 yen and an eraser is 100 yen.
Question: How much money does he need?
1. 300 yen. 2. 500 yen.
3. 700 yen. 4. 1,000 yen.

(3) A: You are late.
B: Sorry. I usually come to school by bicycle, but I took a bus this morning.
A: Why?
B: Because it is rainy today.
Question: How did she come to school this morning?
1. By bicycle. 2. By car.
3. By bus. 4. On foot.

Listen again. ((1)～(3)繰り返し)

説明

以上でリスニング問題は終了です。
引き続き，第６問から第８問の筆記問題を解きなさい。

※音声は収録しておりません

令和４年度　入試試験問題　英語　リスニング問題　スクリプト

説明

これから，英語リスニング問題を始めます。問題用紙の４の１を見なさい。第１問から第５問はリスニング問題です。音声を聞いて問題に答えなさい。放送中，メモをとっても構いません。

1

第１問。それぞれ３つの説明文を聞き，写真の内容を最もよく説明しているものを１，２，３の中から１つ選びなさい。説明文は１度だけ読まれます。では、始めます。

(1)
1. This is a bird.
2. This is a penguin.
3. This is an elephant.

(2)
1. This is a police station.
2. This is a library.
3. This is a post office.

(3)
1. They are at the station.
2. They are in the hospital.
3. They are at the airport.

(4)
1. She is walking with her dog.
2. She is drinking orange juice.
3. She is running in the park.

(5)
1. The woman is playing the piano.
2. The woman is singing a song.
3. The woman is talking with her friend.

2

第２問。イラストを参考にしながら英文を聞き，最も適切な応答を１，２，３の中から１つ選びなさい。英文と応答は１度だけ読まれます。では、始めます。

(1) I went skiing in Hokkaido last winter.
1. Sure.
2. I like it.
3. How nice!

2 続き

(2) Shall we eat a big steak for dinner?
1. Yes, let's.
2. Thank you.
3. It's delicious.

(3) Do you know the boy with the cap?
1. I see.
2. No, he doesn't.
3. Yes, he's my friend.

(4) What time do you usually get up?
1. At school.
2. At 6:30.
3. I use 5 books.

(5) How long do you study every day?
1. For 2 hours.
2. It's 4 meters.
3. I'm fine.

(6) Is this your pencil case?
1. Here you are.
2. Yes, it's mine.
3. See you.

3

第３問。会話の後に質問が読まれます。質問に対する答えとして最も適切なものを１，２，３の中から１つ選びなさい。会話と質問は２度読まれます。では、始めます。

(1) A: Are you hungry?
B: Yes. I didn't have breakfast.
Question: Is she hungry now?

(2) A (Man) : My bus comes at 8:15 every day.
B (Woman) : Excuse me, but 8:15 or 8:50?
A (Man) : 8:15.
Question : What time does his bus come every day?

(3) A : Do you like science, Tom?
B : No, I like Japanese.
Question : What does Tom like?

6 （　　）内に入る語として最も適切なものを 1，2，3，4 の中から１つ選びなさい。

(1) Christmas is on (　　　　) 25.
1. September　　2. November　　3. December　　4. October

(2) I feel cold. (　　　　) the window, please.
1. Watch　　2. Close　　3. Clean　　4. Break

(3) You can see snow in (　　　　).
1. spring　　2. summer　　3. autumn　　4. winter

(4) A: (　　　　) is your grandmother?
B: She's OK.
1. How　　2. What　　3. Why　　4. Who

7 次の日本文に合うように，［　］内の語（句）や記号を並べかえて英文を完成しなさい。

(1) 今日の宿題について質問があります。
I ［ about / a question / have / today's homework / . ］

(2) あなたは将来何になりたいですか。
What ［ be / do / in the future / want to / you / ? ］

8 あなたは地図を持って駅を背にして★印のところにいます。車いすテニスの会場に行きたいＡさんから，英語で道をたずねられました。Ａさんが目的地に行き着くように，道案内をしなさい。ただし，手順 ① ～ ③ のそれぞれから，適切な選択肢《せんたくし》を順に１つずつ選ぶこと。

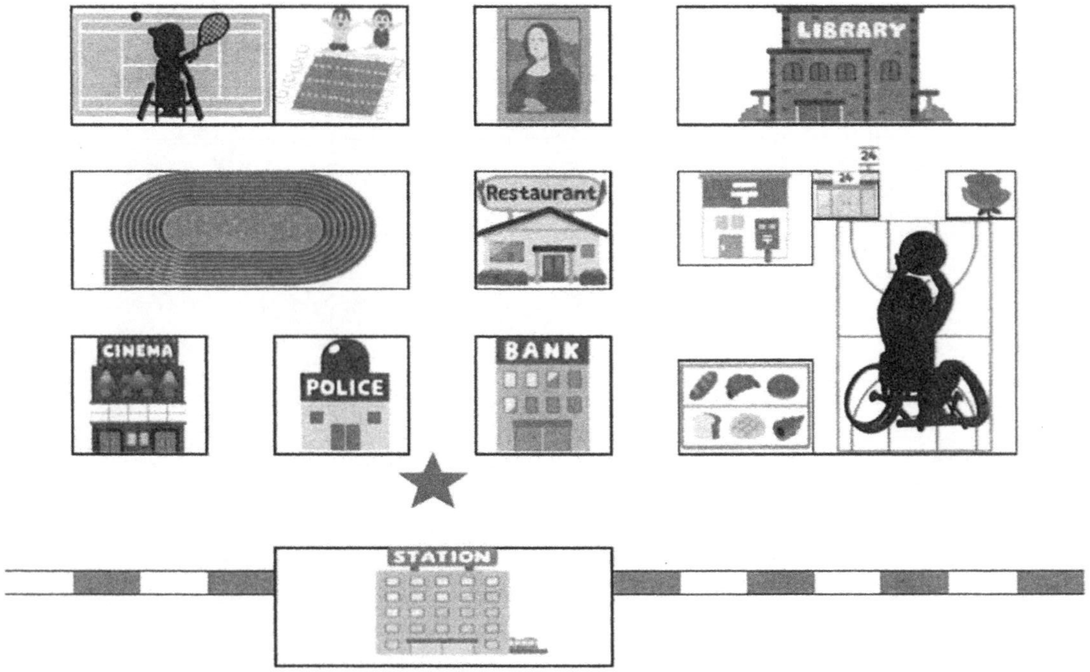

【 手順 ① 】 ア. Go straight and turn left at the first corner.
イ. Go straight and turn left at the second corner.

【 手順 ② 】 ア. Walk along the street, and you'll find it on your left.
イ. Walk along the street, and you'll find it on your right.

【 手順 ③ 】 ア. It is next to the swimming pool.
イ. It is next to the museum.

3　会話の後に質問が読まれます。質問に対する答えとして最も適切なものを１，２，３の中から１つ選びなさい。**会話と質問は２度読まれます。**

(1) 1. Yes, she does.
2. Yes, she is.
3. No, she isn't.

(2) 1. 8:05.
2. 8:15.
3. 8:50.

(3) 1. English.
2. Science.
3. Japanese.

(4) 1. Australia.
2. India.
3. China.

(5) 1. In a restaurant.
2. In an amusement park.
3. In a supermarket.

(6) 1. Soccer.
2. Baseball.
3. Volleyball.

4　説明の後に質問と４つの選択肢《せんたくし》が読まれます。質問に対する答えとして最も適切なものを１，２，３，４の中から１つ選びなさい。**説明，質問，選択肢は２度読まれます。**

(1)　1　・　2　・　3　・　4

(2)　1　・　2　・　3　・　4

(3)　1　・　2　・　3　・　4

5　会話の後に質問と４つの選択肢《せんたくし》が読まれます。質問に対する答えとして最も適切なものを１，２，３，４の中から１つ選びなさい。**会話，質問，選択肢は２度読まれます。**

(1)　1　・　2　・　3　・　4

(2)　1　・　2　・　3　・　4

(3)　1　・　2　・　3　・　4

以上でリスニング問題は終《しゅう》了《りょう》です。引き続き6から8の筆記問題を解きなさい。

1から5はリスニング問題です。音声を聞いて問題に答えなさい。放送中，メモをとっても構いません。6から8は筆記問題です。

(25分)

※音声は収録しておりません

1　それぞれ３つの説明文を聞き，写真の内容を最もよく説明しているものを１，２，３の中から１つ選びなさい。**説明文は１度だけ読まれます**。

(1)

１・２・３

(2)

１・２・３

(3)

１・２・３

(4)

１・２・３

(5)

１・２・３

2　イラストを参考にしながら英文を聞き，最も適切な応答を１，２，３の中から１つ選びなさい。**英文と応答は１度だけ読まれます**。

(1)

１・２・３

(2)

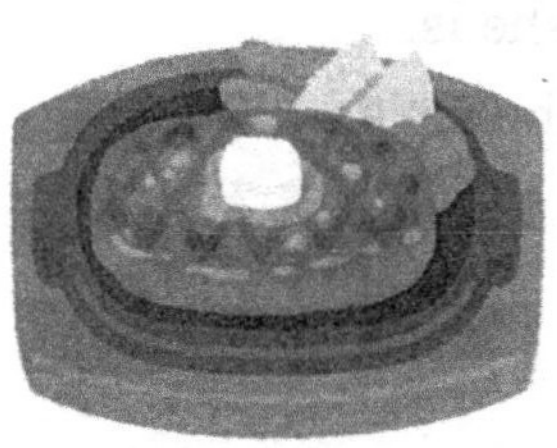

１・２・３

(3)

１・２・３

(4)

１・２・３

(5)

１・２・３

(6)

１・２・３

4　図１のように，底面が縦５cm，横６cm の長方形で高さが 10 cm である直方体の容器が床《ゆか》に置いてあります。この容器がいっぱいになるまで水を入れました。

このとき，次の問いに答えなさい。ただし，容器の厚さは考えないものとします。

(1)　容器に入っている水の体積は何 cm^3 ですか。

図１

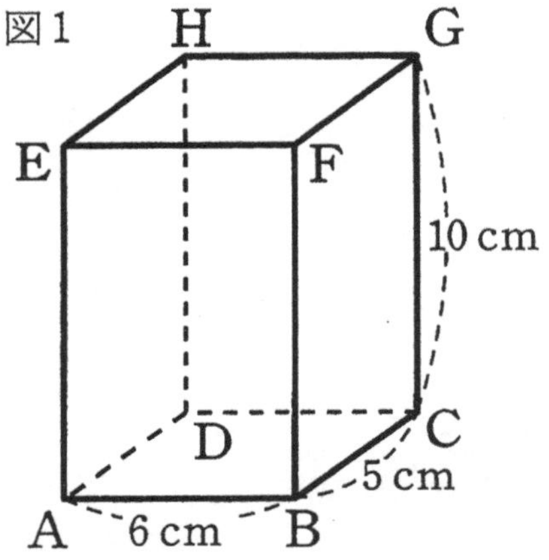

底面の辺 BC を床につけたまま容器を傾《かたむ》けると水がこぼれ，真正面から見ると図２のようになりました。

(2)　あの角の大きさが 45° のとき，容器に入っている水の体積は何 cm^3 ですか。

(3)　(2) の状態から，底面 ABCD を床につけました。さらに，辺 AB を床につけたまま容器を傾け，水がちょうど 50 cm^3 こぼれたところで止めました。

このとき，水面と［ア］が交わっており，その交点を I とすると，辺 IC の長さは［イ］cm です。

①［ア］にあてはまるものを次の［　］の中から１つ選び，答えなさい。

［　辺 GC　　辺 BC　］

②［イ］にあてはまる数を答えなさい。

図２

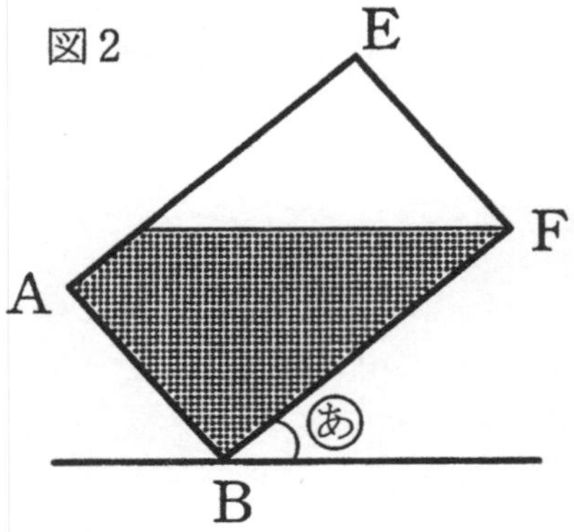

5　記号○は６を表しています。いくつかの○を縦，横に並べて数を表すこととします。

たとえば，

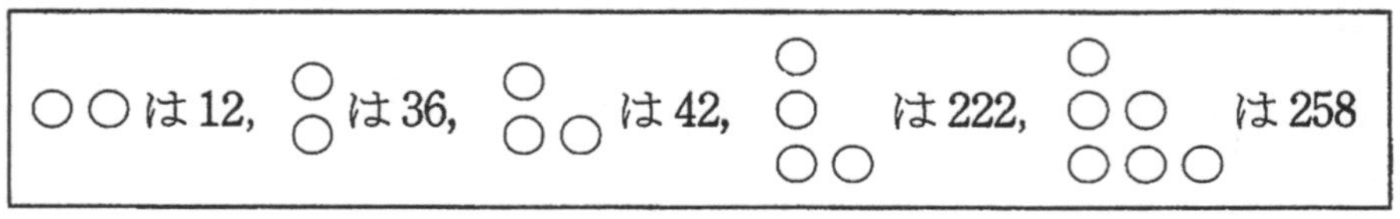

を表します。

さらに，いくつかの○に記号｜を組み合わせると，

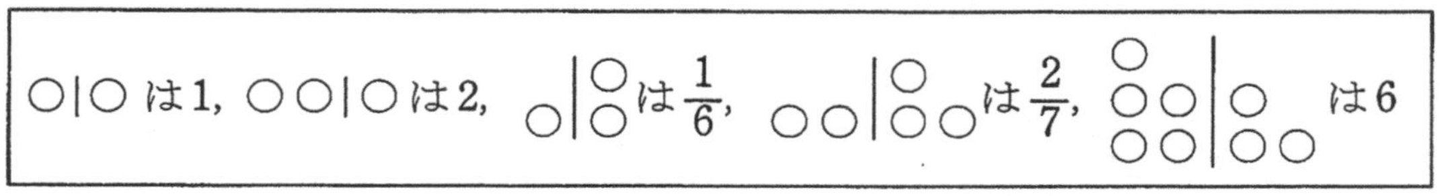

を表します。

ただし，記号｜は両端《たん》には並べないものとします。このとき，次の問いに答えなさい。

(1)　①

が表している数を答えなさい。

②

が表している数を答えなさい。

(2)　５個の○をすべて使って表すことができる数のうち，小さい方から３番目の数を求めなさい。

(3)　５個の○と１個の記号｜をすべて使って表すことができる数のうち，１より大きく４より小さい数をすべて求めなさい。

3　ある学校の６年Ａ組，Ｂ組，Ｃ組，Ｄ組で，各組の児童の通学時間をそれぞれ調べました。
下の表１は，Ａ組の児童20人の通学時間を，値の小さい順に並べたものです。このとき，次の問いに答えなさい。

表１

11	14	15	17	17	19	19	19	20	20	21	23	24	24	24	24	27	28	29	33	(分)

(1) Ａ組の通学時間の中央値と最頻《ひん》値を求めなさい。

右の表２は，各組の人数，通学時間の平均値，中央値をまとめたものです。

(2) Ｃ組とＤ組をあわせた35人の通学時間の平均値を求めなさい。

表２

組	人数(人)	平均値(分)	中央値(分)
A	20	21.4	
B	20	22.5	21.5
C	20	21.5	22.5
D	15	20.8	19

各組の通学時間をヒストグラムに表すと，下の（ア）～（エ）のようになりました。
例えば,（ア）のヒストグラムでは，14分以上18分未満の児童は２人とわかります。

（ア）

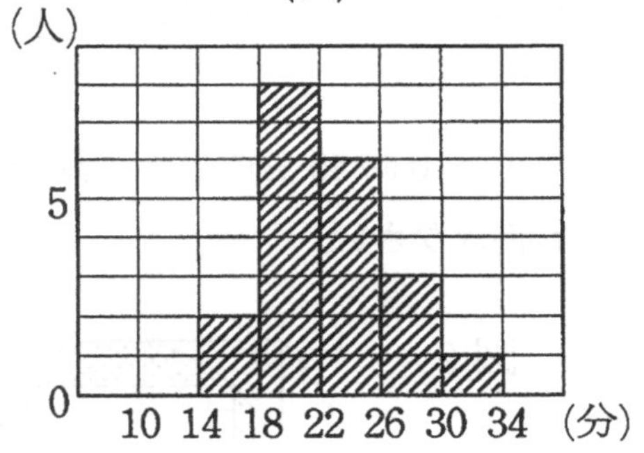

（イ）

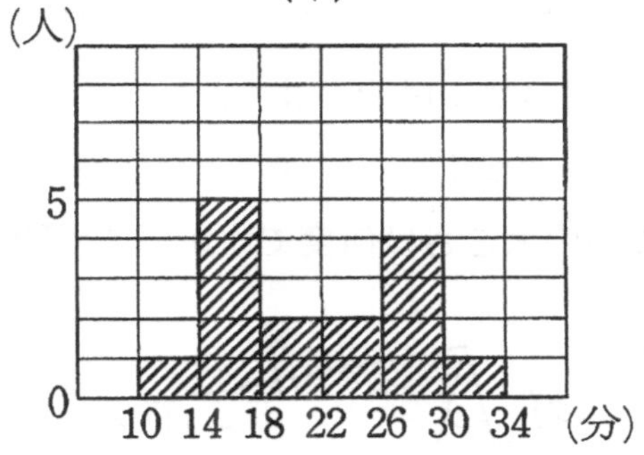

（ウ）

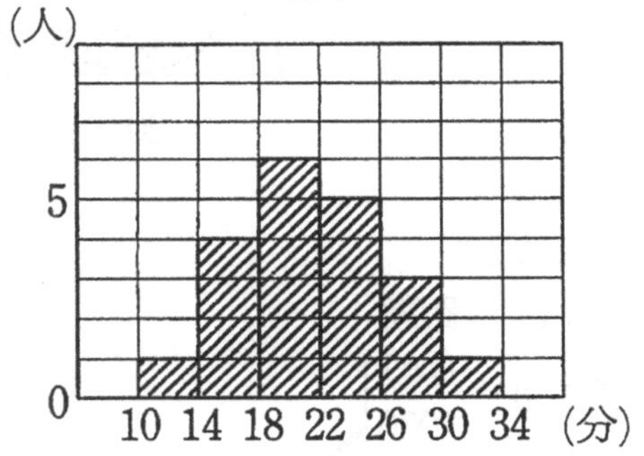

（エ）

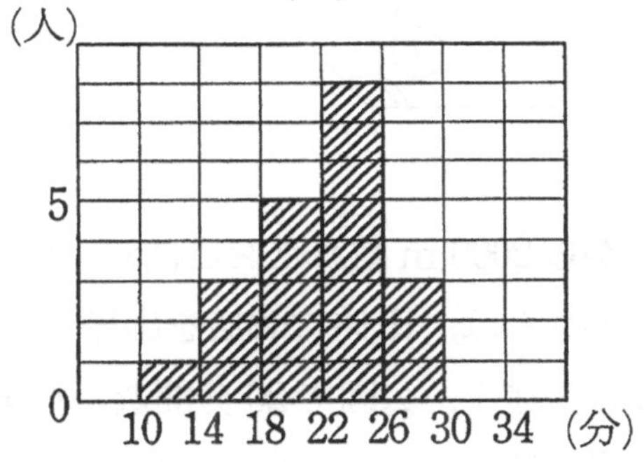

(3) Ａ組のヒストグラムを（ア）～（エ）から１つ選び，記号で答えなさい。

(4) Ｂ組のヒストグラムを（ア）～（エ）から１つ選び，記号で答えなさい。

(5) Ｄ組15人の児童の通学時間を小さい順に並べると，７番目と８番目の通学時間の差は１分でした。
Ｄ組に新しく転校してきた児童が１人いたので，この児童の通学時間を調べたところ，13分でした。
この児童を含めたＤ組16人の通学時間の中央値を求めなさい。

（50分）

1　次の(1)～(9)の□の中にあてはまる数を答え，(10)は問いに答えなさい。

(1) $(50-6\times2)-12\div2=$ □

(2) $45-15\div\frac{3}{5}=$ □

(3) $(\square+4.9)\times5=37$

(4) 定価3000円の商品が，定価の20％引きで売られているとき，この商品の売価は□円です。

(5) 1，2，3，4の4枚のカードのうち，3枚を並べて3桁《けた》の整数をつくります。

このとき，できる整数は全部で□個です。

(6) ある学校の6年生は60人，5年生は84人です。6年生，5年生がそれぞれ同じ人数に分かれて6年生，5年生が混ざった班をつくります。余る人が出ないように，できるだけ多くの班をつくると，□班できます。

(7)

x	2	6
y	12	ア

左の表はxとyの関係を表したものです。yがxに比例するとき，アに入る数は ① で，yがxに反比例するとき，アに入る数は ② です。

(8) 図1は，2つの二等辺三角形の等しい辺どうしを重ねたものです。㋐の角の大きさは□度です。

(9) 図2は，円と2つの正方形を組み合わせた図形です。▒部分の面積は□cm^2です。

ただし，円周率は3.14とします。

(10) 時計の長針と短針は，どちらも一定の速さで動いています。10時45分のとき，長針と短針のつくる角のうち，小さい方の角の大きさは何度ですか。この問題は考え方も書きなさい。

図1

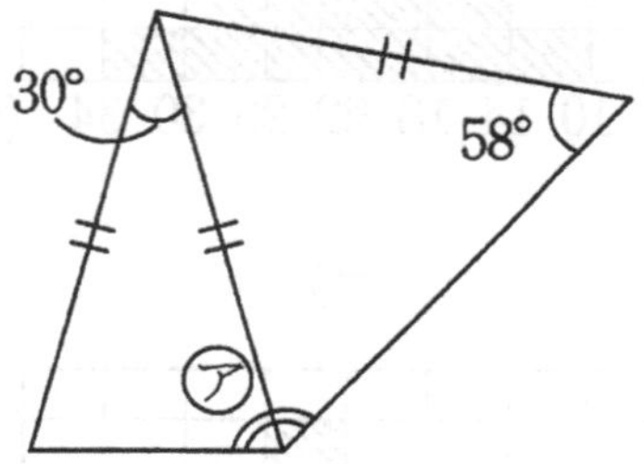

図2

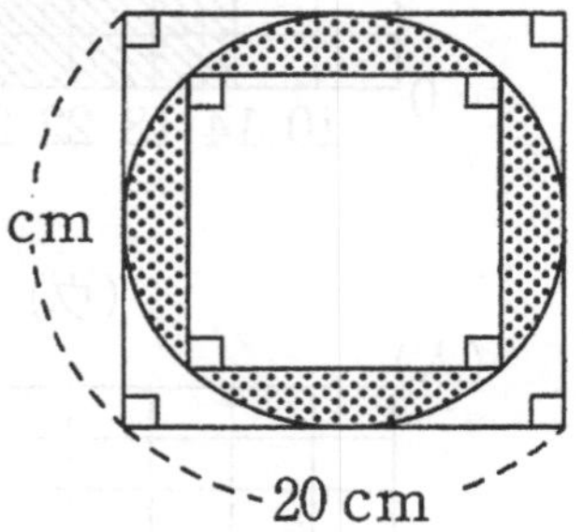

2　学さんは，家から2000 m離《はな》れたお店におつかいに行きました。買い物を終えた学さんは，15時にお店を出発し，家に向かって一定の速さで歩き，途《と》中，公園で20分間遊んだ後，再び家に向かって先ほどと同じ速さで歩きました。学さんの帰りが遅いので，心配したお父さんが，15時30分に家を出発し，分速70 mで迎《むか》えに行きました。

右のグラフは，その時刻における学さんとお父さんの家からの距離《きょり》を表しています。このとき，次の問いに答えなさい。

(1) 学さんが歩いているときの速さは，分速何mですか。

(2) 学さんが再び家に向かって歩き始めたとき，お父さんは家から何mの地点にいますか。

(3) 学さんとお父さんが出会うのは，15時何分何秒ですか。

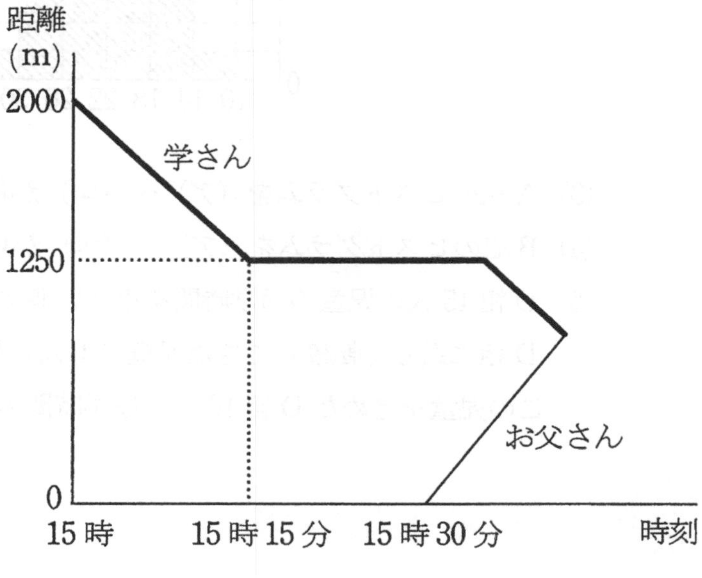

五　傍線部④「一瞬ムッとして、それから林田はどきっとした」とありますが、

(1)「一瞬ムッと」したのはなぜですか。三十字以内で説明しなさい。

(2)「どきっとした」のはなぜですか。四十字以内で説明しなさい。

六　傍線部⑤「そっと手をあてた」とありますが、この行為《い》から園長のどのような思いが読みとれますか。その説明として最も適切なものを次から選び、記号で答えなさい。

ア　林田先生に寄り添《そ》って、保育の仕事に対するプライドを取り戻してほしいという思い。

イ　林田先生を温かく励《はげ》まして、風汰くんのよいところに目を向けてほしいという思い。

ウ　林田先生の風汰に対する怒《いか》りをしずめ、なんとか冷静になってほしいという思い。

エ　林田先生が職場体験に否定的であることに賛同しつつも、協力はしてほしいという思い。

七　（　Ｘ　）に入る言葉として最も適切なものを次から選び、記号で答えなさい。

ア　つまり　　イ　だから　　ウ　さて　　エ　でも

八　傍線部⑥「林田は唇に指をあてた」とありますが、その理由として最も適切なものを次から選び、記号で答えなさい。

ア　園長がおもしろい子だとほめていたので、風汰のおもしろさを観察してみたくなり、園児たちと風汰との会話がよく聞こえるように自分の声をおさえようと思ったから。

イ　職業体験で仕事をさぼってばかりいた風汰の悪い影響《えいきょう》を受けて、騒《さわ》いでいる子どもたちの声が廊下に響《ひび》いていたので、静かにさせようと思ったから。

ウ　風汰があまりにだらしなく、仕事もきちんとできないうえに、慕《した》ってくる園児たちに冷たい言葉を言っていることに対して、戒《いまし》めようと思ったから。

エ　園児に対してぞんざいな口をきく風汰を注意しようとしたが、風汰が園児たちの心をつかんで楽しそうにしている雰《ふん》囲気を壊《こわ》したくなくて、注意はしないでおこうと思ったから。

【三】次の問いに答えなさい。

一　次の①～⑤の傍《ぼう》線部の読みを書き、⑥～⑮の傍線部のカタカナを漢字に直しなさい。必要ならば送りがなを書くこと。

①部屋を密閉しないようにする。　②友の安否を気づかう。　③初日の出を拝む。
④有名人の直筆のサイン。　⑤気高い心の持ち主。　⑥新しい提案をケントウする。
⑦ビルのカイシュウ工事。　⑧アメリカの農業はキボが大きい。　⑨県知事にシュウニンする。
⑩水は大切なシゲンである。　⑪見物人をミチビク。　⑫祝勝会にショウタイされる。
⑬敵をシリゾケル。　⑭ヨウイに解ける問題ではない。　⑮風がフタタビ強くなる。

二　次の四字熟語の空欄《らん》に当てはまる漢字を答えなさい。

①意気□合　②□明正大　③前代未□　④完全□欠　⑤心□一転

事で引き受けてくれるから、つい今回も甘《あま》えちゃってね」

なにも自分だって好きで引き受けているわけではない。林田は小さく息をついて園長を見た。

「職場体験って、子どもたちのためになるんでしょうか」

えっ？　と園長が首をひねる。

「本当に保育園に興味とか関心を持って来ているならいいんですけど、そうは見えなくて。なんていうか……、保育園が、学校側の都合につきあわされているだけなんじゃ」

「まあ、そういう子もいるかもしれないけどね」

園長はくすりと笑った。

「でも、それでもいいと思うのよ」

「えっ？」

「だって、人と人が出会って、そこからなにも得るものがないなんてことはないでしょ。子どもたちにとっても、体験に来る中学生にとっても、③それにわたしたちだって」

そう言って歩き出して、事務室の前で立ち止まった。「ほら」と、園長が指さすほうに目を動かすと、事務室のソファーの上で、中学生が※爆睡《ばくすい》していた。④一瞬《しゅん》ムッとして、それから林田はどきっとした。

爆睡中の中学生の膝に頭をのせて、しおん君が眠っている。

しおん君は去年転園してきてから、一度も保育園で眠ったことがない。

「斗羽風汰君、おもしろい子ね」

園長は林田の背中に、⑤そっと手をあてた。

「お疲《つか》れさま。じゃあ、今日はこれで※あがって」

「はいっ！」

昼寝が終わり、おやつの片付けが済んだところで林田が言うと、風汰は今日一番の笑顔で、一番の返事をした。

「きみって、人をいらつかせる趣《しゅ》味でもある？」

「へっ？　オレ趣味ってないっすよ」

「……あっそ。もういいから。お疲れ」

「※あざ〜す」

風汰は右手でだらしなく敬礼すると、前髪《がみ》をぴょこぴょこさせながら、足取り軽くきりん組を出ていった。廊下から「あー、ふうたくんかえっちゃうの？」「もーすこしいてー」と、甘えるような子どもの声と、「やーだね」という斗羽風汰の声が聞こえる。

あいつ、子どもたちになんて言いかたを……、と廊下に顔を出すと、子どもたちが風汰にまとわりついていた。

なんだろう、楽しそう。

ふざけた髪型も、だらしない返事も態度も、アホさ加減も、これまで来た中学生の中で群を抜《ぬ》いている。

（　Ｘ　）、子どもたちはあの子を受け入れている。

子どもは、好き嫌《きら》いに関しては驚くほど敏《びん》感で、正直だ。

あの子は、子どもたちに好かれている。

――斗羽風汰君、おもしろい子ね。

園長の言葉を思い出して、⑥林田は唇《くちびる》に指をあてた。

（いとうみく『天使のにもつ』より）

（注）※カンチョー…子どもの悪ふざけの一つ。　※爆睡…ぐっすり寝ていること。

※あがる…仕事を終えること。　※あざ〜す…「ありがとうございます」のくだけた表現。

一　二重傍《ぼう》線部Ⅰ「すごむ」、Ⅱ「二つ返事」の意味として最も適切なものを次から選び、それぞれ記号で答えなさい。

Ⅰ　すごむ

ア　冷たく話す　　イ　脅《おど》し口調で話す　　ウ　にらみつける　　エ　偉《えら》そうに話す

Ⅱ　二つ返事

ア　いやがった返事　　イ　悪態をついた返事　　ウ　快く引き受ける返事　　エ　喜びに満ちあふれた返事

二　傍線部①「風汰はあいまいにうなずいた」のあと、風汰がしおん君について思いを巡《めぐ》らす場面に変わります。その場面から傍線部①に続く場面に戻るのは、波線部ａ〜ｄのどこですか。最も適切なものを選び、記号で答えなさい。

三　傍線部②「手をばたつかせる」とありますが、ここから読み取ることができる心情として最も適切なものを次から選び、記号で答えなさい。

ア　なんとかして断りたい　　イ　うれしくてたまらない

ウ　恥ずかしくてしかたがない　　エ　わがままを言って困らせたい

四　傍線部③「それにわたしたちだって」とありますが、この後に省略されていると考えられる言葉を十字以内で答えなさい。

※（８の７）につづきます。

【二】次の文章を読んで、後の問いに答えなさい。

中学二年生の斗《と》羽《ば》風《ふう》汰《た》は子どもと遊べて一番楽そうだからという理由で、エンジェル保育園に職場体験に来ていた。風汰を担当する保育士の林田《はやしだ》と共に午前中の業務を終え、お昼寝《ね》の時間になった。風汰は子どもを寝かしつけている間に、いつの間にか寝てしまっていた。

「ちょっと、ちょっと」
目を開けると、林田の顔があった。
「わっ」
「きみが寝てどうするのよ」
林田が小声でⅠすごむ。
「寝てないっす」
「ふうたくん、いびきかいてたよ」
隣《となり》でかほちゃんが、あっさり言った。
林田の冷ややかな視線が痛い。
「もういいから、事務室に行ってなさい」
追い出されるようにしてホールを出たところで、風汰は大きくため息をついた。間違《ちが》いなく、これまでの人生で一番働いた。こんな生活、五日間も耐《た》えられる自信がない。
今日、何度目かのため息をつきながら事務室に入っていくと、園長が子どもを膝《ひざ》に抱《だ》いて絵本を読んでいた。
きりん組の、しおん君だった。
「あら、もうみんな寝たの？」
「まだっす」
園長は「そう」とだけ言って、膝の上のしおん君に視線を戻《もど》した。
「――それからけんたくんは、くまたくんとなかよくおむすびを食べました。おしまい」
しおん君は絵本を持って、園長の膝から飛び降りた。上目遣《づか》いで風汰を見上げる。
「おっす」
風汰が言うと、しおん君はうれしそうにからだを揺《ゆ》らして、廊《ろう》下へ出ていった。
「昼寝しないんすか？　しおん君」
風汰が言うと園長は少し驚《おどろ》いた顔をした。
「名前、覚えてくれているのね」
園長に言われて、①風汰はあいまいにうなずいた。
半日で唯《ゆい》一名前を覚えたのが、しおん君だった。しおん君は友だちがいないのか、単に年上好きなのか、スニーカーを洗い終えたあとも、気づくと風汰のそばにいて、にこにこしていた。ほかの子と違って、叩《たた》いてきたり、いきなり飛びのってきたり、※カンチョーなんてこともしない。a目が合うと、恥《は》ずかしそうにそっと手を握《にぎ》ってくるくらいだ。それで、ほかの子が来ると自分から手を離《はな》してどこかへ行き、また風汰の周りに人がいなくなるとやってくる。「またおまえかよ」と風汰が言うと、うれしそうに笑う。それからちょっとだけ話をする。「しおんね、ブランコこげるよ」。ほんの少しだけ得意そうに言うしおん君に、「すげーじゃん。オレもできる」と風汰が応《こた》えると頬《ほお》を赤くして、こくんとうなずいた。
こんなことを、b何度か繰《く》り返《かえ》していた。
「cしおん君」
園長が顔の横で右手を動かした。しおん君は照れたように笑い、新しく持ってきた絵本を風汰に差し出した。園長はあらあらと言いながら、「ここどうぞ」と、ソファーから腰《こし》を上げた。
dしおん君が風汰のジャージを引っぱる。
「よんで」
「オレ？　え、これ読むの？」
しおん君はソファーにぽんと座《すわ》った。
「ムリムリ、オレ、国語苦手だし、音読好きくねーし」
風汰が②手をばたつかせると、「音読と読み聞かせは別物だから」と、園長は風汰の背中を押《お》した。
「これも職場体験の一環《かん》。はい、がんばって」
そう言って事務室を出ていった。
しおん君はソファーにすっぽりおさまって、風汰を見上げている。仕方なく隣に腰掛《か》けて、風汰は絵本を開いた。

園長は事務室を出ると園内を一周してホールへ向かった。一時過ぎから二時半頃《ごろ》までは、園舎も園庭も全部が眠《ねむ》っているように静かになる。ホールの戸をそっと開いて、カーテンをめくると、もうほとんどの子が眠っていた。
「林田先生」
小声で呼ぶと、布団《とん》の上に座っている林田が顔を上げた。
「ポン先生、かほちゃんお願い」
林田は、ポン先生が親指と人差し指でオッケーを作るのを見て、立ち上がった。
「ごめんなさいね。大丈夫《だいじょうぶ》？」
林田が出てくると、園長はそう言って歩き出した。
「もうほとんど寝ていますから」
保育中、こんなふうに園長が呼び出すのは珍《めずら》しい。思いあたることと言えば、あの中学生のことくらいだ。
「斗羽君のことだけど」
図星だ。
「担当、お願いしちゃってごめんなさいね」
「いえ、誰《だれ》かがやらなければいけませんから」
林田が言うと、園長は笑顔《え》になった。「職場体験の子を受け入れるのってけっこう大変でしょ。みんな、できれば他の人にお願いしたいって言うの。林田先生は、いつもⅡ二つ返

七　次は本文を読んだ児童X～Zの会話です。これを読んで、後の問いに答えなさい。

児童X　ねえ、これを見て。この前ネットニュースで見つけた記事よ。
児童Y　え、宇宙人がいたんだ。国家機密って書いてある。不安だわ。
児童X　宇宙には地球に似た星がたくさんあるから、宇宙人がいてもおかしくないって書いてあるわ。宇宙人の解剖もしているわね。ＤＮＡ鑑《かん》定で地球上には存在しない生物だと科学的根拠《きょ》がしっかりしているわ。
児童Y　地球を征《せい》服しようと思っているのかも知れないわ。地球の科学を結集して対《たい》抗しなきゃ。
児童Z　でも科学的に筋が通って論理的に正しければ、宇宙人がいると言えるのかしら。
児童X　ええ、私が嘘《うそ》をついているとでも？
児童Z　科学的に論理が通っているなら、ないものだって存在することになるんだよ。つまり、存在が確認《にん》されていなくても、科学理論があって、それによって形作られる世界もあるんだよ。
児童Y　それって、本文に出てくる（　Ⅰ　）や（　Ⅱ　）のことね。
児童X　なるほど、存在しなくても存在することになるんだね。じゃあどうしたら、見極《きわ》められるのかしら。

⑴　（　Ⅰ　）・（　Ⅱ　）に入る言葉として最も適切なものを次から選び、それぞれ記号で答えなさい。
ア　昆虫が獲物を捕《つか》まえる方法にはパターンがある例
イ　今は消滅した群島に鼻で歩く生き物がいた例
ウ　幽霊が存在することになる例
エ　動物にも推察や理屈が存在する例

⑵　もし児童たちの会話を筆者が聞いたとすると、最後に発言した児童Xの会話の後に筆者はどのようなことを発言すると考えられますか。四十字以内で答えなさい。

※（８の５）につづきます。

科学だけではつまらないでしょう？　知性というもの、それがあるということはどういうことか、そういう話をしたい。
それはやわらかで何ものにも縛《しば》られない。科学ではなく知性こそが、このいきもののほんとうの力だと思っている。

（日高敏隆『世界を、こんなふうに見てごらん』より、一部改変している。）

（注）※ハンティング…獲物をつかまえること。　※ノイズ…雑音、騒《そう》音。ここでは異質なものの意。
※カオス…秩《ちつ》序の認められない世界。　※理論生物学…理論的に生物を研究する学問。
※ハラルト・シュテュンプケ…六行前にある「ハラルト・シュテュンプケ」のこと。

一　本文中の波線部ａ「風潮」、ｂ「まあある」、ｃ「真に受けた」の意味として最も適切なものを次から選び、それぞれ記号で答えなさい。

ａ　風潮
ア　物事を行うときの仕方　イ　解決しなければならないことがら
ウ　その時代の世の中のなりゆき　エ　急激な勢いで流行すること

ｂ　まあある
ア　たまにある　イ　よくある　ウ　まったくない　エ　あまりない

ｃ　真に受けた
ア　本当のことと思い込んだ　イ　まじめに考えた
ウ　衝撃《しょうげき》を受けた　エ　怒《いか》りをおぼえた

二　傍《ぼう》線部①「これからの時代、～知らなければならない」とありますが、そのように言われているのは、背景にどのような考えがあるからですか。解答欄《らん》に合うように、本文中から二十五字以内で探し、抜《ぬ》き出して答えなさい。

三　（　１　）～（　３　）に入る言葉として最も適切なものを次から選び、それぞれ記号で答えなさい。
ア　たとえば　イ　でも　ウ　また　エ　では　オ　つまり

四　本文中の『鼻行類』の例は読者に何を伝えるためにあげられているのですか。その説明として最も適切なものを次から選び、記号で答えなさい。
ア　物事は理想通りにうまくいくことのほうがめずらしく、ノイズが入るのは普通だということ。
イ　今は消滅した群島に生息していたという、鼻で歩く奇妙な生き物がいたということ。
ウ　この世には筋道があり、その筋道を探るためには科学的にものを見ることが大切であること。
エ　人間は理屈にしたがって考えるので、理屈が通ると実証されなくても信じてしまうこと。

五　傍線部②「そうした遊びに足もとをすくわれたりもする」とありますが、

(1)　「足もとをすくわれる」の本文中での意味として最も適切なものを次から選び、記号で答えなさい。
ア　弱みを探され、つけ込まれる　イ　隙《すき》を突かれ、失敗させられる
ウ　共感され、助けてもらう　エ　軽蔑《べつ》され、恥《はじ》をかかされる

(2)　「そうした遊び」とはどのような遊びですか。それを説明した次の（Ⅰ）・（Ⅱ）に入る適切な言葉をそれぞれ答えなさい。ただし、（Ⅰ）は十字以内、（Ⅱ）は五字以内で答えること。

（　Ⅰ　）ものを、徹底的に理屈をこねることで（　Ⅱ　）という遊び。

六　次の文は本文から抜き出したものです。本文の〔Ａ〕～〔Ｄ〕のどこに戻すのが最も適切ですか。記号で答えなさい。

おかげで科学によって正しい世界が見えると信じ込む人間にならずにすんだ。

※（８の４）につづきます。

本来いない動物の話を、あたかもいるように理屈っぽく考えて示すと、人はそれにだまされる。

c真に受けた学生や大学教授もずいぶんいた。正式な問い合わせや標本貸出の依頼《いらい》もあったくらいだ。

そういう結果になるようなことを、なぜあなたは研究者としてやったのか。はじめからうそだとわかっているものをやるのは研究者としてよくないと、その当時ずいぶん怒《おこ》られた。

それに対してぼくはこう答えていた。人間はどんな意味であれ、きちんとした筋道がつくとそれを信じ込《こ》んでしまうということがおもしろかったので、そのことを笑ってやりたいと思って出したのです。わたしたちはこっけいな動物だということを示したかったのです、と。

すると今度は、あなたは人が悪いといわれた。

〔Ｂ〕

そもそも理屈は人間だけのものかというと、そうではない。

こうだからこうなるだろうという推測は動物もしている。

たとえばここにフンがあれば、それを残した動物がわかり、近くにその動物すなわち食いものがあるようだと推察する。どのくらいの理屈かということはあるけれど。

人間の場合は、筋さえつけば現実に存在してしまうというところまでいくのが特徴《ちょう》だ。

鼻行類は、徹《てっ》底的に理屈をこねるとほんとうに存在することになるという、よい例だろう。

著者は、よくぞここまでというくらい、いっしょうけんめい考えた。それは、遊びとしてすごくおもしろい遊びで、人間はその遊びがすごく好きなのだ。そしてときに②そうした遊びに足もとをすくわれたりもする。そういう動物はほかにいない。

そのことに気がついている人は、『機械の中の幽霊《ゆうれい》』（日高敏隆、長野《ながの》敬《けい》訳　ちくま学芸文庫）を書いたアーサー・ケストラーをはじめとして、昔からけっこういる。

ちゃんとした理屈に則っていると思えるような議論をすると、幽霊でも何でも存在すると証明できてしまう。

それをおもしろがるのはよいけれど、理屈にだまされることには気をつけなければ、と思った。そして次に、それで遊んでやろう、あるいは人を遊ばせてやろうと思った。

何が科学的かということとは別に、まず、人間は論理が通れば正しいと考えるほどバカであるという、そのことを知っていることが大事だと思う。

〔Ｃ〕

そこをカバーするには、自分の中に複数の視点を持つこと、ひとつのことを違った目で見られることではないかと思う。

一般の人は科学の目で、逆に科学者は一般の人の目でものを見ると、いつもとは別の見方が開けるだろう。誰《だれ》にとってもものごとを相対化して見ることは必要だ。

普通、我々は、科学的な目とは、あるパターンのものの見方だと思っている。日常、人々はいちいち科学的なパターンでものを見ないから、正しくないようにいわれるがそんなことはない。

正しく見えることと、ほんとうに正しいかどうかは関係ない。そう見れば見えるというだけの話だ。

まだ若手の研究者だったころから、ずいぶんそういう議論をしてきた。

相手は自分たちを進歩的だと思っている科学者の会だったりしたから、その人たちにはきっとどうしようもない人間だと思われていただろう。

しかしぼくは、科学もひとつのものの見方にすぎないと教えてくれるいくつかの書物に早く出会えて、ほんとうによかったと思っている。

〔Ｄ〕

〈中略〉

どんなものの見方も相対化して考えてごらんなさい。科学もそのうちのひとつの見方として。

自分の精神のよって立つところに、いっさい、これは絶対というところはないと思うと不安になるが、その不安の中で、もがきながら耐《た》えることが、これから生きていくことになるのではないかとぼくは思う。

近い将来、人類はほんとうに無重力空間に出ていく。

ならばその精神もまた同じように、絶対のよりどころのない状態をよしとできるように成長することが大切ではないだろうか。

それはとても不安定だけれど、それでこそ、生きていくことが楽しくなるのではないだろうか。

よって立つ地面はないということが、物理的な意味でも精神的な意味でもこれからの人間の最大のテーマなのだと思う。あるものに否《いや》応なくのっかり、それに頼《たよ》って生きていくのはこれまでの話、普通の話という気がする。

科学者として話をしてくださいとよく頼《たの》まれる。ぼくはずっとそれが不満だった。

※注意　字数が指定されている場合は、句読点・記号も一字として数えます。

【二】次の文章を読んで、後の問いに答えなさい。

①これからの時代、人類にとってよい未来を切り開いていくためには、科学者だけでなく、一般《ぱん》の人々も科学を知らなければならない。すべての人間が科学的でなくてはいけない。そんなふうにいわれる。

その発想は何も今に始まったものではなく、戦後からずっと続いてきたa風潮だと思う。子どもたちに科学的な見方・考え方を教育する運動というのも十年、二十年前からあった。

自分が研究者と呼ばれる者になり、ぼく自身、そうだ、ぼくは科学をやっているんだ、という気になったころ、ふと気がつくと世の中には、普《ふ》通の人も日常生活を科学的に考えなければというテレビ番組や新聞・雑誌の記事があふれていた。

「科学的に見ないとちゃんと正しくものが理解できない」

そういう意見を耳にしてぼくは疑問に思った。じゃあ、科学的に見ればちゃんとものがわかるというのは、ほんとうのことなんだろうか。そもそも科学というのはそんなにちゃんとしたものなんだろうか。そんなことをつい考えてしまったのだ。

それからは科学的といわれる態度をめぐってずいぶん議論した。

科学的にこうだと考えられるという話が、しばらくするとまったく間違《ちが》いだったということはよくある。

（　１　）、ある昆《こん》虫が非常に的確に行動しており、獲《え》物をつかまえるにはどこから近づいて、相手のどこを狙《ねら》えばいいかちゃんと知っていて、それを実行しているという。

実際にその様子を目撃《げき》すると確かにすごいなと思う。そのいきものにはそういう行動のパターンがあり、それに則《のっと》って※ハンティングしているという科学的説明がされ、実に納《なっ》得する。

（　２　）ほんとうにずっと観察していると、その説明ではダメな場合もたくさんあるということがわかってくる。

（　３　）人間の打ち立てた科学的説明とは、いったい何なのだ。そういうことを思うようになった。

自然界の事例をたくさん見れば、いきものが失敗することはbままある。科学的にこういう習性があるから、そのいきものの行動はこのように予想がつくと教わったが、どうもそううまくいかない場合がたくさんあるらしい。

ならば世の中に理屈《くっ》はないかというと、ないわけではない。

うまくいった場合は、なるほど、こうしたからうまくいったのかということがわかり、うまくいかない場合も、こうしたからまずかったのかということがわかる。

しかし、理屈がわかってもその通りにならないことはたくさんあって、よくわからなくなった。ほんとうにそういうものがあるのか。

こんな議論もした。絵を描《え》くときに、ある色を作り出そうとする。何色と何色を混ぜればその色ができるという理屈はわかっているから、それにしたがうと近い色が出てくる。でも近いだけでその色になるわけではない。

理想通りにうまくいくことのほうがめずらしいのであって、現実には※ノイズが入るのが普通ではないか。

つまりこの世はめちゃくちゃな※カオスというわけではなく、そこには何か筋道があるらしい。それを探《さぐ》るためには科学的にものを見ることが大切だ。それ以外に、ささやかな筋道すら見つける方法はないということだ。

となるとぼくには、今度は、科学的にものを見るとはどういうことかがわからなくなった。どういうことが科学的な手法なのか。

そのころぼくが手がけた翻《ほん》訳書のひとつに『鼻《び》行類』（ハラルト・シュテンプケ著　日高敏隆《ひだかとしたか》、羽田節子《はねだせつこ》訳　平凡《ぼん》社ライブラリー）という本がある。今は消滅《めっ》した群島に生息していたという、鼻で歩く奇妙《きみょう》ないきもののことを記述した本だ。

翻訳しているとき、周囲にはさんざんにいわれた。だいたいそんな動物はいない。そこに書いてある話はうそに決まっているじゃないかと。

ところがそこにはみごとな理屈があり、鼻行類という生物種がいて、その中でも肉食のもの、花に擬《ぎ》態するものなどさまざまに分かれていて、それぞれどうやって生きているかまで細かく書いてある。解剖《ぼう》図まである。

そういう、いわば※理論生物学ともいえる話を、※ハラルト・シュテンプケというドイツ人が考えた。

人間は理屈にしたがってものを考えるので、理屈が通ると実証されなくても信じてしまう。

実は人間の信じているものの大部分はそういうことではないだろうか。

いつもぼくが思っていたのは、科学的にものを見るということも、そういうたぐいのことで、そう信じているからそう思うだけなのではないかということだ。

〔　Ａ　〕

※50点満点
（配点非公表）

受験番号	

1

問1	1		2		3	
問2	火力		水力		地熱	
問3	茶		かんしょ		肉用牛	
問4						
問5						
問6						
問7	壇ノ浦		種子島		有田	
問8		問9		問10		
問11	1		2			
問12						
問13						

2

問1		問2	
問3			
問4	H		I
問5			

3

問1						
問2						
問3		問4	1		2	
問5		問6				
問7		問8				

4

問1		問2	ユニセフ		ユネスコ	
問3						
問4		問5				
問6				問7		

令和３年度

理　科

※50点満点
(配点非公表)

受験番号	

1

(1)		(2)			
(3)				(4)	
(5)	①	②		③　　匹	
(6)		(7)			

2

(1)					
(2)	①	②　液体：		固体：	
(3)		(4)		(5)	
(6)					
(7)		(8)			

3

(1)	①	②		③			
(2)	日の出	南中		日の入			
(3)		(4)		(5)		(6)	
(7)		(8)	月	日	時	分	

4

(1)	①	②			
(2)					
(3)	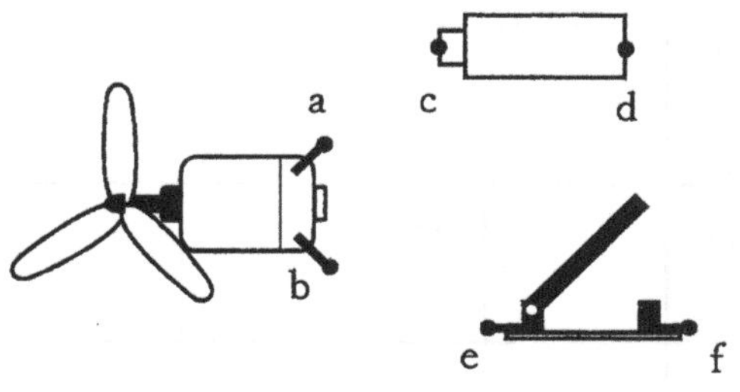	(4)	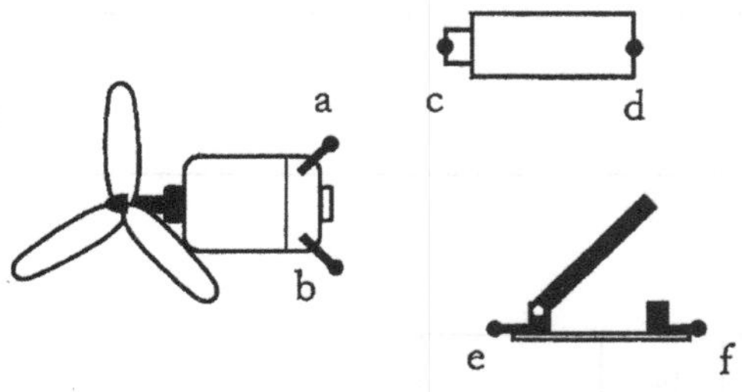		
(5)					
(6)	①	②	(7)		(8)

受験番号	

※100点満点
（配点非公表）

1

(1)	(2)	(3)	(4)	(5)	(6)
			g	試合	

(7)	(8)	(9)		(10)
		①	②	
度	cm^3	冊	冊	

(11)	
答	理由

2

(1)	(2)	(3)	
		３分の曲	５分の曲
分　　秒	曲	曲	曲

3

(1)	(2)	(3)	(4)
	回	秒	回

4

(1)	(2)	(3)
cm^2	個	個

5

(1)			(2)	(3)
①	②	③		
分間	℃	℃		m

令和三年度　国語

※100点満点
（配点非公表）

受験番号

【一】

一 A B

二 という成長。

三 1 2

四

五 a b c

六 姿勢。

【二】

① ② ③ ④ ⑤ ⑥ ⑦ ⑧ ⑨ ⑩ ⑪ ⑫ ⑬ ⑭ ⑮

【三】

一 A B C D

二

三 1 a b 2

四

五 〜

六

七

八

九

【四】

一

二

三

四

五

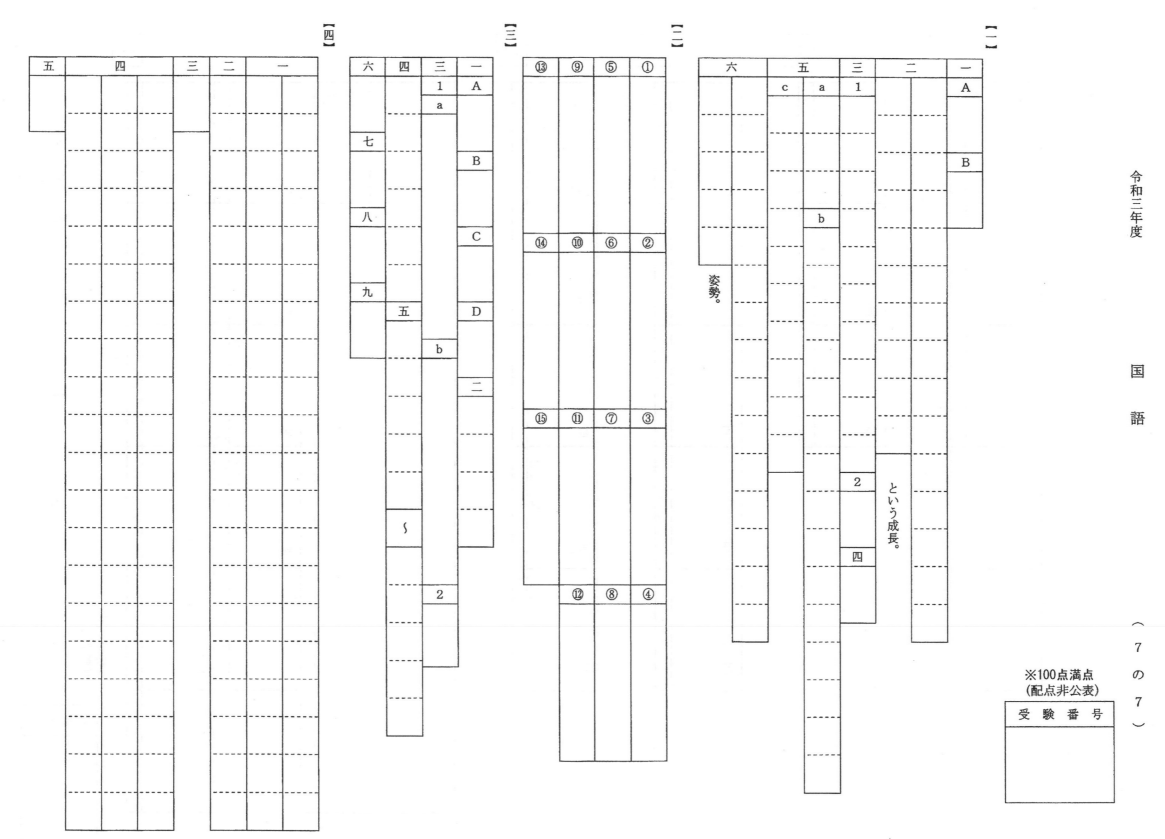

4　次の文章を読み，下の各問いに答えなさい。

　世界各国は第二次世界大戦で大きな被害を受け，国際平和機関の再建を強くのぞんだ。その中で設立されたのがアメリカに本部を置く国際連合である。国際連合の内部機関には，総会・①安全保障理事会・経済社会理事会・事務局・国際司法裁判所などの主要機関と，多くの②補助機関や専門機関（連携《けい》機関）があり，世界の平和と安定を守るうえで国際連合の果たす役割は大きい。特に，世界にはキリスト教や③イスラム教，仏教など多くの宗教に加え，多様な民族が存在しており，それらの間で起こる複雑な問題に対して，国際連合や諸機関が中立的な立場で介《かい》入することがのぞまれている。
　第二次世界大戦後の日本は，1951年のサンフランシスコ平和条約で国際社会に復帰し，主権を回復した。そして，国際連合に加盟した1950年代中ごろに，日本の経済水準はほぼ戦前並みまで回復し，④高度経済成長が始まった。高度経済成長は20年近く続き，日本の国内総生産（GDP）は約５倍に増えた。また技術革新が進み，重化学工業が発展した。
　その後，日本政府は政府開発援助（ODA）を通して国際社会で様々な貢献《こうけん》をしている。また民間でも国際社会に貢献する動きが活発化している。例えば，中村哲《てつ》医師はパキスタンの北部ペシャワールで医療《りょう》活動を行い，その隣《りん》国の［　X　］の難民に対しても医療活動を広げた。⑤この活動を支援《えん》する団体であるペシャワール会は，日本国内で募《ぼ》金活動や資金の調達を行い，国際的にもその活動は認められている。さらに，中村哲医師は多くの人々が飢《う》えや生命の危険にさらされていた［　X　］において，医療活動だけではなく，井戸の掘削《くっさく》や水路の建設が必要だと考え，実行した。

問１　下線部①について，安全保障理事会の常任理事国ではない国を，次のア～オから１つ選び，記号で答えなさい。
ア　アメリカ　　イ　中国　　ウ　日本　　エ　ロシア　　オ　イギリス

問２　下線部②について，次の文は国連の補助機関や専門機関（連携機関）の仕事内容を記したものである。ユニセフとユネスコの内容にあたる文として適切なものを，次のア～エからそれぞれ１つずつ選び，記号で答えなさい。
ア　世界の国々の教育・科学・文化の協力と交流を通じて，国際平和と人類の福祉《し》の促《そく》進を目指す。
イ　労働者の労働条件と生活水準の改善を目指す。
ウ　国家間の自由な貿易を促進させるためのルールを決め，国家どうしの交渉《しょう》を行う。
エ　すべての子どもの命と権利を守るため，世界中の人々に募金を呼びかけ，それをもとに支援を行う。

問３　下線部③について，右の図は「ハラル（ハラール）認証《にんしょう》マーク」と呼ばれるもので，日本でも見かけることが多くなった。「ハラル（ハラール）」とはアラビア語で「許されている」という意味であるが，イスラム教徒にとって，このマークはどのような意味があるか。簡単に説明しなさい。

（出典：日本アジアハラール協会）

問４　下線部③について，ほとんどの国民がイスラム教を信仰《こう》するサウジアラビアについて述べた次の文Ａ・Ｂの正誤の組み合わせとして適切なものを，次のア～エから１つ選び，記号で答えなさい。

Ａ　イスラム教徒がおとずれる聖地メッカがある。
Ｂ　イスラム教を国の宗教に定め，イスラム教の教えに基づいた暮らしをしている。

ア　Ａ－正　Ｂ－正　　イ　Ａ－正　Ｂ－誤　　ウ　Ａ－誤　Ｂ－正　　エ　Ａ－誤　Ｂ－誤

問５　下線部④について，この間に原子力発電が始まった。原子力発電は二酸化炭素があまり出ないなどの利点がある一方，放射性物質による環境・人的被害の危険性が指摘《てき》され，事故も発生している。日本や世界における原子力発電について述べた次の文Ａ・Ｂの正誤の組み合わせとして適切なものを，次のア～エから１つ選び，記号で答えなさい。

Ａ　日本では非核三原則のもと，原子力発電の廃《はい》止に取り組んでいる。
Ｂ　ウクライナのチェルノブイリで起こった原子力発電所の事故は，深刻な環境・人的被害を残した。

ア　Ａ－正　Ｂ－正　　イ　Ａ－正　Ｂ－誤　　ウ　Ａ－誤　Ｂ－正　　エ　Ａ－誤　Ｂ－誤

問６　下線部⑤について，中村哲医師の活動を支えているペシャワール会のような，国のちがいをこえて協力して活動している民間の団体を何というか。アルファベット３字で答えなさい。

問７　文中の空欄Ｘに当てはまる国名として適切なものを，次のア～エから１つ選び，記号で答えなさい。
ア　インドネシア　　イ　アフガニスタン　　ウ　南アフリカ共和国　　エ　東ティモール

3 のつづき

問２　下線部②について，奈良時代の文化を調べた道子さんは，東大寺の正倉院には，遠く離《はな》れたペルシャ（現在のイラン）やインドの文化の影響を受けた宝物があることを知った。なぜ奈良時代の日本にそのような宝物があるのか。「シルクロード」「遣唐使」という２つの語句を使って簡単に説明しなさい。

問３　下線部③について，鎌倉幕府の政治に関する文として適切でないものを，次のア～エから１つ選び，記号で答えなさい。
ア　将軍は御家人たちを守護や地頭に任命し，全国を支配した。
イ　頼朝は手柄《がら》をあげた御家人に，ほうびとして領地を与《あた》えた。
ウ　北条氏が執権という重要な役職につき，幕府を動かした。
エ　北条氏によって，武士のための法律集である武家諸法度が作られた。

問４　下線部④について，信長はなぜこのような命令を出したのか。信長のとった政策や右の安土城周辺の地図を参考に，文１・２の内容が正しければ○，誤っていれば×をそれぞれ答えなさい。

１　安土に商人たちを滞《たい》在させることで，商工業を発展させようとした。
２　商人たちにお金を出させて，安土の寺院を復興させようとした。

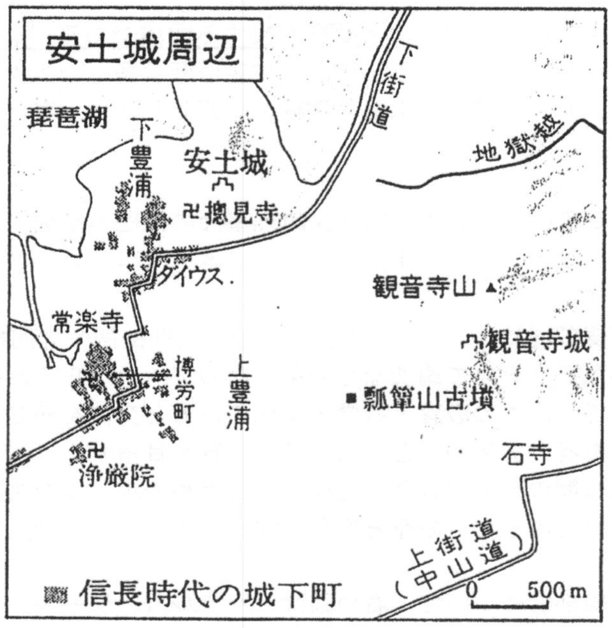

（出典：『大系日本の歴史８』（小学館））

問５　文中の空欄《らん》（　あ　）に当てはまる人名を漢字で答えなさい。

問６　文中の空欄（　い　）に当てはまる語句を右の図３の円グラフを参考に，漢字で答えなさい。

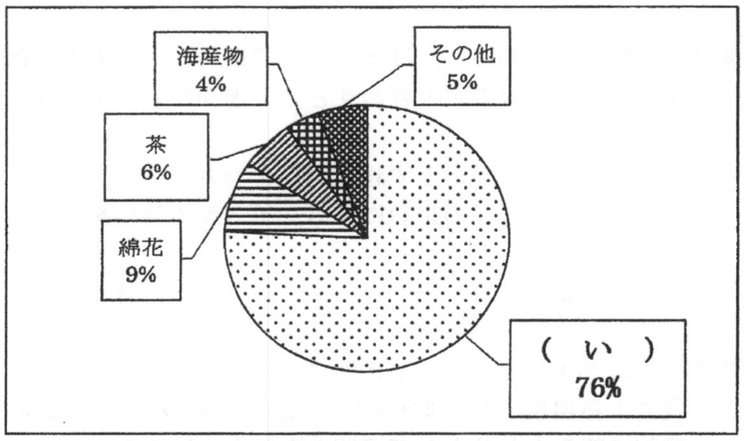

図３：幕末の主要貿易品（輸出）（1863年）の割合
（『図説日本文化史体系』（小学館）より作成）

問７　下線部⑤について，その後の日本と世界をめぐる状況《きょう》として適切なものを，次のア～エから１つ選び，記号で答えなさい。
ア　中国との戦争に勝った日本は台湾を領有し，多額の賠償《ばいしょう》金を得て軍事費を拡大した。
イ　中国の首都南京の近くで日中両軍が衝突《しょうとつ》し，日中戦争が始まった。
ウ　ヨーロッパでドイツがフランスやイギリスと戦争を始め，日本はドイツ・イタリアと軍事同盟を結んだ。
エ　日本軍がマレー半島やハワイを攻撃したので，アメリカは日本への石油や鉄の輸出を禁止した。

問８　文中の波線部ａ～ｃで述べられている内容に共通する「道」の名称は何か，漢字で答えなさい。

3

「道」は昔から人々の生活や社会に欠かせないものであった。税や物資を運ぶだけでなく，都市の繁《はん》栄を支えたり，文化を広めたりするのも道の役割であった。「道」についての次の文章【Ａ】～【Ｆ】を読み，下の各問いに答えなさい。

【Ａ】　奈良時代には，中央政府のある都と地方を結ぶ交通制度の一つとして，都を中心に諸国につながる官道が作られた。これを七道といい，役人が馬を用いて，中央政府の命令や地方からの情報を伝達するなどして，この道を利用していた。このため官道は直線に近いルート設定となった。他にも，地方の人々が税を都に運ぶための道が作られた。①地方の人々が税として都に運んだ稲や特産物は，都の人々の生活を支えた。このように，交通の面でも，都を中心とした中央集権国家が作られた。この国家体制は中国の制度を手本に作られたが，政治面だけでなく②文化面でも，このころの日本は中国の影響を大きく受けていた。

【Ｂ】　③源頼朝は朝廷から征夷大将軍に任命されると，鎌倉に幕府を開いた。頼朝は，家来である御家人の領地を保障した。その代わり，御家人たちは将軍の命令が出ると「いざ鎌倉」と鎌倉にかけつけた。御家人たちが鎌倉と自分たちの領地を行き来した道は，現在「鎌倉街道」として残っている。

【Ｃ】　織田信長は琵琶湖のほとりの安土に城を築き，その城下町（山下町）に楽市令を出した。信長はこの法令の中で，④「上海道（上街道）における通行を禁止し，京都への行き帰りとも安土の城下町に泊《と》まるように」と命令している。この上海道（上街道）とは中山道のことで，のちに江戸幕府によって整備された五街道の一つとなり，江戸と京都の間をつなぐ街道として発展した。このように五街道は江戸と政治的に重要な都市や地域を結ぶようなルート設定であったと同時に沿線の城下町や集落を結んで整備された。この街道は，現代の国道へと引き継《つ》がれていく。

江戸時代後期になると庶《しょ》民の生活を生き生きと描《えが》いた小説が読まれるようになったり，浮世絵ではａ歌川広重によって街道沿いの名所が紹介されたりした。また，全国各地の有力な農民や商人の中から学問を志す者が多く現れた。もともとは商人の出身で，測量を学び幕府の命令で全国の沿岸を実測し，はじめて正確な日本地図を作った（　あ　）もそのうちの一人である。

【Ｄ】　幕末，日米和親条約により下田・函館が，日米修好通商条約により横浜が開港された。当時の横浜村は街道からやや外れたところにあったが，開港によって大きく繁栄した。当時の外国との貿易では，（　い　）がその生産地である八王子から横浜に直接運ばれたため，江戸ではその品物の物価が上昇してしまった。

明治時代になると，横浜は貿易港としてますます繁栄していった。1872年，ｂ鉄道が新橋─横浜間に開通し，東京と横浜を結び付けた。その後，1889年に神戸までの鉄道が全通する。陸上交通において兵員・物資輸送等を担《にな》ったのは主に鉄道であった。

【Ｅ】　日露戦争で中国の遼《りょう》東半島の南端《たん》を支配下に置いた日本は，南満州鉄道株式会社（満鉄）を設立し，満州への支配を拡大していった。1931年，日本の関東軍という軍隊が満鉄の線路を爆《ばく》破したことから，満州事変が勃《ぼっ》発した。この出来事や，日本によって建設された満州国をめぐって，国際連盟は日本に対して満州国の承認《しょうにん》を撤《てっ》回するようにという勧《かん》告案を採択《たく》した。その後，⑤日本は国際連盟を脱《だっ》退し，国際的に孤《こ》立する道を歩んでいった。

【Ｆ】　第二次世界大戦後，日本は連合国軍（米軍）の占領下に置かれ，民主化のための改革が次々と行われた。そして，サンフランシスコ平和条約によって独立を回復し，その後の経済復興から高度成長への道を歩んでいく。鉄道は電化が全国的に進み，ｃオリンピック東京大会の直前に新幹線が開通した。また，自家用車の普及《ふきゅう》や目的地へより早く着くための高速道路の整備により，輸送手段としての自動車の割合が増加した。

問１　下線部①について，農民には布や特産物を都に運ぶ負担があり，荷物には荷札となる木簡がつけられた。右の図１の木簡は，三河国（現在の愛知県の一部）から運んだ赤魚の干物（約3.6 kg）の荷物につけられていた荷札である。この荷物は都までどのくらいの日数をかけて運ばれたか。下の地図を参考にして，次のア～エから１つ選び，記号で答えなさい。

ア　3日以内　　イ　20日以内　　ウ　30日以内　　エ　31日以上

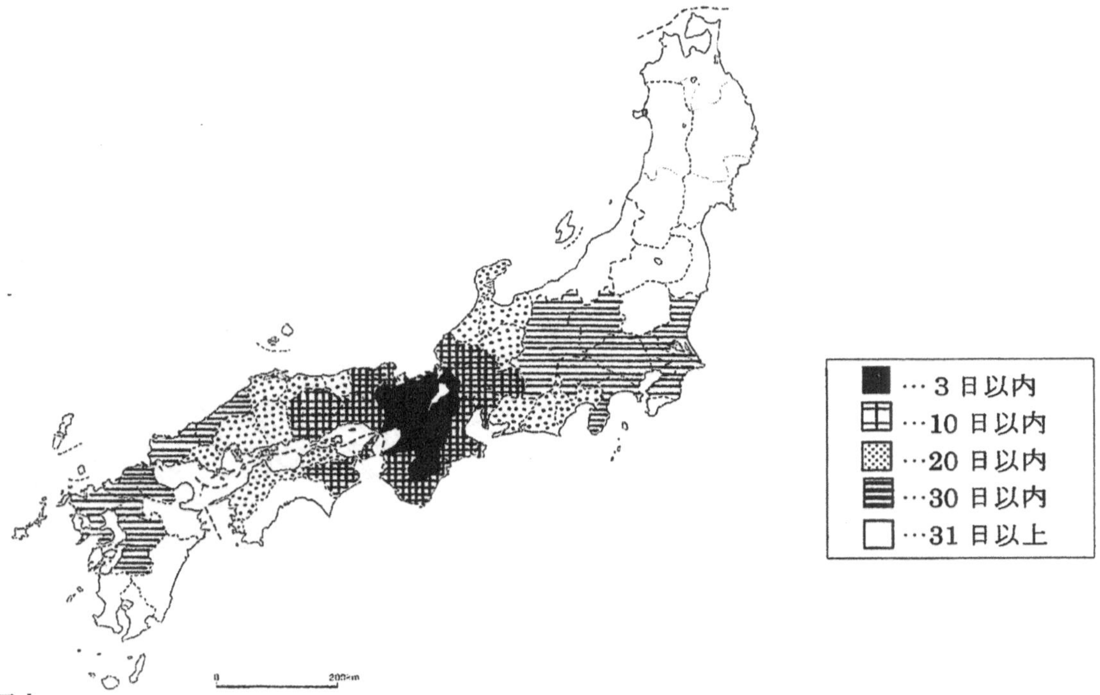

（出典：奈良文化財研究所　木簡データベース「木簡庫」）

図１

2　右の地図を見て，下の各問いに答えなさい。

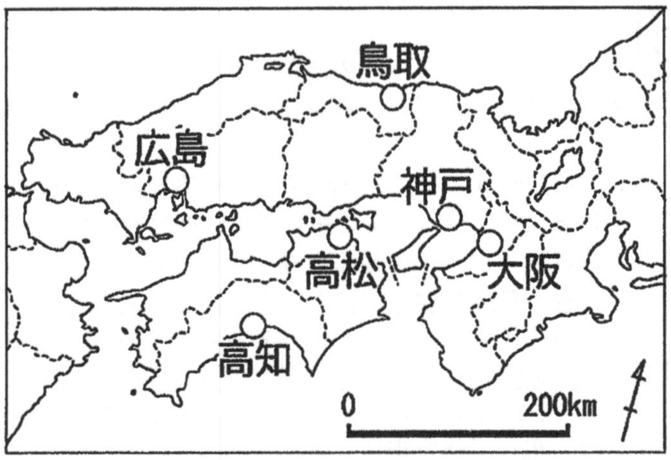

問１　次の図１は，地図中の鳥取市・高松市・高知市の月別平均降水量（mm）を示したものである。３都市と月別平均降水量の組み合わせとして適切なものを，地図の下の《選択肢《たくし》》のア～カから１つ選び，記号で答えなさい。

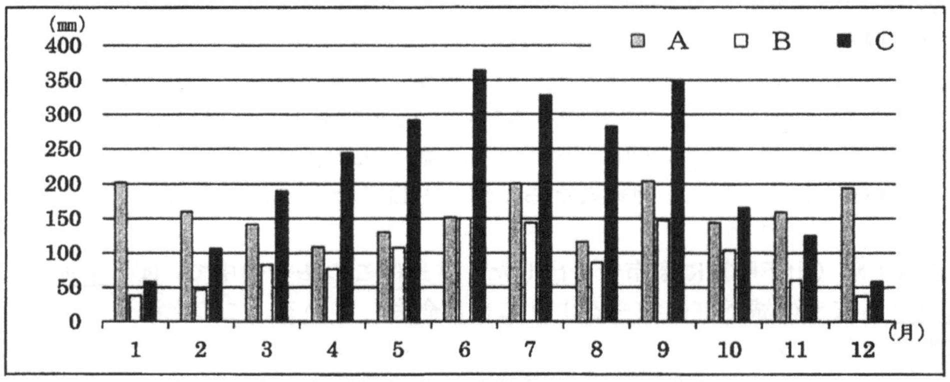

図１　鳥取市・高松市・高知市の月別平均降水量
『データブックオブザワールド 2020』（二宮書店）より作成

《選択肢》

	ア	イ	ウ	エ	オ	カ
鳥取市	A	A	B	B	C	C
高松市	B	C	A	C	A	B
高知市	C	B	C	A	B	A

問２　大阪府には関西国際空港があり，西日本の玄《げん》関口のため様々な国や地域とつながり，多くの外国人が訪れる。次の表中のＤ～Ｇは，成田空港・関西国際空港・新千歳空港・福岡空港を利用して日本に入国した外国人数（2018 年）を示したものである。関西国際空港と福岡空港の組み合わせとして適切なものを，下の《選択肢》のア～エから１つ選び，記号で答えなさい。

表１　各空港を利用して入国した外国人数（人）- 2018 年 -

順位	D		E		F		G	
1位	韓国	549,060	中国	2,835,424	韓国	1,456,622	中国	2,916,746
2位	中国	446,913	台湾	1,162,814	台湾	321,015	韓国	2,163,370
3位	台湾	352,822	韓国	1,081,572	中国	405,005	台湾	1,054,506
4位	タイ	139,605	アメリカ	833,682	タイ	37,314	タイ	261,962
5位	マレーシア	64,565	タイ	515,868	フィリピン	31,323	アメリカ	176,850
	⋮		⋮		⋮		⋮	
総数		1,694,590		8,563,006		2,414,946		7,646,304

（法務省　出入国管理統計（2019）より作成）

《選択肢》

	ア	イ	ウ	エ
関西国際空港	E	E	G	G
福岡空港	D	F	D	F

問３　中国地方南部と四国地方北部は瀬戸内工業地域と呼ばれ，日本でも有数の化学工業地域である。この地域ではどのような場所に工場がつくられているか。その理由と合わせて簡単に説明しなさい。

問４　神戸市は 1995 年１月の兵庫県南部地震の際に大きな被害を受けた。それ以来，自然災害に対する防災・減災が重要であると考えられるようになった。現在，防災・減災のためには『三助《さんじょ》』が重要といわれているが，『三助』とは「（H）助・（I）助・公助」である。（H）と（I）に当てはまる漢字を答えなさい。

問５　右の図は，広島市安佐南区の地図である。この地図内の「八木（六）」（○で囲んでいる地区）では 2014 年８月に多くの被害を出した自然災害が発生した。この地域ではどのような自然災害が発生したか。その理由と合わせて簡単に説明しなさい。

（出典：国土地理院　地理院地図）

1 の続き

問３　下線部③について，次のア～ウは，茶・かんしょ（さつまいも）の収穫《かく》量および肉用牛の飼《し》養頭数の上位１位～５位の都道府県を示している（2018年）。茶・かんしょ（さつまいも）・肉用牛に当たるものを，次のア～ウから１つずつ選び，記号で答えなさい。

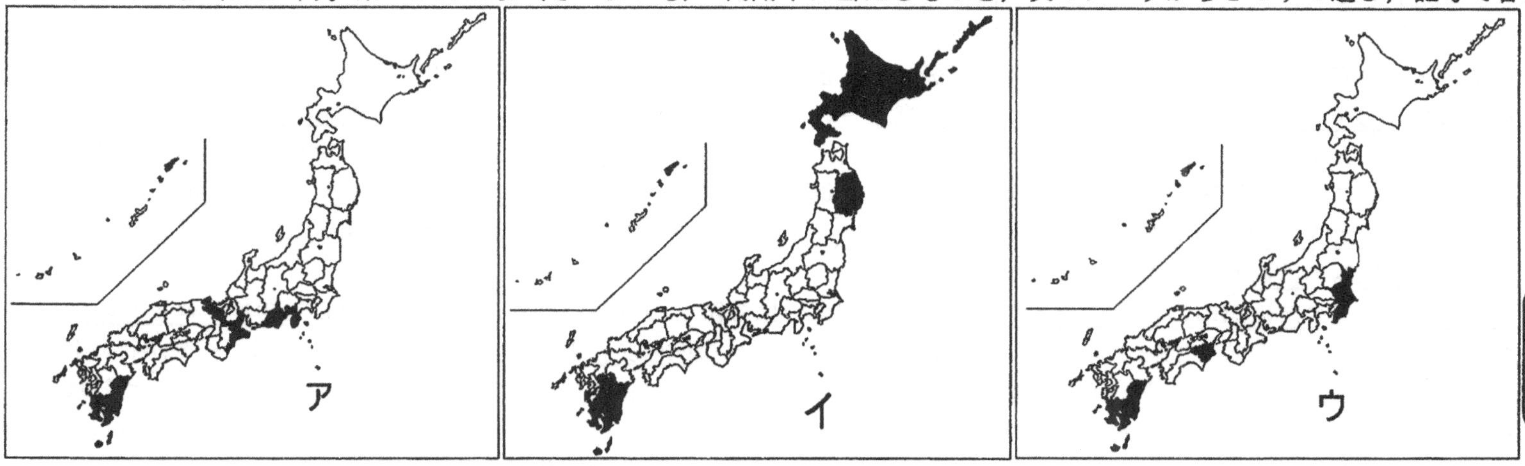

『データブックオブザワールド2020』（二宮書店）より作成

問４　下線部④について，福岡県でも約2300年前の水田あとが見つかった。その名称を次のア～エから１つ選び，記号で答えなさい。
　ア　吉野ケ里遺跡　　イ　登呂遺跡　　ウ　三内丸山遺跡　　エ　板付遺跡

問５　下線部⑤について，熊本県だけでなく埼玉県の古墳からも，ワカタケルの名前が刻まれた剣《つるぎ》が見つかった。このことからどのようなことが分かるか，「大和朝廷」「大王」という２つの語句を使って簡単に説明しなさい。

問６　下線部⑥について，７世紀中ごろの朝鮮との関係に関する文として適切でないものを，次のア～エから１つ選び，記号で答えなさい。
　ア　朝鮮からの攻撃《こうげき》に対して国の守りを固めるために，大宰府が九州の山城を束ねていた。
　イ　白村江の戦いで，大和朝廷は唐と新羅の連合軍に敗れた。
　ウ　大和朝廷は朝鮮半島に進出するため，敵対する百済を滅《ほろ》ぼした。
　エ　白村江の戦い後に，大和朝廷は九州に城を築いたり，防人を集めたりして，防衛に力を入れた。

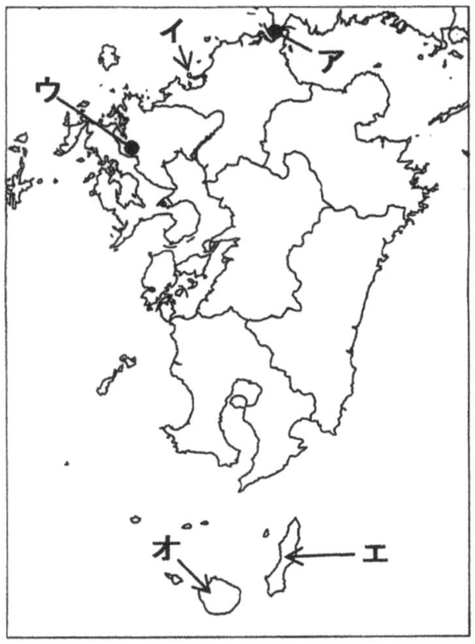

問７　下線部⑦中の，壇ノ浦・種子島・有田の場所を，それぞれ右の地図中ア～オから１つずつ選び，記号で答えなさい。

問８　下線部⑧について，江戸時代の鎖国に関する文として適切でないものを，次のア～エから１つ選び，記号で答えなさい。
　ア　島原・天草一揆が起こった後に，平戸のオランダ商館を出島に移した。
　イ　江戸時代の初めごろには，スペインやポルトガルの貿易船がさかんに日本を訪れていた。
　ウ　家光の時には，日本人が海外に行くことも，海外から帰ることも禁止された。
　エ　鎖国が完成した後，幕府はそれまで続けていた朝鮮や琉球王国との関係を断《た》った。

問９　下線部⑨について，右の絵は江戸時代の医学書『解体新書』の人体図であるが、明治時代以降の日本の医学研究に関係の深い人物として適切でないものを，次のア～エから１つ選び，記号で答えなさい。
　ア　新渡戸稲造　　イ　北里柴三郎　　ウ　志賀潔　　エ　野口英世

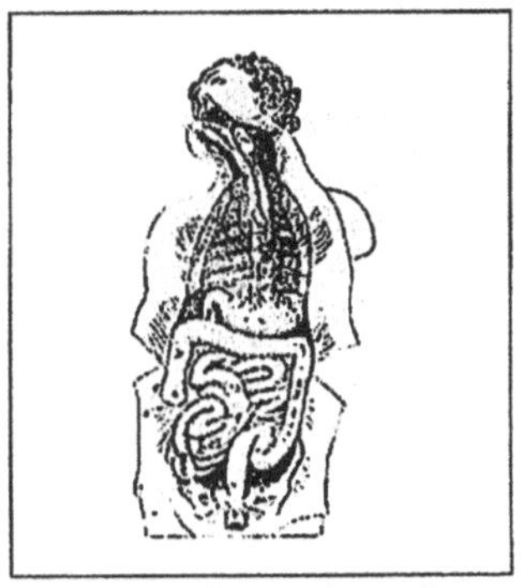

（出典：『解体新書』）

問10　下線部⑩について，西洋の思想を日本に紹介《しょうかい》し教育機関を作った人物で，薩長土肥出身でない者を，次のア～オから１つ選び，記号で答えなさい。
　ア　板垣退助　　イ　福沢諭吉　　ウ　大久保利通　　エ　伊藤博文　　オ　大隈重信

問11　文中（　１　）・（　２　）に当てはまる都市名をそれぞれ漢字で答えなさい。

問12　下線部⑪について，1972年に沖縄は日本に返還《かん》されたが，これよりも前の出来事として適切でないものを，次のア～ウから１つ選び，記号で答えなさい。
　ア　米軍が日本各地にとどまることとなった。　　イ　警察予備隊がつくられた。　　ウ　日中平和友好条約が結ばれた。

問13　下線部⑫について，2011年に東日本大震災が起こると，震災の被《ひ》害を直接受けていないにもかかわらず，九州地方の自動車工場の生産ラインが止まってしまった。それはなぜか，簡単に説明しなさい。

(40分)

1　次の文章は九州・沖縄と関係の深いものについて書かれたものである。文章を読み，下の各問いに答えなさい。

「九州」という呼称《しょう》は，かつての西海道にあった９つの「国」に由来するとも言われており，各地域がそれぞれ多様な自然環境や社会環境のもとで発展してきた。その多様な自然の中には①観光資源や②発電に利用されているものもみられる。また，自然環境のちがいを反映して，③様々な農業がさかんに行われている。

九州の歴史を見ると，まず，④稲作の技術が九州の北部に伝わり，多くの集落がつくられた。その中でも現在の佐賀県では大規模な環濠《かんごう》集落が営まれた。⑤熊本県の江田船山古墳からは鉄刀が発見され，その刀には「ワカタケル」の名前が刻まれていた。

現在の福岡県におかれた大宰府は，九州の役所として重視され，遣唐使や⑥白村江の戦い，元寇でも重要な役割を果たした。また九州各地には，日本の歴史に大きな影響をあたえた場所が多くある。例えば，⑦九州は源氏と平氏の決戦の地である壇ノ浦に近い。また，それまでの戦い方に大きな変化をもたらした鉄砲は，種子島から全国に広がった。秀吉の朝鮮出兵の際には名護屋城を拠《きょ》点とし，後に朝鮮半島から陶《とう》磁器の技術が有田などにも入ってきた。

⑧江戸幕府の３代将軍家光の時に鎖《さ》国の状態になったが，長崎の出島では外国との貿易が行われ，出島を通して⑨ヨーロッパの知識や技術が日本に入ってきた。江戸時代は約 260 年続いたが，次の明治時代には⑩薩《さっ》長土肥出身者が中心となり，国づくりが行われた。しかし，新しい国づくりの中で，それまでは支配階級であった士族の反乱が九州各地でも起こったが，新政府によって鎮《しず》められた。その後は武力による反乱はなくなり，自由民権運動がさかんになっていった。日本は欧米に追いつこうと，近代国家を目指し様々な政策を行った。日本が勢力を伸《の》ばすにつれて，周辺の国との対立が深まり，戦争の時代へと入っていった。

第二次世界大戦末には沖縄が占《せん》領され，８月６日に（　１　），８月９日に（　２　）に原子爆弾《ばくだん》が投下され戦争は終結した。1951 年にアメリカで開かれた会議で日本は各国と平和条約を結び，独立を回復した。平和条約と同時に日米安全保障条約が結ばれたが，⑪沖縄はアメリカに占領されたままの状態となった。それ以降も，日本はアメリカとの結びつきを強めながら，急速に産業を発展させ，高度経済成長の時代となった。その当時，四大工業地帯として栄えた九州北部では，現在，日本の主要産業である⑫自動車工業がさかんになっている。

問１　下線部①について，九州においては温泉も重要な観光資源である。都道府県別の温泉湧《ゆう》出量を示した図１を参考にして，次の１～３の文の内容が正しければ○，誤っていれば×をそれぞれ答えなさい。

１　四国地方には活発に活動している火山がないので，温泉湧出量も少ない。
２　温泉湧出量が特に多い九州地方と東北地方を比較《かく》すると，九州地方の方が湧出量が多い。
３　21 世紀に入って大きな地震《しん》や津《つ》波に見まわれた都道府県は，全て温泉湧出量上位 10 位以内である。

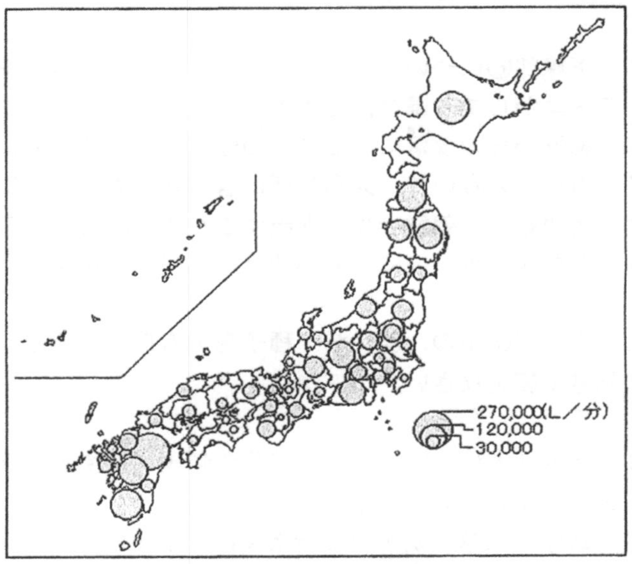

図１　都道府県別温泉湧出量
（環境省　平成 30 年度温泉利用状況より作成　2020 年４月現在）

問２　下線部②について，九州には自然環境をいかした発電方式がみられる。次のア～ウは，日本の主な火力発電所・水力発電所・地熱発電所のいずれかの分布を示したものである。それぞれの発電所を示す図として適切なものを，次のア～ウから１つずつ選び，記号で答えなさい。

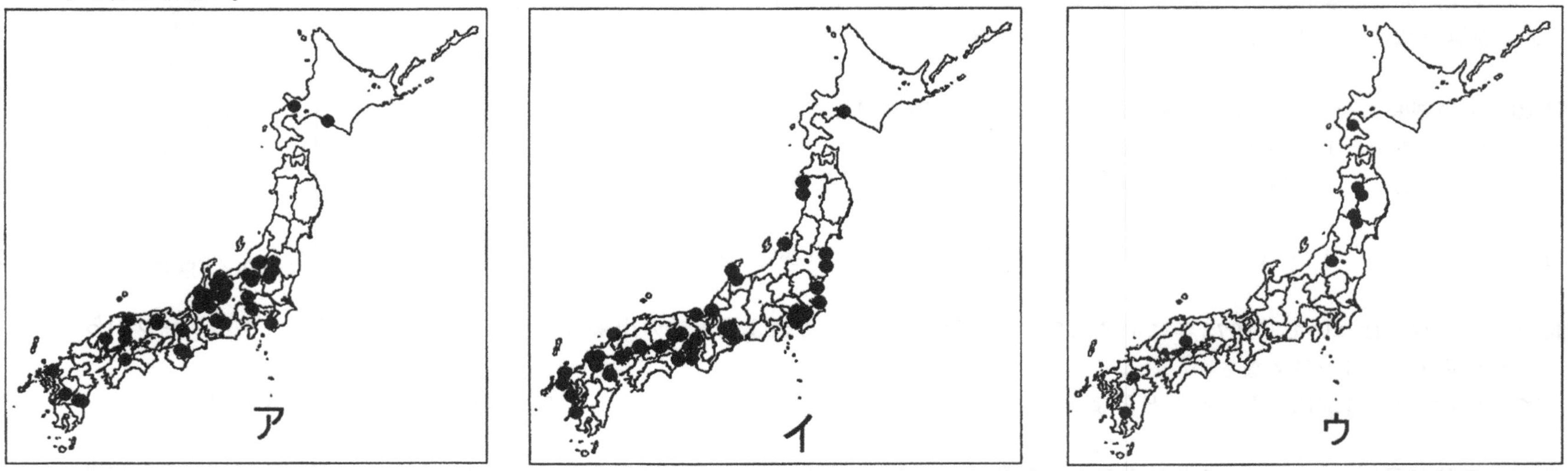

（電気事業連合会資料より作成　2020 年４月現在）

注）火力発電所は，出力 100 万 kW 以上，水力発電所は出力 15 万 kW 以上のものである。●は重なっているところがある。

4　次のⅠ〜Ⅲに関する各問いに答えなさい。

Ⅰ　右の図１は，小さな水滴《すいてき》（ミスト）が出る手持ちの扇風機《せんぷうき》（ミストファン）の模式図です。

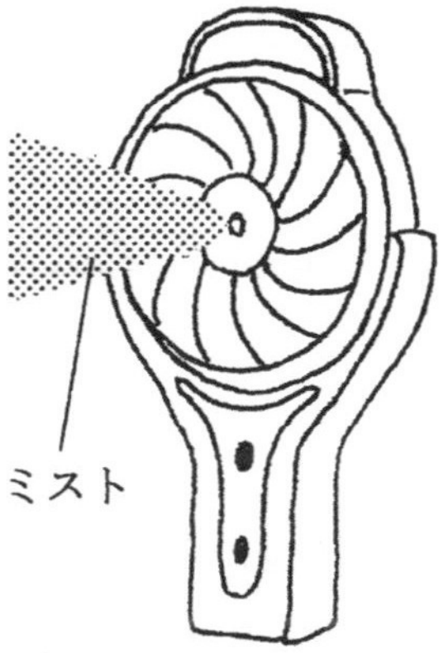

図１

(1)　ミストが体にかかってもすぐに乾《かわ》きます。これは，水が短時間で気体に変化しているということです。次の①と②の問いに答えなさい。

①　水が気体になったものを何といいますか。

②　液体が気体になる変化を何といいますか。

(2)　ミストファンが，ミストが出ない扇風機よりすずしく感じる理由を簡単に説明しなさい。

Ⅱ　モーター，乾《かん》電池，スイッチ，はねなどを用いて，小さな扇風機を作ろうと思います。図２は，各部品の模式図です。

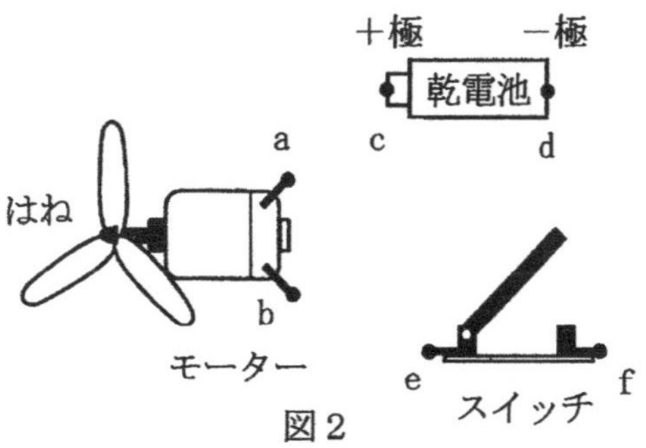

図２

(3)　スイッチを入れるとはねが回るように，図のａ点〜ｆ点をつなぐ導線を，解答欄《らん》の図に線でかきなさい。

(4)　同じ乾電池を１個追加して，はねが長時間回るようにしたいと思います。どのように追加しますか。最も長時間はねが回るように，解答欄の図に乾電池１個および導線をかき加えて，図を完成させなさい。

Ⅲ　図３のように，モーターのａ点と乾電池の＋極，モーターのｂ点と乾電池の−極をそれぞれつなぐと，モーターとはねは回転して，風が出ました。このとき，はねの正面から見て，はねは時計回りに回転していました。電流は，図の矢印（→）の向きに流れています。

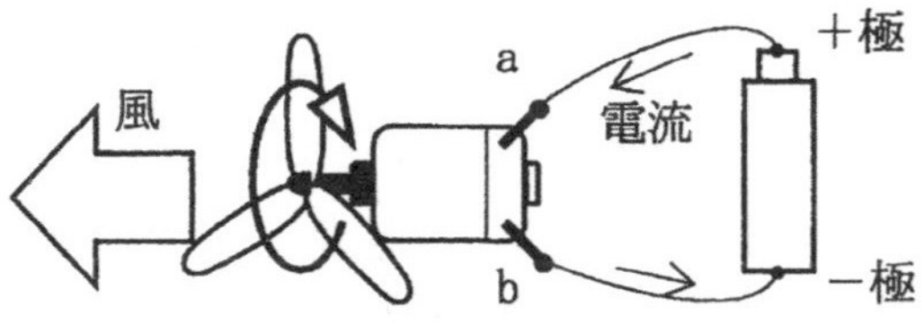

図３

次に図４のように，乾電池をコンデンサーに取りかえて，モーターのａ点とコンデンサーのｇ点，モーターのｂ点とコンデンサーのｈ点をそれぞれつなぎ，はねの正面から風をあてて，はねとモーターをしばらく回転させました。このときも電流は，図の矢印（→）の向きに流れています。

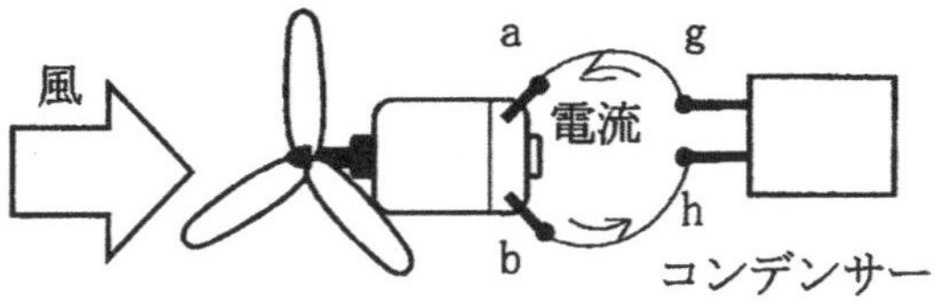

図４

最後に，図５のように，はねとモーターを発光ダイオードに取りかえました。そして発光ダイオードをコンデンサーにつなぐと発光ダイオードが光りました。

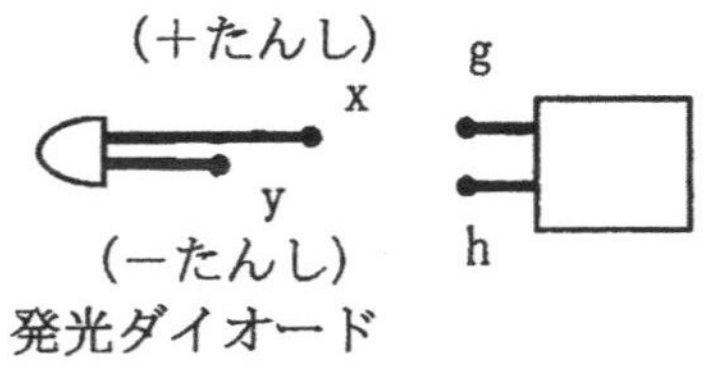

図５

(5)　コンデンサーは，どのようなはたらきをもっていますか。簡単に答えなさい。

(6)　この一連の過程について，次の①と②の問いに答えなさい。

①　図４において，はねに風をあてたときに，はねの正面から見てはねが回る向きは，「時計回り」と「反時計回り」のどちらですか。

②　図５において，発光ダイオードとコンデンサーのつなぎ方として正しいのは，次のアとイのどちらですか。記号で答えなさい。

ア　ｘ点とｇ点，ｙ点とｈ点をそれぞれつなぐ。

イ　ｙ点とｇ点，ｘ点とｈ点をそれぞれつなぐ。

(7)　図６は，はねに風をあてて発電する装置の写真です。このような装置を用いた発電方法を何といいますか。

(8)　(7)で答えた発電方法の利点として，**適当でないもの**を次のア〜エから１つ選び，記号で答えなさい。

ア　天候に左右されずに発電できる。

イ　化石燃料を使わなくてよい。

ウ　二酸化炭素の排出量をおさえられる。

エ　陸上だけでなく海上でも発電できる。

図６

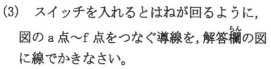

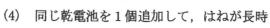

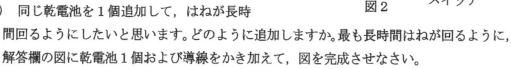

3　表１は福岡県の春分，夏至，秋分，冬至のそれぞれの日における日の出，南中，日の入の各時刻を表したものです。次の各問いに答えなさい。

表１

	日の出（時：分）	南中（時：分）	日の入（時：分）
春分	6：22	12：26	18：30
①	7：19	12：17	17：14
②	6：06	12：11	18：15
③	5：09	12：20	19：32

(1)　表１中の①，②，③はそれぞれ夏至，秋分，冬至のどれにあたりますか。

(2)　図１は東の空の日の出，図２は南の空の南中，図３は西の空の日の入のようすを示しています。それぞれの図中の◯と◯は，夏至，秋分，冬至のいずれかの太陽の位置を示しています。冬至における日の出，南中，日の入のそれぞれの太陽の位置をア～ケの記号で答えなさい。

図１

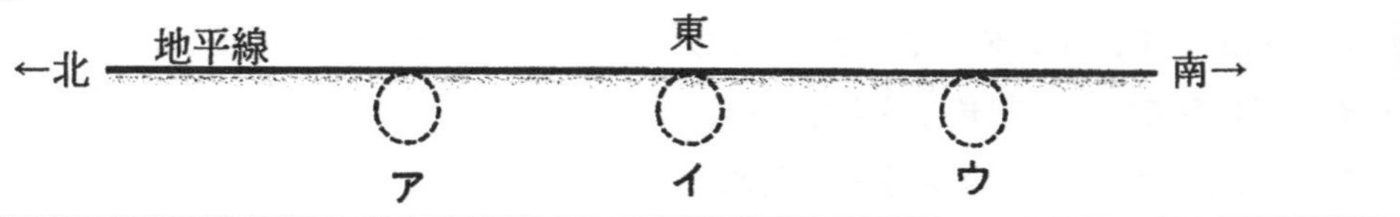

図２

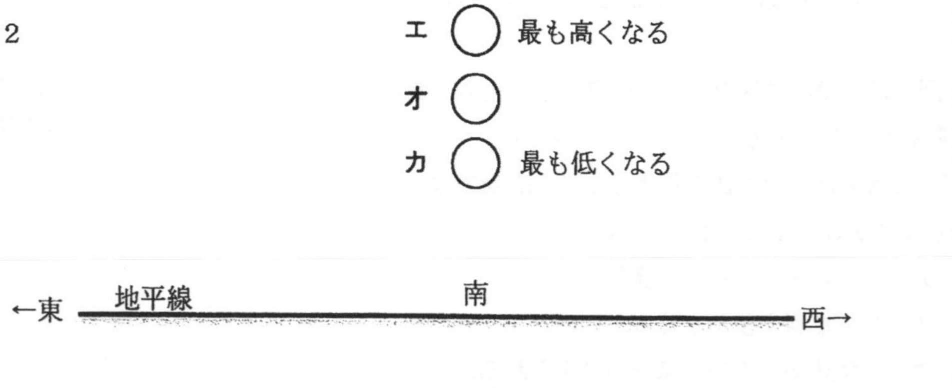

図３

(3)　春分の日，東の空から太陽がのぼるときの向きは図４のどれですか。ア～ウの記号で答えなさい。

図４

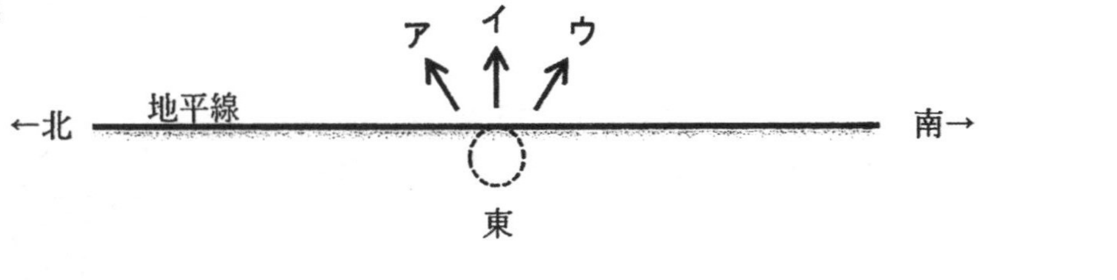

(4)　東の空から太陽がのぼり始めたときに西の空を見たところ，満月がしずむところが見えました。太陽と月の見た目の大きさを比べるとほぼ同じに見えますが，実際の大きさは，太陽と月のどちらが大きいですか。

(5)　太陽と月はいずれも地球から遠く離れたところにありますが，どちらがより地球に近いでしょうか。

(6)　表２は東京都の春分の日における日の出，南中，日の入の各時刻を表したものです。日の出，南中，日の入の各時刻が福岡県に比べて東京都の方が早いのはなぜでしょうか。下のア～エの中から正しいものを１つ選び，記号で答えなさい。

表２

	日の出（時：分）	南中（時：分）	日の入（時：分）
春分	5：45	11：48	17：53

ア　福岡県に比べて東京都の方が標高が高いから。
イ　福岡県に比べて東京都の方が北の方にあるから。
ウ　福岡県に比べて東京都の方が東の方にあるから。
エ　福岡県に比べて東京都の方が春分の日が早いから。

(7)　世界の時刻はイギリスのグリニッジ天文台を通る東経０度を基準としていますが，日本の時刻は東経 135 度が基準となっています。次のア～クのうち，東経 135 度に位置しているものを１つ選び，記号で答えなさい。

ア　富士山　　イ　琵琶湖《びわこ》　　ウ　東京都　　エ　福岡県
オ　岐阜県　　カ　長野市　　キ　明石市　　ク　大阪市

(8)　日本とイギリスでは時刻の基準が異なっており，これを時差といいます。時差は地球が 24 時間で１回転することで起こります。日本が１月 13 日の 13 時ちょうどのとき，イギリスは何月何日の何時何分ですか。

4に続く

治子さんは，ろうそくがどのように燃えるのかを調べるため，ティッシュペーパーを丸めたしんを使ってろうそくを作ってみました。火がついている部分の様子を観察すると，図４のようになっていました。

火を消したあと，とけていたろうが固まると，しんもかたく固まっていました。また，しんの先たんはこげていましたが，それ以外の部分はこげていませんでした。

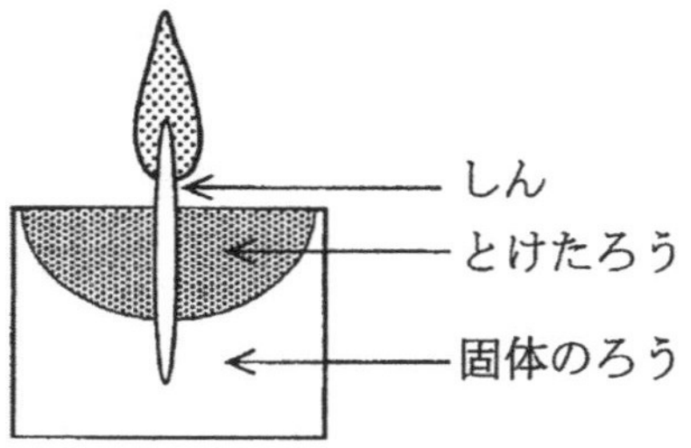

図４

(7)　ろうそくやしんの太さと燃え方との関係を調べるため，治子さんは次の**ア**～**ウ**のようなろうそくを作りました。この中で，最も火が大きく燃えるのはどれであると考えられますか。適切なものを１つ選び，**ア**～**ウ**の記号で答えなさい。

ろうそく	細い	細い	太い
しん	細い	太い	細い

(8)　治子さんは，非常に細いガラスの繊維《せんい》をたばねて作ったひもが，アルコールランプのしんとして使用できることをインターネットで知りました。そこで，ティッシュペーパー以外の材料でもろうそくが作れないかと考え，いくつかの材料をしんにしてろうそくを作りました。火をつけてみたところ，次のような結果になりました。

ろうそくの火が燃え続けたもの	ろうそくの火が燃え続けなかったもの
もめんのひも（たこ糸）	ポリエステルのひも
ガラス繊維でできたひも	釣《つ》り糸（テグス）
画用紙を細く切ったもの	ガラス棒
細長く丸めたスチールウール	針金

この実験結果をもとに，ろうそくの火が燃え続けるために必要なしんの性質として，適切なものを次の**ア**～**カ**から２つ選び，記号で答えなさい。

ア　燃えやすい　　**イ**　燃えにくい　　**ウ**　ろうそくの熱でとける

エ　ろうそくの熱ではとけない　　**オ**　液体がしみこみやすい

カ　液体がしみこみにくい

３に続く

2　治子さんは，理科の自由研究でろうそくを使って実験をしました。まず，図１のように，逆さにしたガラスびんを火のついたろうそくにかぶせました。しばらくするとろうそくの火は消えてしまいました。びんにさわってみると，びんの上のほうはとても熱くなっていました。

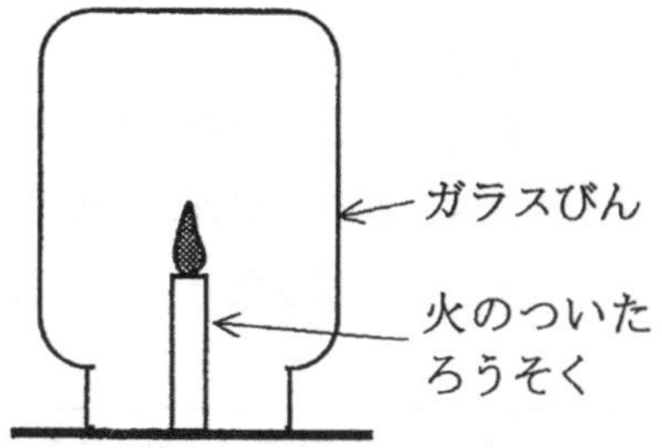

図１

(1)　ろうそくの火が消えたあとのびんに，石灰水を入れてかるくふりました。石灰水はどのように変化しますか。

(2)　火が消えたあとのびんに，新しく火のついたろうそくを入れるとすぐに火が消えました。これは，ものが燃えるために必要なある気体が，びんの中では少なくなっていたためと考えられます。次の①と②の問いに答えなさい。

①　この気体は何ですか。

②　この気体を発生させるために用いる液体と固体を次のア～クから１つずつ選び，正しく組み合わせて記号で答えなさい。

【液体】ア　うすい塩酸　　イ　うすい過酸化水素水（オキシドール）
　　　　ウ　アンモニア水　エ　ヨウ素液

【固体】オ　亜鉛《あえん》　カ　石灰石　キ　氷砂糖　ク　二酸化マンガン

(3)　ろうそくの火で，最も温度が高い部分を，図２のア～ウから１つ選び，記号で答えなさい。

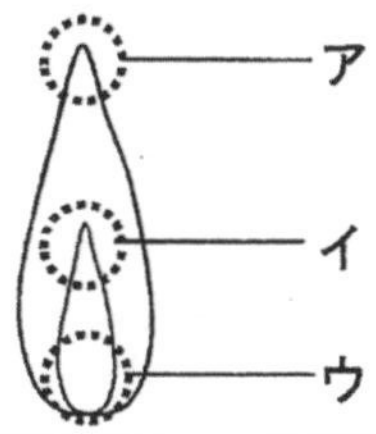

図２

(4)　ろうそくの火が消えたとき，ろうそくのしんから白いけむりが出ていました。けむりの動きとして正しいものを，次のア～ウから１つ選び，記号で答えなさい。

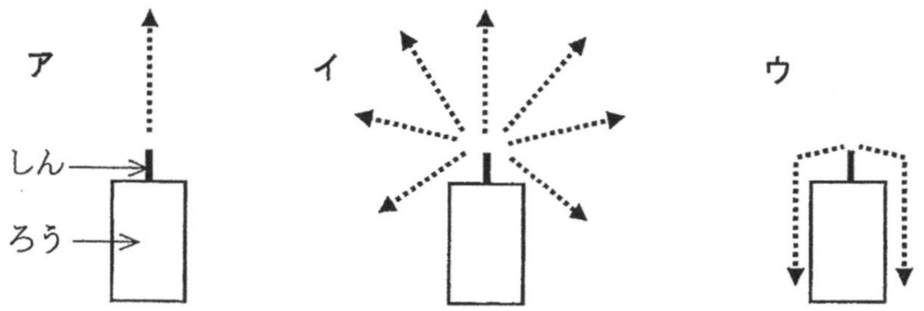

(5)　次に，図３のように，びんの中に空気が入るようにして火のついたろうそくを入れました。その結果，Ｂのろうそくの火はしばらくすると消えましたが，Ａのろうそくは長く燃え続けました。Ａのほうが長くろうそくが燃えた理由として最も適切と考えられるものを，次の文ア～エから１つ選び，記号で答えなさい。

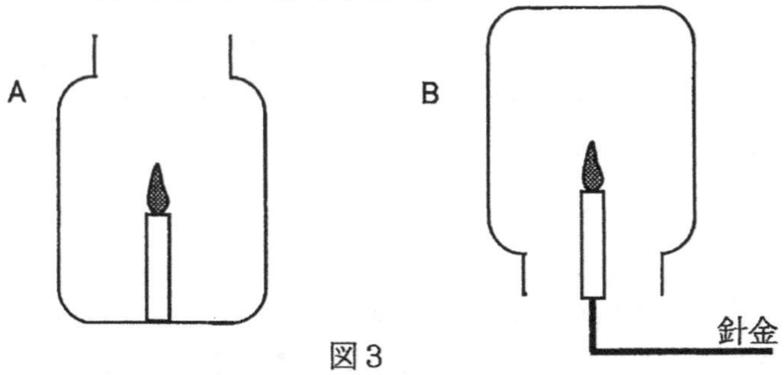

図３

ア　Ａのほうが，火の位置とびんの口が近いため。

イ　Ａのほうが，ろうが燃えてできた気体がびんの中にたまりやすいため。

ウ　Ａのほうが，ろうが燃えてできた気体が外に出やすく，かわりにしんせんな空気が入るため。

エ　Ａのほうが，びんの中が熱くなって，ものが燃えやすいため。

(6)　図３のろうそくを長いものに取りかえて，Ｂの場合と同じようにして実験をすると，火が消えるまでの時間が短くなりました。このとき，長いろうそくの方が早く火が消えるのはなぜですか。その理由を説明しなさい。

(5)　下線部(e)について，土の中に生き物がいることを確認するために，明くんは次のような予測を立てて実験を行いました。明くんの予測が正しいとしたとき，下の①～③の問いに答えなさい。

【予測】生き物は呼吸をしているので，生き物がいれば（ X ）が発生する。

【実験】森の土をとってきて半分ずつに分け，(あ)一方をそのままビニール袋《ぶくろ》に入れ，(い)もう一方はガスバーナーで十分に加熱した後にビニール袋に入れた。その後，それぞれのビニール袋を密閉して一晩放置した後に，それらの袋の中の（ X ）の量を気体検知管で調べた。

①　（ X ）に入る気体の名前を答えなさい。

②　実験結果として適切なものを次の**ア**～**エ**から１つ選び，記号で答えなさい。

ア　(あ)の袋の方が(い)の袋よりも，(X)が多く検出される。
イ　(い)の袋の方が(あ)の袋よりも，(X)が多く検出される。
ウ　(あ)の袋と(い)の袋の両方で，(X)は検出されなかった。
エ　(あ)の袋と(い)の袋の両方で，同じ量の(X)が検出された。

③　作業中に，明くんは，土の中にトビムシという小さな生き物がたくさんいることに気づきました。そこで明くんは，近所の空き地に 10cm×10cm の区画を作り，表面から深さ 5cm までの土を採取してきて，その中にいるトビムシの数を根気強く数えました。その結果，その土の中に，10匹《ひき》のトビムシを見つけることができました。この空き地の面積が 15m^2 であったとき，この空き地の深さ 5cm までの土の中にトビムシは何匹存在すると計算できますか。ただし，空き地の土の中には明くんが採取してきた土と同じ比率でトビムシが生息しているものとします。

(6)　下線部(f)の話を聞いた明くんは，以前，美術の先生から，自分の描《か》いた風景画に対して「きちんと観察して描いていない点があるよ」と言われたことを思い出しました。改めて，自分が描いた『春の学校の風景画』（図１）をよく観察すると，構図がさみしいので，自分が持っていた写真を見ながら描き加えた結果，自然ではあり得ない光景を描いてしまっていることに気がつきました。明くんが描いた「自然ではありえない光景」とはどのような点ですか。それを表した文として適切なものを図１中の**ア**～**カ**からすべて選び，記号で答えなさい。

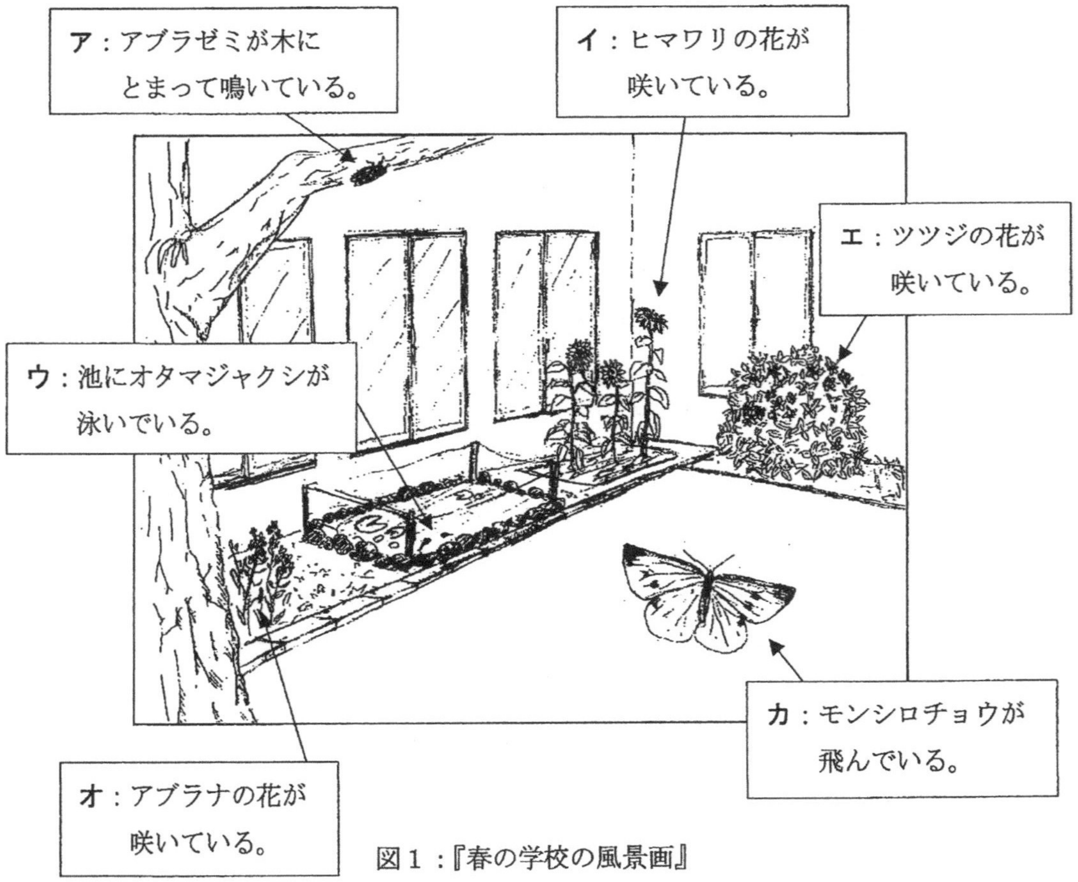
ア：アブラゼミが木にとまって鳴いている。
イ：ヒマワリの花が咲いている。
ウ：池にオタマジャクシが泳いでいる。
エ：ツツジの花が咲いている。
オ：アブラナの花が咲いている。
カ：モンシロチョウが飛んでいる。

図１：『春の学校の風景画』

(7)　下線部(g)について，人間の手によって本来生息しない地域に運ばれてそこに定着した生物を何と呼びますか。

２に続く

（40分）

1　下の文は，福岡県のある自然公園で８月にひらかれた自然観察会において，参加者の明くんと講師の先生が話している様子を示しています。

先　生　(a)サクラがありますね。青々と葉をしげらせていて立派ですね。

明くん　花が咲《さ》いていない時期のサクラはこんな感じなんですね。今まで意識して見ていませんでした。花が咲いていないと，どの木も同じに見えます。この木は何ですか。

先　生　この木はクヌギです。

明くん　聞いたことがあります。カブトムシや(b)チョウが樹液に集まってくる木ですね。

先　生　その通りです。クヌギには樹液を求めて多くの昆《こん》虫が集まりますが，(c)直接樹液を食べないタヌキやカラスも集まってくるんですよ。

明くん　そうなんですね。公園には木や草しか生えていないと思っていましたが，(d)いろいろな生き物がいるのですね。

先　生　その通りです。明くんの足の下にもたくさんの生き物がいるんですよ。

明くん　ぼくの足の下には土しかありませんよ。

先　生　そう，その土の中にたくさんの生き物がいるんです。ちょっと見ただけでは気づきませんが，(e)いろいろな方法でその存在を確認することができますよ。

明くん　そうなんですか！今度の自由研究で調べてみます。先生からくわしい話を聞きながら自然の中を歩くと，新しい発見があって楽しいです。

先　生　そう言ってもらえて，うれしいです。「知識は発見の種」という言葉を聞いたことがあります。(f)知識を持っていろいろなものを見ると，意外なところに発見があって楽しいですよ。例えば，このタンポポを見るだけでもいろいろな発見があります。この公園には「カンサイタンポポ」という種類のタンポポが多く生えていますが，本来「カンサイタンポポ」は岡山県や愛媛県より西側にはあまり多く生えていません。しかし，この公園には多く生えています。なぜだと思いますか。

明くん　(g)誰かが運んできたのではないですか。

先　生　その通りです。この公園には，昔，お城がありました。その城主だった人が現在の岡山県から引っ越してきた際に，植木も一緒に運んできたそうです。その植木にカンサイタンポポの種子がついていたのではないかと言われています。

明くん　すごい！タンポポを調べることで，昔の人の移動を考えることができるんですね。

先　生　あくまで仮説の１つですが，そういった目で自然を見つめることができるようになると，世界が違って見えますよ。

(1)　下線部(a)について，一般《ぱん》的なサクラ（ソメイヨシノ）の花のスケッチとして適切なものを次の**ア**～**エ**から１つ選び，記号で答えなさい。

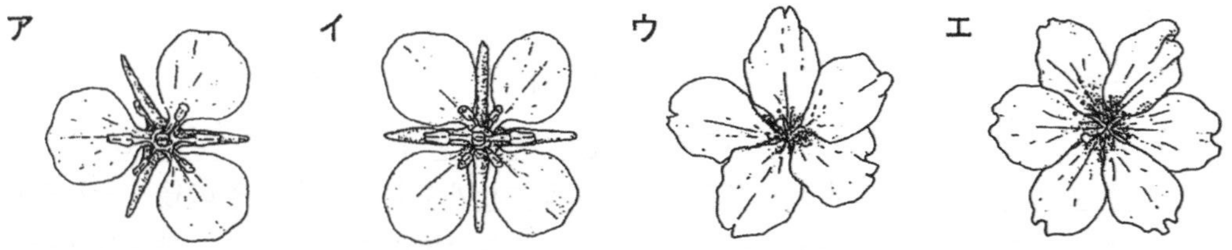

(2)　下線部(b)について，チョウのあしの生え方を模式的に示したものとして適切なものを次の**ア**～**オ**から１つ選び，記号で答えなさい。

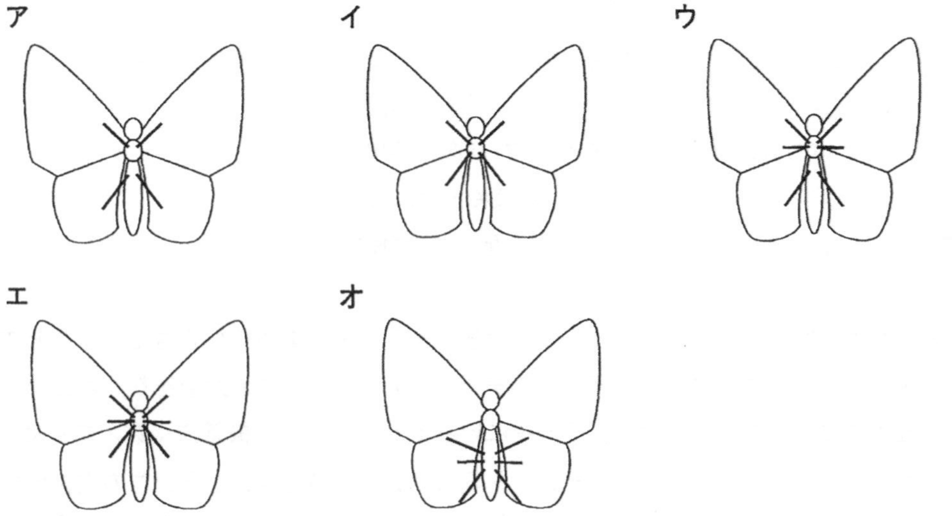

(3)　下線部(c)について，タヌキやカラスは何のためにクヌギに集まってくると考えられますか。簡単に説明しなさい。

(4)　下線部(d)について，明くんは公園内の池でサンショウウオを見つけました。サンショウウオは，幼いときには水中で生活し，成長すると陸上で生活するようになる「両生類」という生き物のなかまです。両生類のなかまとして適切なものを次の**ア**～**カ**から１つ選び，記号で答えなさい。

ア　シマヘビ　　　**イ**　クサガメ　　　**ウ**　イリエワニ
エ　アマガエル　　**オ**　ナマズ　　　　**カ**　ニホントカゲ

5 太郎さんは，皿倉山《さらくらやま》（山頂の標高は620 m）へ登山に行きました。以下はそのときの様子を，花子さんと話していたときの会話です。会話文を読んで，下の問いに答えなさい。

＜２人の会話＞

太郎：この間，皿倉山に登ったんだよ。

花子：そうなんだね。くわしく聞かせてよ。

太郎：10時に登山口（標高120 m）から登り始めて，12時に山頂に着き，山頂の広場でお弁当を食べたんだ。しばらく休けいして下山したよ。下山後，時刻と僕《ぼく》のいた地点の標高の関係をグラフにすると図１のようになったよ。

花子：じゃあ，山頂にいた時間は［　①　］分間になるのね。

太郎：そうなるね。昨日の理科の授業中に先生が，標高が100 m上がるごとに，気温は0.6 ℃ずつ下がるって言ってたよね。さらに，登った日の時刻と登山口の気温を調べてグラフにすると図２のようになったよ。このことから，僕がいた場所の気温が計算できないかな。

花子：例えば，山頂についたときの気温って何℃だったのかしら。

太郎：計算してみよう。山頂についた時間はちょうど12時だから，その時刻における登山口の気温は［　②　］℃だね。

先生が言っていた通りに気温が下がるとすると，山頂についたときの気温は［　③　］℃だ。

花子：じゃあ，このとき以外の気温って何℃だったのかしら。

太郎：僕がいた場所の気温の様子をグラフで表してみよう。

花子：ところで，登り始めたときの気温が18.0 ℃になっているけれど，これと同じ気温だったときはあったのかな。

太郎：登山口に戻ってきたときの気温が19.5 ℃だから，下りている間にあったと思うよ。

花子：その場所の標高を計算で求めてみよう。

図１　標高

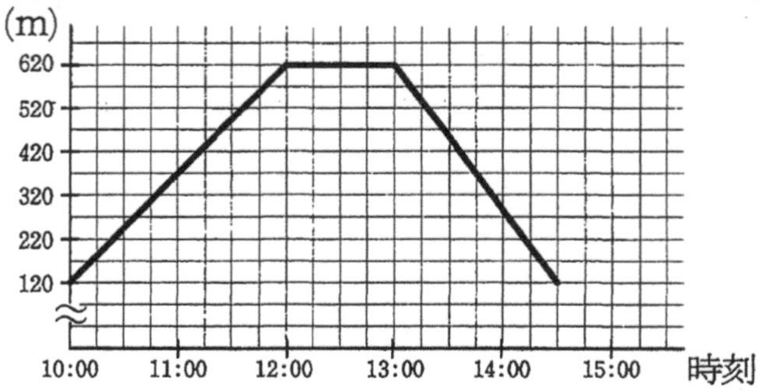

図２　気温

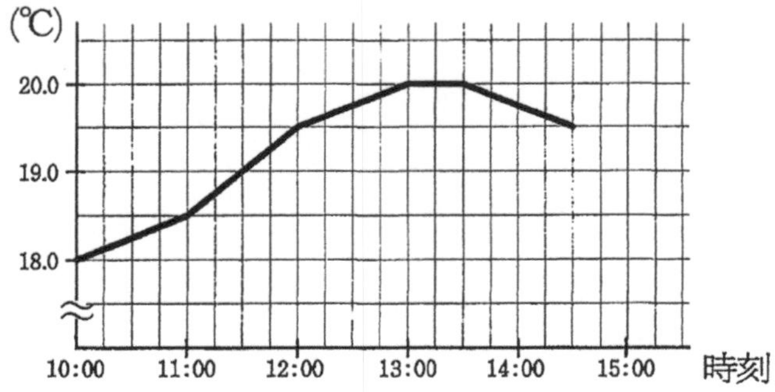

(1) 文中の［　①　］，［　②　］，［　③　］にあてはまる数を答えなさい。

(2) 下線部―について，時刻と太郎さんがいた場所の気温の関係のグラフとして，最も適当と思われるものを（A）～（F）から１つ選び記号で答えなさい。

（A）気温

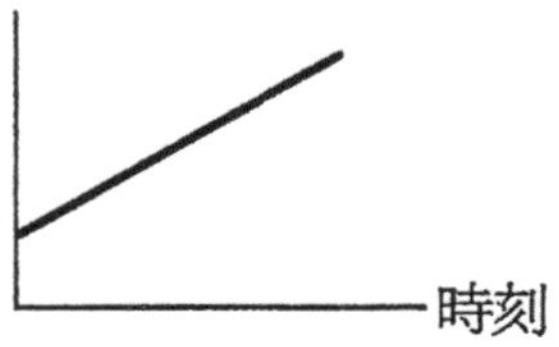

（B）気温

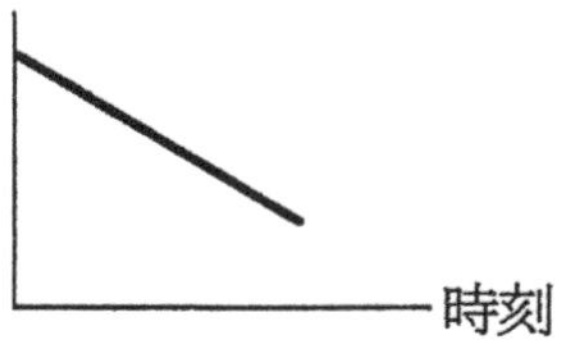

（C）気温

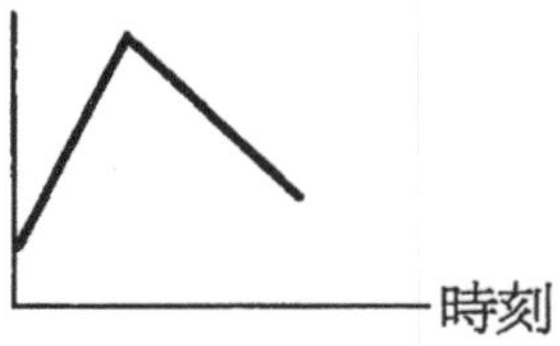

（D）気温

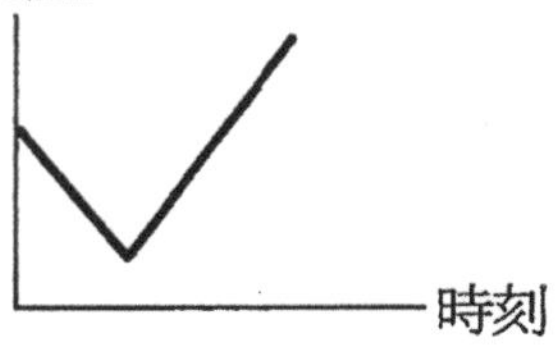

（E）気温

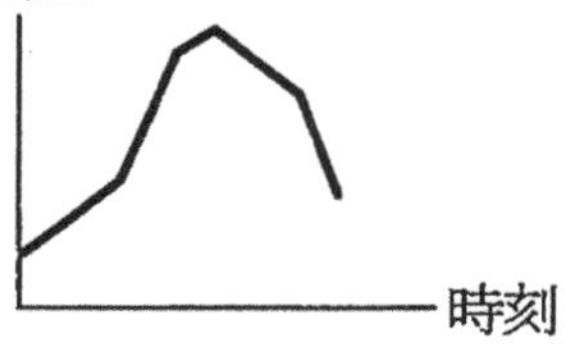

（F）気温

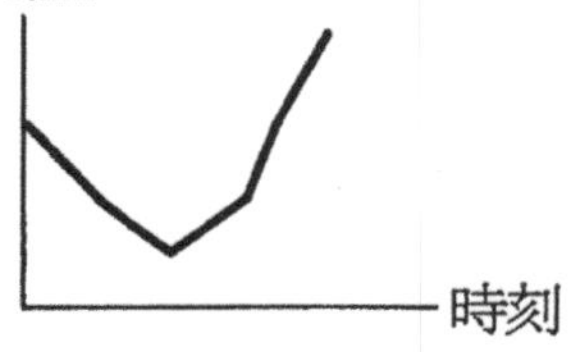

(3) 波線部〰について，登り始めたとき以外で太郎さんがいる場所の気温が18.0 ℃であった場所の標高を求めなさい。

(11) 図4のように，辺ADと辺BCが平行である台形ABCDに2本の対角線をひいてできる 4つの三角形①，②，③，④があります。三角形①の面積と三角形③の面積を比べると，［　　］。

このとき，［　　］にあてはまる文を次の(ア)～(エ)から1つ選びなさい。また，その理由を書きなさい。

(ア) 三角形①の面積の方が大きいです
(イ) 三角形③の面積の方が大きいです
(ウ) 2つの面積は等しいです
(エ) どちらが大きいかは，わかりません

図4

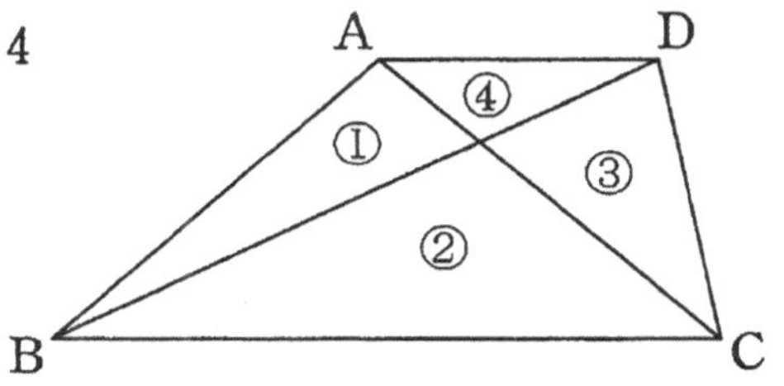

2 最大2時間まで録音できるCDがあります。このCDに曲の長さが3分の曲と5分の曲を合わせて何曲か録音します。また，曲と曲の間に5秒の間をあけます。このとき，次の問いに答えなさい。

(1) 3分の曲を20曲，5分の曲を10曲だけ録音しました。このCDにはあと何分何秒録音できますか。

(2) 3分の曲だけを録音するとき，最大何曲録音できますか。

(3) 3分の曲と5分の曲を合わせて21曲を録音したところ，録音時間が1時間16分40秒のCDができました。3分の曲と5分の曲は，それぞれ何曲録音しましたか。

3 赤色，黄色，青色のライトがそれぞれ1つずつあり，横一列に並んでいます。赤色のライトは2秒間に1回，黄色のライトは3秒間に1回，青色のライトは5秒間に1回の間隔《かく》で光ります。今，赤色のライトが光ったと同時に時間を計測したところ，スタートしてから1秒後に黄色のライトが光り，スタートしてから2秒後に青色のライトが光りました。このとき，次の問いに答えなさい。

(1) スタートしてから7秒後に光るライトの色をすべて答えなさい。ただし，光るライトがない場合 は「なし」と答えなさい。

(2) スタートしてから15秒間で2つのライトのみが同時に光るのは何回ありますか。

(3) 初めて3つのライトが同時に光るのはスタートしてから何秒のときですか。

(4) スタートしてから1時間で3つのライトが同時に光るのは何回ありますか。

4 右の図のように，1辺の長さが1cmの立方体19個をすき間なく積み重ねた立体があります。この立体の表面に色を塗《ぬ》りました。このとき，次の問いに答えなさい。

(1) この立体の表面積を求めなさい。

(2) 色が塗られた面が3つである立方体は何個ありますか。

(3) この立体を4点A，B，C，Dを通る平面で切ったとき，切断されていない立方体は何個ありますか。

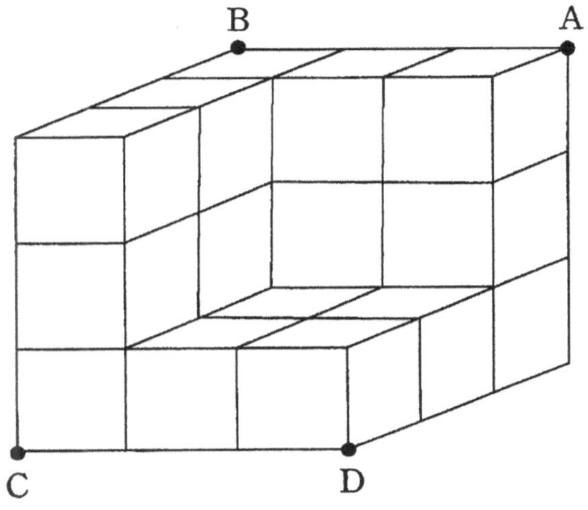

（50分）

1 次の(1)～(10)の□の中にあてはまる数や記号を答え，(11)は問いに答えなさい。

(1) $10+8-8\div4\times2=$ □

(2) $\frac{5}{6}-0.25\times\frac{2}{3}\div\frac{5}{12}=$ □

(3) $\frac{3}{10}:\frac{1}{4}=($ □ $-3):15$

(4) 6％の食塩水300ｇにふくまれる食塩の重さは□ｇです。

(5) ４つのサッカーチームが，それぞれどのチームとも１回ずつ試合をすると，試合の数は全部で□試合になります。

(6) A，B，C，Dの４人がかけっこをしました。次の①～④の条件をもとに考えると，１着は□です。

①ＢはＡより遅い	②ＡかＣのいずれかが４着
③ＡかＢのいずれかが３着	④ＢかＤのいずれかが２着

(7) 図１は，２枚の直角三角形の定規を重ねたものです。㋐の角は□度です。

図１

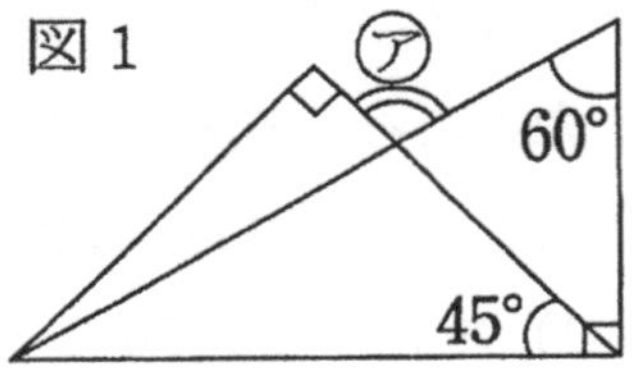

(8) 図２の□部分を直線ℓを軸《じく》として１回転させてできる立体の体積は□ cm^3 です。ただし，円周率は3.14とします。

図２

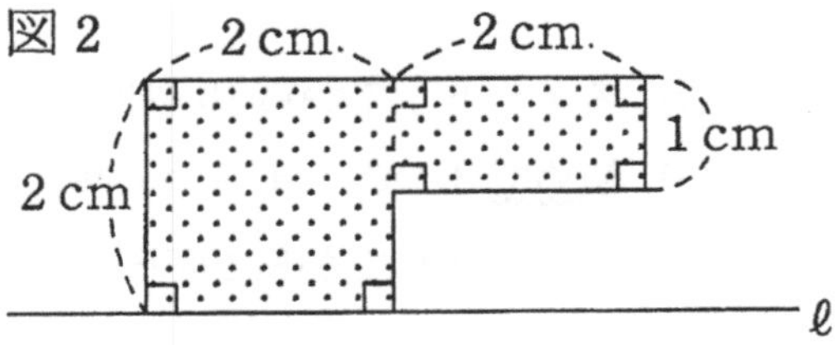

(9) あるクラスの児童10人が先週１週間に借りた本の冊数を調べたところ，下のような結果になりました。

1,	7,	6,	5,	10,	3,	3,	6,	4,	3

（冊）

10人が先週１週間に借りた本の冊数の最頻《ひん》値は ① 冊で，中央値は ② 冊です。

(10) 図３は，あるクラスの児童40人の走り幅《はば》とびの記録を整理して表したヒストグラムです。例えば，図３から2.0ｍ以上2.2ｍ未満の児童は２人とわかります。図３から読みとれることがらとして，正しいものを次の(ア)～(エ)から１つ選ぶと□です。

(ア) 児童全員の記録は2.1ｍ以上である。
(イ) 記録が2.4ｍ未満の児童は10人いる。
(ウ) 半数以上の児童の記録は2.6ｍ以上である。
(エ) 記録が3.0ｍ以上の児童はいない。

図３

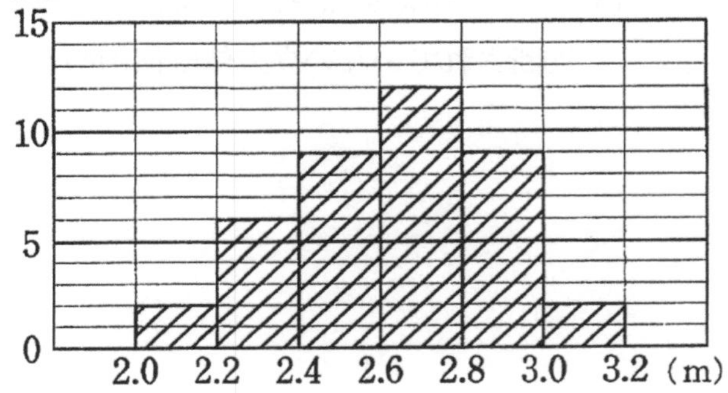

【四】　次のＡ～Ｄを読んで、後の問いに答えなさい。

Ａ

あきら：あれ、こんなに子猫《ねこ》がいっぱい家にいるけれど、どうして？
母　　：お母さんね、ミルクボランティアを始めるの。
あきら：ミルクボランティアって何？
母　　：このポスターを見て。

著作権に関係する弊社の都合により
省略いたします。
教英出版編集部

あきら：なるほど、ミルクボランティアとは（　①　）だということがわかったよ。でもどうしてミルクボランティアをするの？
母　　：猫の殺処分を減らすためよ。
あきら：え？

（注）※幼齢…ここでは離乳前の幼い年齢のこと。
※譲渡…ゆずり渡すこと。

Ｂ

あきら：どうしてミルクボランティアが殺処分を減らすことにつながるのかな。調べてみよう。次の《資料》を見ると、動物愛護センターが引き取っているのは離乳前の子猫と飼い主不明の猫だと分かるぞ。つまり、（　②　）猫を引き取っているということだな。でも引き取られた猫はその後どうなるんだろう。

《資料》

著作権に関係する弊社の都合により
省略いたします。
教英出版編集部

Ｃ

あきら：そう言えば、動物愛護センターでは引き取った犬や猫を殺処分するというのを聞いたことがあるなあ。下の円グラフから、殺処分される動物の中で一番多いのは（　Ⅰ　）だということがわかるぞ。ミルクボランティアと殺処分のつながりが少し見えてきたぞ。

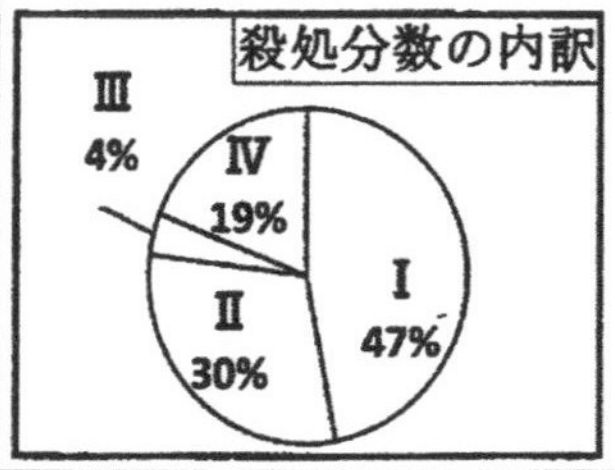

Ｄ

あきら：次の新聞からも、今まで（　Ⅰ　）のほとんどは殺処分されてきたことがわかるな。そして福岡市が殺処分ゼロになったことには、ミルクボランティアの存在が大きく関《かか》わっているんだな。もし、お母さんがミルクボランティアをしなかったら…。ミルクボランティアが殺処分を減らすことにつながる理由がわかったぞ。

著作権に関係する弊社の都合により
省略いたします。
教英出版編集部

2020年5月10日　西日本新聞

（注）※奏功…目的通りの成果が出ること。

一　Ａの（　①　）に入る内容を四十字以内で答えなさい。
二　Ｂの（　②　）に入る内容を《資料》から二十字以内でぬき出して答えなさい。
三　Ｃの（　Ⅰ　）と円グラフ中の（　Ⅰ　）、Ｄの（　Ⅰ　）にはすべて同じ言葉が入ります。その言葉として最も適切なものを次から選び、記号で答えなさい。
　ア、幼齢犬　イ、成熟犬　ウ、幼齢猫　エ、成熟猫
四　Ｄの傍《ぼう》線部「ミルクボランティアが殺処分を減らすことにつながる理由」を、六十字以内で答えなさい。
五　次のあきらくんの考察をふまえると、ミルクボランティア以外に猫の殺処分を減らす方法として何が考えられますか。その方法として最も適切なものを、後のア～エから選び、記号で答えなさい。

あきら：ミルクボランティアが殺処分を減らすことに貢献《こうけん》することはわかったぞ。それ以外にも殺処分を減らす方法はないかな。下の図のように、引き取り数が譲渡数を上回ると、殺処分しなければいけなくなるぞ。
　殺処分を減らすためには譲渡数を増やすだけでなく、動物愛護センターの引き取り数を減らす方法もありそうだ。

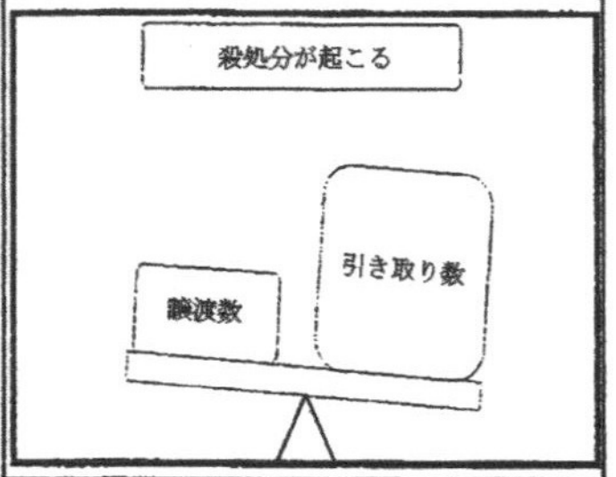

ア、親猫も動物愛護センターで引き取るようにすること。
イ、猫の繁殖《はんしょく》を抑《おさ》える手術に対する助成金を出すこと。
ウ、殺処分の多い都道府県に罰金《ばっきん》を払《はら》わせること。
エ、地域の野良《のら》猫にエサをあげて飢《う》え死にを防ぐこと。

資料等は以下より抜粋《ばっすい》または一部改変して使用している。
Ａ https://www.city.kitakyushu.lg.jp/files/00811078.pdf
Ｂ https://www.city.kitakyushu.lg.jp/ho-huku/k18500000.html
Ｃ http://www.env.go.jp/nature/dobutsu/aigo/2_data/statistics/dog-cat.html
Ｄ https://www.nishinippon.co.jp/item/n/607012/

（中原正木《なかはらまさき》『人は足から人間になった―人のからだの起源と進化―』より、一部改変している。）

（注）　※充足…満ち足りること。
※胎児期間…人の胎児期間は一般的には約十カ月と言われているが、二二カ月とする説もあり、ここでは後者によっている。なお、胎児とは母体内で発育し、まだ出生しない子のことである。

一　（Ａ）～（Ｄ）に入る言葉として最も適切なものを次から選び、それぞれ記号で答えなさい。
ア、かならず　イ、まるで　ウ、よもや　エ、そして　オ、けっして　カ、また

二　傍《ぼう》線部①「自分の世界を広げようとします」とありますが、これを言いかえた言葉を同じ形式段落中から四字で探し、ぬき出して答えなさい。

三　□で囲った部分について、
（1）次のように□の内容をまとめました。〔　ａ　〕・〔　ｂ　〕に入る言葉を本文中から探し、それぞれぬき出して答えなさい。

キリンの子	走りたい！
アザラシの子	泳ぎたい！
〔　ａ　〕	〔　ｂ　〕

（2）〔　ｂ　〕の行動例として適切でないものを次から一つ選び、記号で答えなさい。
ア、飛んでいるチョウの行方《ゆくえ》を目で追う。
イ、風鈴《りん》の音がする方へ顔を向ける。
ウ、拾った積み木を口に入れようとする。
エ、お腹《なか》がすいたのでミルクを飲む。

四　（　Ｉ　）に入る適切な言葉を、本文中から六字でぬき出して答えなさい。

五　傍線部②「とくに泥んこ遊び～魅力的です」とありますが、泥んこ遊びや水遊びのどういう点が自然変革の方法として魅力的なのですか。次の文の（　）に入る適切な言葉を本文中から二十字で探し、初めと終わりの五字をぬき出して答えなさい。
（　　　　　　　　　　）することができる点。

六　傍線部③「おねえちゃん、～ついてくるよ！」とありますが、ここで用いられている表現技法を次から一つ選び、記号で答えなさい。
ア、倒《とう》置法　イ、反復法　ウ、擬《ぎ》人法　エ、体言止め

七　（　Ⅱ　）に入る最も適切な語を次から選び、記号で答えなさい。
ア、うやうやしい　イ、こうごうしい　ウ、ものものしい　エ、みずみずしい

八　傍線部④「自然こそ教師」とありますが、そのように言えるのはなぜですか。その説明として最も適切なものを次から選び、記号で答えなさい。
ア、自然は災害によって我々の生存をおびやかすものであるが、自然を開発することによって我々の科学的世界観の基盤が作られ、自然と共存できるようになるから。
イ、自然は人間の希望や意識からは独立した存在であるが、人間が主体的に働きかけることによって、我々の科学的世界観の獲得をうながすものだから。
ウ、人間は目の前に広がる客観的な自然を変革の対象として位置づけることができるが、自然には未知の領域が今なお存在し、常に我々に考え続けることを求めているから。
エ、子どもは自然のさまざまなものに好奇心に満ちた目を向ける過程で多くの言葉や表現を身につけ、母や姉などとのきずなを一層深めることができるから。

九　次のア～エは本文を学習した後に、四人の児童が書いた振《ふ》り返りの文です。本文の内容と合わないものを一つ選び、記号で答えなさい。
ア、児童Ａ　ハイハイをする赤ちゃんが動き回って危ない目にあわないようにするために、ベビーベッドの外に赤ちゃんを出さないようにしてしまいがちですが、実はそれはよくないんだなと思いました。
イ、児童Ｂ　一日の生活を振り返ってみると、帰宅してからはついついネットゲームばかりに熱中してしまいます。しかし、自然から遠のいている点でそれはあまり好ましいことではないとわかりました。
ウ、児童Ｃ　私たちが成長していく過程は、遠い昔の祖先が人間化を果たした時と異なるということがわかり、私たちがもっと積極的に新しい文化をつくりだしていかなければならないと痛感しました。
エ、児童Ｄ　小さい子どもが独り言を言うみたいに言葉を発する場面を目にしますが、実は自分自身を成長させるために必要不可欠なものだということがわかり、おもしろかったです。

【三】 次の文章を読んで、後の問いに答えなさい。

著作権に関係する弊社の都合により
本文は省略いたします。

教英出版編集部

著作権に関係する弊社の都合により
本文は省略いたします。

教英出版編集部

五　傍線部③「克久も～言わなかった」について、令子さんと和男くんが話をしています。（ａ）～（ｃ）に入る適切な言葉を、指定された字数でそれぞれ答えなさい。

令子さん：克久が「そんなんじゃないよ」ではなく「いつもじゃないよ」と答えたのは、どうしてかしら？
和男くん：傍線部の直後に「田中さんとは話が合う」って書いてあるから、ここから考えたらどうだろうか。
令子さん：確かにそうね。話が合うということは、克久と田中さんには共通点があるはずよね。何かしら？
和男くん：うーん、まず克久と田中さんは（ａ　三字以内　）に興味があることが共通しているよね。他にもあるかな？
令子さん：何だろう。田中さんは吹奏楽部を辞《や》めているから…。
和男くん：そうか！田中さんと克久は（ｂ　十字以上十五字以内　）点も共通しているよ。だから田中さんは、吹奏楽部でないのに話が合うんだね。
令子さん：なるほどね！共通点が多いからこそ克久は田中さんに対して（ｃ　十字以内　）のね。それで「そんなんじゃないよ」と言わなかったのね。

六　傍線部④「音楽というのは～伝わってくる」から、音楽に対する克久のどのような姿勢がうかがえますか。そのことを説明した次の文の（　）に入る言葉を二十字以内で答えなさい。

解らないという人にはぜんぜん解らないかもしれないけれども、（　　）姿勢。

【二】次の傍《ぼう》線部①～⑤は漢字の読みを書き、⑥～⑮はカタカナを漢字に直しなさい。

①いつでも油断は禁物だ。　②あれこれ画策する。　③回復の兆候が見える。
④様々な皮革製品を集める。　⑤絶好のチャンスだ。　⑥災害からフッキュウする。
⑦若い力がタイトウする。　⑧新しい店をブッショクする。　⑨セイケツなハンカチを準備する。
⑩製品のホショウ書を失う。　⑪ナットクするまで質問する。　⑫ビンジョウして送ってもらう。
⑬みんなでキントウに分ける。　⑭失敗をヒナンする。　⑮事態のシュウシュウをはかる。

※（７の４）につづきます。

※アズモだった。

アズモが「田中さんと奥田君はうわさになっているよ」と教えてくれた。

「なんで？」

「いつも一緒《しょ》に帰るから」

「いつもじゃないよ」

アズモにそう答えながら、克久は自分の胸の中に久しぶりに、②壁塗《かべぬ》りをする※左官屋が登場した。左官屋がいることなど忘れていた。左官屋はおずおずと仕事をしようかどうか迷っていた。克久にたずねてくるようだった。でも、結局、左官屋は仕事をしなかった。

アズモはにこにこしている。ちゃあんと知っているんだからという顔だ。

③克久も「いつもじゃないよ」とは答えたけれども、「そんなんじゃないよ」とは言わなかった。田中さんとは話が合う。特に森勉の紹介《しょうかい》で広田先生のところに通い出してからはフルートのホームレッスンに通っている田中さんと話していて、おもしろかった。

アズモが「うわさになっているよ」と教えてくれた日も、田中さんはそろそろ練習は終わろうかという頃《ころ》を見計らって、音楽室に顔を出した。

寒い冬が過ぎようとしていた。

受験を終えた三年生が、次々に朝練や通常の練習に戻ってきた。

来年度のコンクール曲の※総譜《スコア》とパート譜《ふ》が森勉から渡《わた》された。

「うん、いいよ。いいよ。※マレットの動きが正確になってきた。でも、まだ決断力が足りない」

定期演奏会でティンパニの前に立つ克久は相変わらず広田先生にそう言われていた。

公立高校の試験が終わり、三月になると、吹奏楽部の保護者会が開かれ、定期演奏会の練習で帰宅が遅《おそ》くなるという説明があった。遅くなると言っても、八時頃だろうと（　Ｂ　）百合子は、九時どころか十時になることもあると聞いて驚いた。指揮棒を振り過ぎて、森勉の腕《うで》時計が止まってしまうのだ。でも、それ以上、遅くなることはない。なぜなら、近所から騒《そう》音の苦情が来るからだ。

④音楽というのはヘンなものだ。解らないという人には、ぜんぜん解らない。野球やサッカーに興味を感じられない人間がいるように、音楽に興味はない人間もいる。ところが異様な真剣《けん》さを生むところは、野球やサッカーと同じだ。間近にいると、触《ふ》れたら切れるような真剣さというのは、肌《はだ》で伝わってくる。それに学校の帰りが遅くなるのは、けしからんと感じる家庭の子どもは定期演奏会の練習が熱を帯びる前に、退部させられていた。田中さんがそうだったように。

（中沢《なかざわ》けい『楽隊のうさぎ』新潮文庫刊より）

（注）
※シリアス…きわめてまじめなさま。
※アズモ…梓和代《あずさかずよ》。同じ吹奏楽部でトロンボーンを担当している。
※左官屋…壁を塗る仕事をする人。
※総譜…全てのパートが並べて書かれてある楽譜。
※マレット…打楽器の演奏に用いられるばち。

一　（　　）Ａ・Ｂに入る最も適切な語を次から選び、それぞれ記号で答えなさい。

Ａ…ア、水かけ論　イ、自問自答　ウ、押し問答　エ、責任転嫁《てんか》

Ｂ…ア、ケチをつけていた　イ、首を長くしていた　ウ、鼻であしらっていた　エ、タカをくくっていた

二　傍《ぼう》線部①「広田先生の家に克久が出掛けるのは、一カ月に一度くらいだった」とありますが、このことをきっかけとして、克久にはどのような成長が見られましたか。解答らんに合うように、二十五字以内で答えなさい。

三　本文中の波線部（三カ所）の久夫の態度や表情に対する克久の思いを説明した次の文について、後の問いに答えなさい。

昨年の暮れから、克久は久夫の様子が（　ａ　）と何となく感じていたが、いろいろなことを思い出しているうちに、（　ｂ　）のかもしれないと思った。

（１）（　ａ　）に入る言葉を十字以内で自分で考えて答えなさい。

（２）（　ｂ　）に入る最も適切なものを次から選び、記号で答えなさい。

ア、父自身も何か迷っていて、覚悟を決められない状況《きょう》に置かれている

イ、自分の顔を見てアドバイスができないほど、疲《つか》れがたまっている

ウ、思いのほか単身赴《ふ》任が長くなり、深刻なホームシックになっている

エ、いつまでたっても母親を困らせている自分に、愛想《あいそ》をつかしている

四　傍線部②「壁塗りをする左官屋が登場した」とありますが、「左官屋」が「壁塗りをする」とは、克久がどのようにすることを表現していると考えられますか。最も適切なものを次から選び、記号で答えなさい。

ア、自分の関心の高い話をするとき、思ったことをすぐ言ってしまおうとすること。

イ、女の子と話をするとき、緊《きん》張していることを表面に出さないようにすること。

ウ、誰かの恋のうわさ話になると、もっといろんな人に広めようとすること。

エ、なにか面倒《どう》な話になると、心の中で何も感じないようにしようとすること。

※注意　字数が指定されている場合は、句読点・記号も一字として数えます。

【一】次の文章を読んで、後の問いに答えなさい。

中学一年生の奥田《おくだ》克久《かつひさ》は全国大会常連校の吹《すい》奏楽部の打楽器パートを担当している。日々顧《こ》問の森勉《もりつとむ》—通称《しょう》「ベンちゃん」の熱い指導の下《もと》で練習に励《はげ》んでいたが、初めて臨《のぞ》んだ夏の関東大会では、全国大会進出はかなわず、悔《くや》しい結果となった。秋、ティンパニを担当していた先輩《ぱい》が引退する中、克久はティンパニを担当する決意をする。

「打楽器奏者に必要なのは決断力なんだ」

奥田克久が広田《ひろた》先生のところに通い出して四カ月があっと言う間に過ぎた。寒い冬が終わろうとしている。広田先生はベンちゃんの友だちと言うけれども、どういった友人なのかよく解《わか》らない。「決断力」というのが広田先生の口癖《ぐせ》だ。いや、克久が「決断力」を広田先生の口癖にしてしまったのかもしれない。

①広田先生の家に克久が出掛《か》けるのは、一カ月に一度くらいだった。克久は電車に乗って行動することを覚えた。

正月に東京へ戻《もど》っていた父の久夫《ひさお》を東京駅まで見送る気になったのも、たぶん、彼《かれ》が電車に乗って行動できるようになったからだ。なにしろ新幹線に乗る久夫を見送ったら、一人で家まで戻らなければならない。私立中学校へ進んだ小学校時代の同級生たちは、電車に乗ることなど何とも思っていないかもしれないが、克久のそれまでの行動範《はん》囲からすれば、電車が自由に使えるというのは飛躍《やく》的な進歩だった。

そのうえ、彼はもう一歩、進歩してしまった。克久の進歩には、久夫の気まぐれも手伝っていた。新幹線の乗車口で久夫が「来るか？」と手招きをしたので、発車まぎわの列車に克久も乗ってしまった。

「だって、明日から新学期なのよ」

名古屋に到《とう》着してから家に電話を入れると百合子《ゆりこ》があきれたような、驚《おどろ》いたような声を出した。早朝の列車で東京に戻るか、それともその日のうちに引き返すかで、百合子と克久は（　Ａ　）をした。克久としては、父のところに泊《と》まってみたいような気もしていたのだが、久夫と百合子の間で相談がまとまって、結局、名古屋駅から東京に送り返されることになった。それでも、克久としては夜の闇《やみ》の中を突《つ》っ走る新幹線に一人で乗るのは大冒《ぼう》険であった。

しかし、夜の新幹線の座席に一人で座《すわ》っていた以上に、名古屋駅で久夫と交《か》わした会話が妙《みょう》に印象に残った。

克久は暮れから通い始めた広田先生の話をした。

「いつも、そう言っても、まだ二回だけだけど、君は決断力が足りないって言われるんだ」

「そりゃ、きっと、腹をすえてかかれということだな」

「そうかな」

久夫は克久の顔を見ずに腹をすえてかかれと言ったのである。駅のそばで大きな予備校の看板があかあかとした光を放っていた。

久夫の用語では「決断力」と「腹をすえてかかれ」というのは同じ意味になってしまうらしい。とは言え、「腹をすえろ」と言われてもぴんとこない。なにしろ、話題は音楽のことであり、ティンパニをどう叩《たた》くかという話なのだから。

「人間はアレだな、腹をすえろと言われても、そう簡単に腹なんかすわんないんだ。やっぱり何かしら、迷いというものは出るから」

息子《むすこ》が打楽器のレッスンを受けに通い出したことの助言にしてはなんだか奇《き》妙だ。大げさ過ぎるんじゃないか。そんな気が克久にはした。言っていることが大げさなのではなくて、久夫の声が※シリアスだった。久夫は肩《かた》をそびやかせ、ほっと息をついた。白い息を目立つほど吐《は》き出した。克久はその白い息を黙《だま》って見ていた。

上りの新幹線がホームに入って来た。

「それじゃ、お母さんも自分の店の開店が近くて忙《いそが》しいから、困らせたらだめだよ」

「解っているよ」

いつもの癖でぶっきらぼうな返事をした。

新幹線の扉《とびら》が閉じる。

「今度、ひとりで名古屋に遊びに来い！」

たぶん父はそう言ったのだと思う。新幹線はもう滑《すべ》り出していた。克久は手を振《ふ》った。

暮れから正月の間じゅう、何か変だった。久夫がいない生活に慣れてしまったから、家の中に大人が一人、増えたために変な感じがするのかしらとも思えた。一年がかりで準備してきた百合子の陶《とう》器店がいよいよ開店ということで、いつもの年とは違《ちが》ったのかもしれないとも思った。それでも、肩をそびやかせて白い息を吐いた久夫の顔は、克久の知らない人のように若々しかった。克久の年齢《れい》がもう少し高ければ、同じ久夫の顔に幼さを見たかもしれなかった。何か迷っているのかもしれない。克久さえ、夜の列車に揺《ゆ》られていると、そんな想像をした。あの時と似ていると、夏の県大会の時、並んで座っていた父と母が、見知らぬ二人に見えた時の感触《しょく》を思い出したりもした。

ともかく、白い息を吐いた父の姿は、かなり強烈《れつ》な印象を克久に残した。彼はその姿を時おり、思い出す。それも、かなり変な時だ。

例えば、田中さん、あの目の茶色い、フルートの上手な女の子だが、彼女《かのじょ》と話している時に、急に父の姿が浮《う》かぶのだった。なぜだかは、克久自身にも解らなかった。田中さんは克久が練習を終えるのを待っているようになっていた。もちろん、彼女自身のフルートのレッスンのない日だ。いつの間にか田中さんと奥田君というわさを立てられていた。それを教えてくれたのは

※50点満点
（配点非公表）

受験番号	

1

問1		問2		問3	
問4		問5		問6	
問7					
問8	（　　）→（　　）→（　　）				
問9					
問10	①				
	②				

2

問1	下の地図に記入	問2	

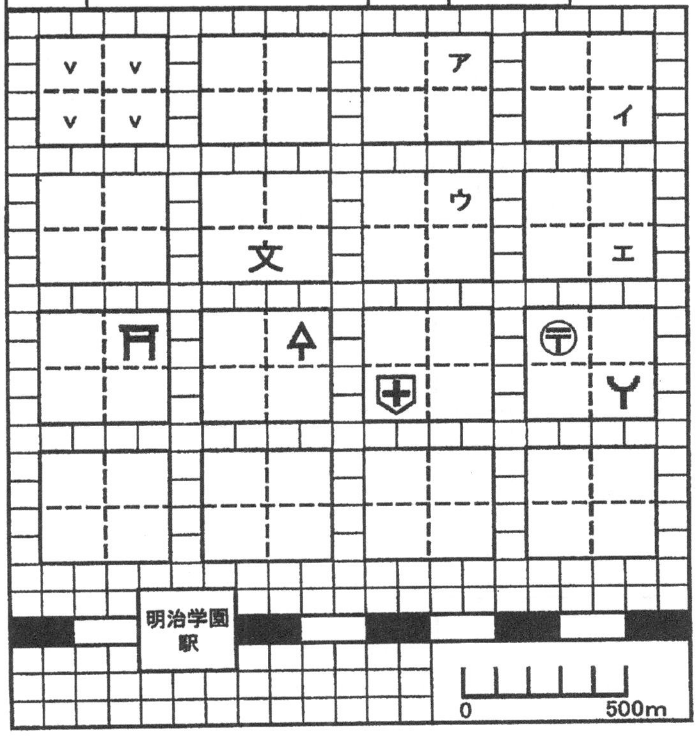

問3	読み取り	A		B		C	
	特徴	A		B		C	

3

問1			問2		
問3					
問4		問5		問6	
問7					
問8					

4

問1	A		B		C
問2		問3			
問4		問5	①		
問5	②				
問6		問7			
問8					

理　科 (40分)

※50点満点
(配点非公表)

受験番号	

1

(1)		(2)		(3)		(4)	
(5)	①			②			
(6)						(7)	

2

(1)		(2)		(3)	
(4)		(5)	ア	イ	
(6)					
(7)	g	(8)	%		

3

(1)	あ	い	う

(2)

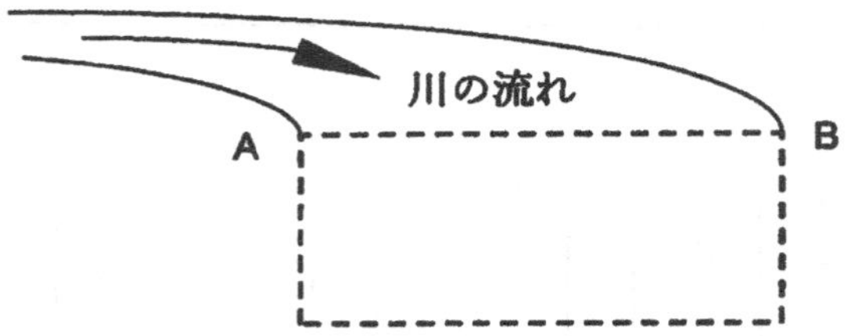

(3)	a			
	b			
(4)		(5)		
(6)		(7)	石灰岩	c

4

(1)

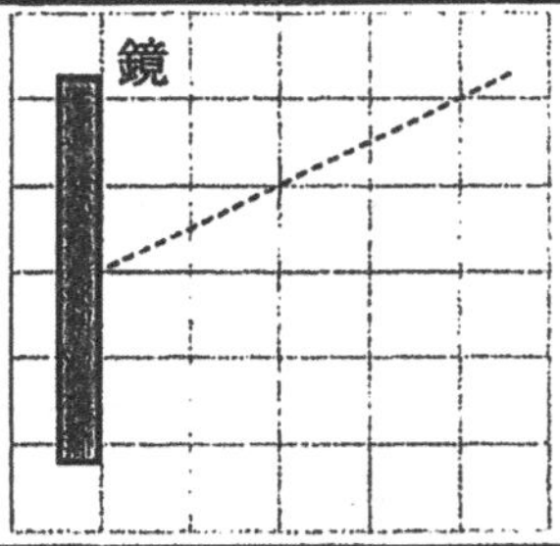

(2)		(3)	
(4)	①	②	
(5)		(6)	
(7)			
(8)	表情	向き	

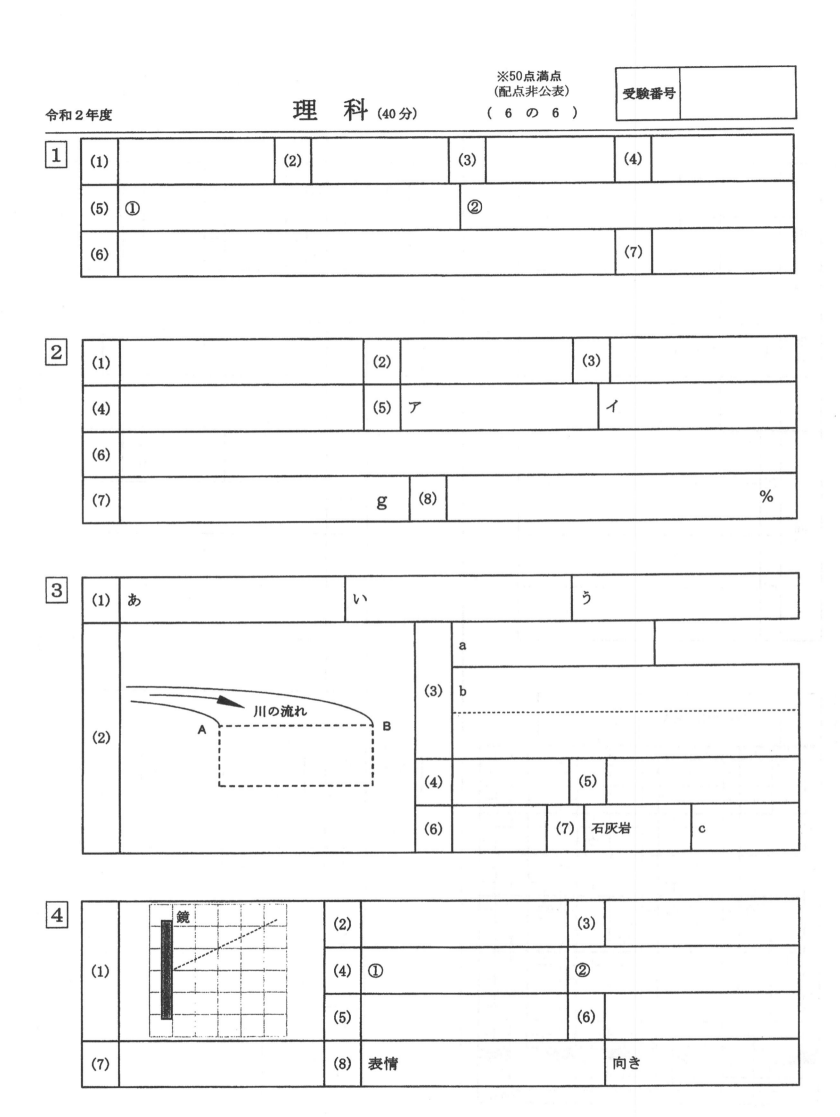

令和 2 年度　　　　算　　数　　(4 の 4)

※100点満点
(配点非公表)

受験番号	

1

(1)	(2)	(3)	(4)	(5)
				通り

(6)	(7)	(8)	(9)	(10)
曜日			度	cm^2

(11)	
理由	答

2

(1)	(2)	(3)	(4)
ヶ月	ヶ月	ヶ月分	ヶ月間

3

(1)	(2)	(3)	(4) ①	(4) ②
分速　m	分間		分後	分　秒後

4

①	②	③	④
円	円	万円	円

5

(1)	(2)	(3)
cm^3	倍	cm^3

令和二年度

国語

（7の7）

受験番号

※100点満点
(配点非公表)

【一】

一

二 命　　　　の体

三 A　　B

四

五 1　　2　　3 ・ ・　　4

【二】

一 〜

二

三

四

五

六

【三】

一 ①　②　③　④　⑤　⑥　⑦　⑧　⑨　⑩

【四】

一 1　　2

二

三 1　　2

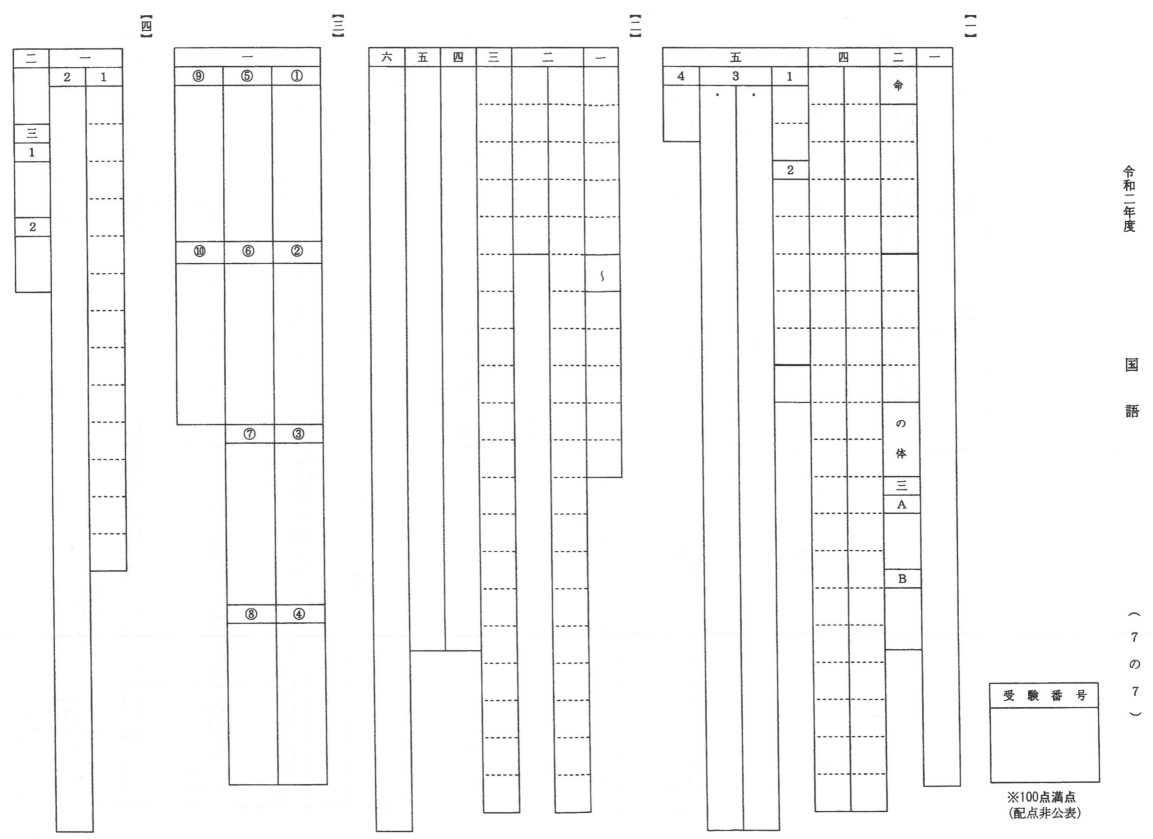

4　のつづき

問３　下線部②について，次の資料は当時日本にやってきた宣教師が本国に送った手紙の一部である。資料中の空欄《くうらん》にあてはまる都市は当時，鉄砲の生産で栄えていた。この都市を漢字で答えなさい。

> ［　　　］の町は非常に広く，大商人が大勢《おおぜい》いる。この町はベニス市(※1)のように，会合衆《えごうしゅう》(※2)の合議によって町が治められている。
>
> 日本全国の中で，この［　　　］の町よりも安全な所はなく，他の諸国で戦乱があっても，この町では今まで起こったことはなく，敗れたものも勝ったものも，この町に来て住めばみな平和に暮らし，人々は仲良くして，他人に危害を与えるようなものはいない。
>
> ※１　ベニス市…現在のイタリアのベネチア市　　※２　会合衆…この町の政治を運営していた有力な商人たち
>
> （ガスパル＝ヴィレラ書簡『耶蘇会士日本通信』より）

問４　下線部③について，「鎖国」状態においても，日本はいくつかの国や地域との交流・貿易を行っていた。これについて述べた文として適切でないものを，ア～エから１つ選び，記号で答えなさい。

ア　東南アジアに日本人が移り住み日本町ができた。
イ　オランダや中国とは長崎で貿易を行った。
ウ　琉球王国は薩摩藩の支配下に入り，将軍や琉球国王が代わるたびに江戸に使節を送った。
エ　朝鮮とは対馬藩を通して貿易を行い，朝鮮通信使が江戸をたびたび訪れた。

問５　下線部④について，江戸時代の蝦夷地は昆布《こんぶ》の産地で，現在も国内生産の多くが北海道産である。昆布について調べた生徒と先生の会話を読んで，後の各問いに答えなさい。

生徒：先生。昨日買い物に行って気づいたんですけど，昆布ってほとんどが北海道産ですね。
先生：そうだね。北海道や東北地方の沿岸が，昆布の生育に適した環境なんだよ。
　　　でも，北海道が消費量でも一番かというとそうじゃないんだよ。この表を見てごらん。
生徒：本当だ。特に［　X　］の都市が上位に多くきていますね。
先生：よく気づいたね。その背景の一つに江戸時代の国内流通が関係しているんだよ。
生徒：わかった。江戸時代に［　　　Y　　　］からですね。
先生：そうだね。この船を操業していた商人たちは多くの利益《りえき》を得たんだよ。

「一世帯当たりの昆布の年間支出金額の多い都市（2016～2018年平均）」

1	富山市	1,859 円
2	福井市	1,454 円
3	京都市	1,447 円
4	盛岡市	1,388 円
5	山形市	1,339 円
6	青森市	1,312 円
7	大津市	1,269 円
8	金沢市	1,259 円
9	奈良市	1,231 円
10	長崎市	1,231 円
11	堺市	1,195 円
12	仙台市	1,147 円
13	大阪市	1,130 円
14	松江市	1,053 円
15	横浜市	1,046 円
⋮	⋮	⋮
49	札幌市	688 円

（総務省統計局より作成）

①　会話文中の［　X　］にあてはまるものを次から**2つ選び**，記号で答えなさい。

ア　日本海側　　イ　太平洋側　　ウ　関東地方
エ　近畿地方　　オ　東海地方　　カ　九州地方

②　会話文中の～～～線部に関係した船の名前を含《ふく》めて，［　Y　］にあてはまる文を答えなさい。

問６　下線部⑤について，日本にとってオランダはヨーロッパで唯一《ゆいいつ》の貿易相手国であり，オランダを通して日本とヨーロッパの間に様々な文化交流が見られた。このことについて述べた文として適切でないものを，ア～エから１つ選び，記号で答えなさい。

ア　オランダ商館の医師シーボルトは，鳴滝塾で蘭学を教えた。
イ　歌川広重の浮世絵には，オランダの画家ゴッホの影響がみられる。
ウ　杉田玄白や前野良沢は西洋の医学書を翻訳《ほんやく》し，「解体新書」を出版した。
エ　日本からオランダへは銀や銅，焼き物などが輸出された。

問７　下線部⑥について，1853年に４せきの軍艦《ぐんかん》を率いて浦賀沖に現れた，アメリカ合衆国の使節は誰か。その名前を答えなさい。

問８　下線部⑦に関連して，開国以降の日本の状況《じょうきょう》について述べた文として適切でないものを，ア～エから１つ選び，記号で答えなさい。

ア　日米和親条約により，下田と箱館（函館）が開港されることになった。
イ　外国への輸出が増えると，国内に出回る商品が減り，物価が上昇した。
ウ　日本人が外国人に対して起こした事件は，外国の法律で裁かれることになった。
エ　機械で作られた安い綿織物が大量に輸入され，国内の生産地は大きな打撃《だげき》をうけた。

3 のつづき

問８　下線部⑥に関連して，図２・３を比較《ひかく》し，アメリカと日本の行政首長の選ばれ方のちがいについて，「直接」「間接」という語句を用いて，簡単に説明しなさい。

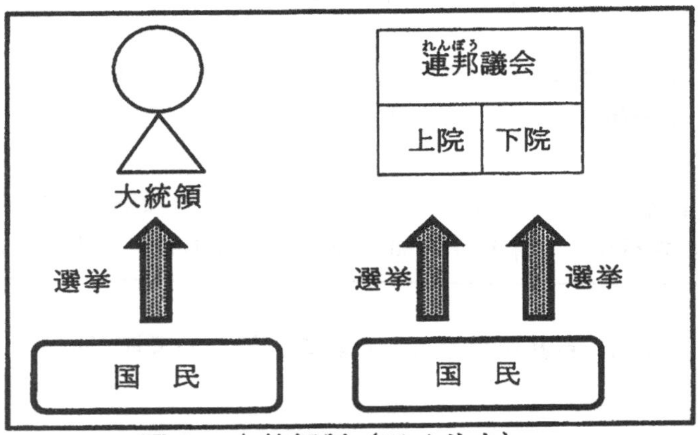

図２　大統領制（アメリカ）

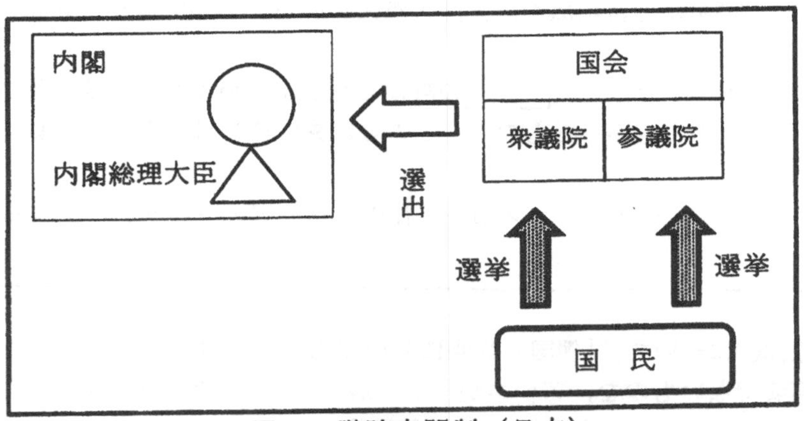

図３　議院内閣制（日本）

4 日本は周辺の国や地域とのつながりの中で発展してきた。このことに関する年表を見て，下の各問いにそれぞれ答えなさい。

時代	年代	つながり	日本に与えた影響《えいきょう》
	約 2500 年前	中国や朝鮮半島から人々がやってくる	米づくりの技術や青銅器・鉄器が伝わる
弥生	３世紀	邪馬台国の卑弥呼が中国の魏の皇帝に使いを送る	
古墳	５世紀	中国や朝鮮半島の国々との行き来がさかんになる →	A
飛鳥	７世紀	遣唐使をおくる	
奈良	８世紀		
平安	９世紀	遣唐使を廃止する →	B
鎌倉	13 世紀	中国の元が日本に攻めてくる 中国と日本の間で僧の行き来がさかんになる	中国から水墨画《すいぼくが》の技法が伝わる
室町	15 世紀	①中国の明と貿易を行う	
	16 世紀	②ヨーロッパ人の宣教師や商人がやってくる	キリスト教や鉄砲《てっぽう》などヨーロッパの文化や品物が伝わる
		豊臣秀吉が朝鮮半島に大軍をおくる →	C
江戸	17 世紀	徳川家康の時代 …朝鮮との交流を再開する …スペインやポルトガルとの交易を行う …日本人の海外進出がさかんになる	宣教師の活動がさかんになり，キリスト教徒が増える
		徳川家光の時代に③「鎖国」状態になる	④蝦夷地・朝鮮・琉球王国・⑤オランダ・中国と交流や貿易が行われる
	19 世紀	⑥アメリカの艦隊《かんたい》が浦賀沖に現れる	⑦諸外国と条約を結び，「鎖国」状態が終わる

問１　年表中の［ A ］～［ C ］にあてはまる文を，ア～エからそれぞれ１つずつ選び，記号で答えなさい。
　ア　かな文字がつくられた。　　　　イ　ペルシャでつくられたとされるガラスの器やペルシャ風の水差しが伝わった。
　ウ　養蚕の技術が初めて伝わった。　エ　焼き物の技術が伝わり有田焼や萩焼が生まれた。

問２　下線部①について，明との貿易を始めた人物の説明として適切でないものを，ア～エから１つ選び，記号で答えなさい。
　ア　能を保護した。　イ　守護大名を従えた。　ウ　京都の北山に金閣をたてた。　エ　一向宗の勢力を武力でおさえた。

3　次の日本国憲法の条文を読んで，下の各問いにそれぞれ答えなさい。

日本国憲法【抜粋《ばっすい》】
第１条　天皇は，日本国の（　Ａ　）であり日本国民統合の（　Ａ　）であつて，この地位は，主権の存《そん》する国民の総意に基《もと》づく。
第９条　日本国民は，正義と秩序《ちつじょ》を基調《きちょう》とする①国際平和を誠実に希求《ききゅう》し，国権の発動たる戦争と，武力による威嚇《いかく》又は武力の行使は，国際紛争《ふんそう》を解決する手段としては，永久にこれを放棄《ほうき》する。
第 11 条　国民は，すべての②（　Ｂ　）の享有《きょうゆう》（※1）を妨《さまた》げられない。③この憲法が国民に保障する（　Ｂ　）は，侵《おか》すことのできない永久の権利として，現在及び将来の国民に与へられる。
第 15 条　公務員の選挙については，成年者による④普通選挙を保障する。
第 30 条　国民は，法律の定めるところにより，⑤納税の義務を負ふ。
第 41 条　国会は，国権の最高機関であつて，国の唯一《ゆいいつ》の立法機関である。
第 65 条　⑥行政権は，内閣に属する。
第 76 条　すべて司法権は，最高裁判所及び法律の定めるところにより設置する下級裁判所に属する。

※１　享有…生まれながらに持っていること。

問１　第１条の（　Ａ　）にあてはまる語句を漢字２字で答えなさい。

問２　下線部①に関連して，国連憲章に書かれている内容として適切でないものを，ア～エから１つ選び，記号で答えなさい。
ア　すべての国が，平等な立場で仲良く発展していくようにする。
イ　すべての国の意見が一致《いっち》して，はじめて物事を決めることができる。
ウ　世界の平和と安全を守り，国と国との争いを話し合いによって平和的な方法で解決する。
エ　経済・社会・文化などのいろいろな問題を解決し，人権と自由を尊重していくために，国々が協力し合うようにする。

問３　下線部②について，これは私たちのだれもが生命や身体の自由を大切にされ，人間らしく生きる権利を生まれたときから持っているということを表している。この生まれながらにして持っている人間らしく生きる権利のことを何というか。第 11 条の（　Ｂ　）にあてはまる語句を漢字５字で答えなさい。

問４　下線部③について，憲法は国民の人間らしく生きる権利を何から守ろうとしているのか。最も適切なものを，ア～エから１つ選び，記号で答えなさい。
ア　天皇　　イ　国民　　ウ　外国　　エ　国家

問５　下線部④について，国民には一定の年齢《ねんれい》をこえると政治に参加する権利が認められている。日本では，2020 年１月時点で選挙権は何歳《さい》から持つと定められているか。適切なものを，ア～エから１つ選び，記号で答えなさい。
ア　15 歳　　イ　18 歳　　ウ　20 歳　　エ　25 歳

問６　下線部⑤について，国民には納税の義務が課されており，集められた税金は様々なことに使われている。図１は，政府予算案による 2019 年度の一般会計歳出《さいしゅつ》を表している。図１中の【Ｘ】～【Ｚ】に当てはまる語句の組み合わせとして適切なものを，ア～カから１つ選び，記号で答えなさい。

ア　【Ｘ】国債《こくさい》　【Ｙ】社会保障関係費　【Ｚ】地方交付税交付金
イ　【Ｘ】国債費　【Ｙ】地方交付税交付金　【Ｚ】社会保障関係費
ウ　【Ｘ】社会保障関係費　【Ｙ】国債費　【Ｚ】地方交付税交付金
エ　【Ｘ】社会保障関係費　【Ｙ】地方交付税交付金　【Ｚ】国債費
オ　【Ｘ】地方交付税交付金　【Ｙ】国債費　【Ｚ】社会保障関係費
カ　【Ｘ】地方交付税交付金　【Ｙ】社会保障関係費　【Ｚ】国債費

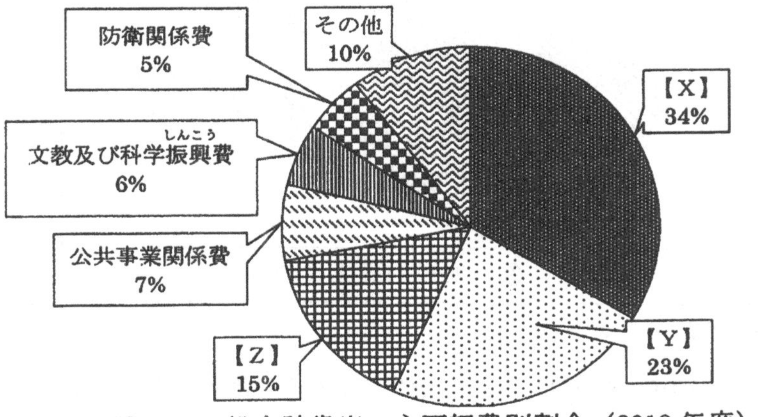

図１　一般会計歳出の主要経費別割合（2019 年度）
（日本国勢図絵 2019／20 年版より）

問７　図１中の【Ｘ】の具体的な使い道として適切でないものを，ア～エから１つ選び，記号で答えなさい。
ア　道路を整備するための費用　　イ　医療《いりょう》費を補助するための費用　　ウ　介護《かいご》保険の一部費用　　エ　年金の一部費用

2 のつづき

【Ｂ】　図１はある県を市区町で区分した地図である。地図を見て後の問いに答えなさい。

問３　図１中のＡ・Ｂ・Ｃについて，図２－①・②・③から読み取れることを，下の＜読み取れること＞からそれぞれ１つずつ選び，記号で答えなさい。また，Ａ・Ｂ・Ｃの特徴《とくちょう》として適切なものを＜特徴＞からそれぞれ１つずつ選び，記号で答えなさい。

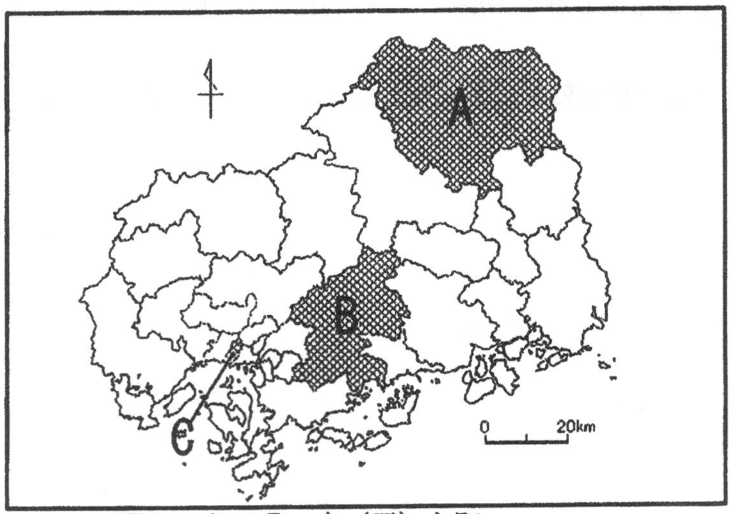

図１　ある県の市（区）と町

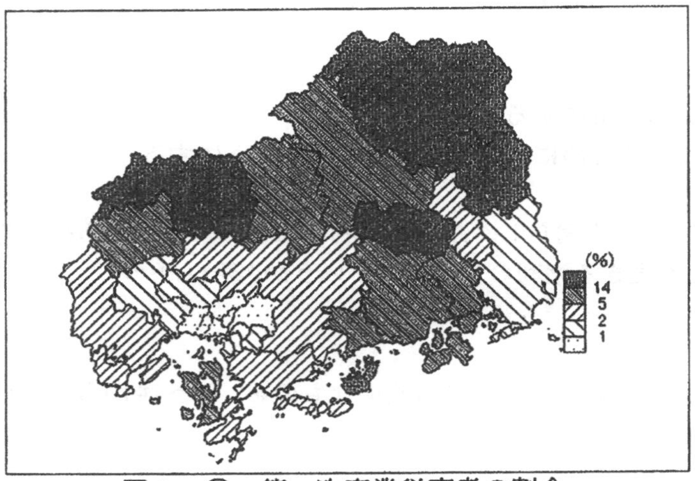

図２－①　第一次産業従事者の割合

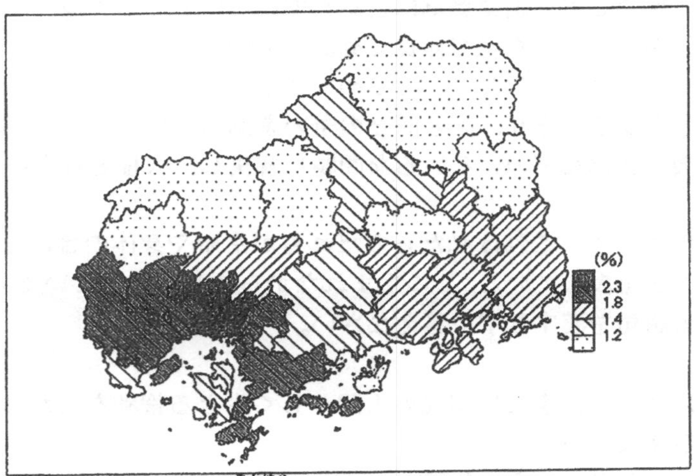

図２－②　金融《きんゆう》業・保険業従事者の割合

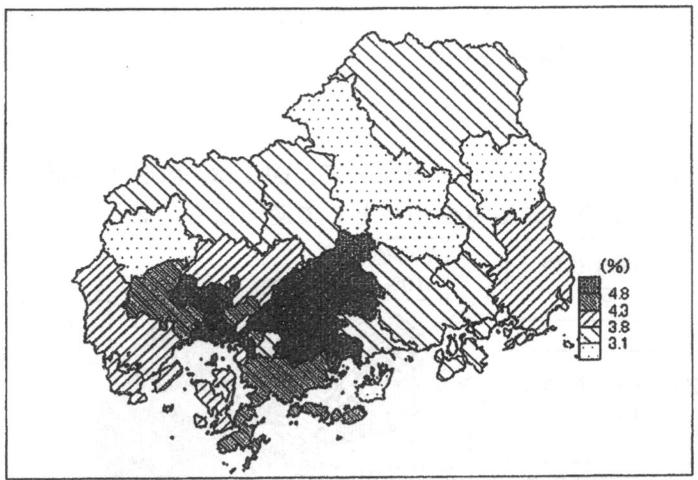

図２－③　20～24歳《さい》人口の割合

（国勢調査（2015）より作成）

＜読み取れること＞

ア　この市（区）は，第一次産業従事者の割合が高く，金融業・保険業従事者の割合が低い。

イ　この市（区）は，第一次産業従事者の割合が低く，金融業・保険業従事者の割合と 20～24 歳人口の割合が高い。

ウ　この市（区）は，20～24 歳人口の割合が高い。

＜特徴＞

カ　この地域では，大学を中心とした学園都市づくりが進められてきた。

キ　この地域は農作物の生育に適した環境であり，県内有数の農畜産《ちくさん》物の生産地である。

ク　この地域には，この県のみでなく，付近の各県を含む地方の政治・経済機能が集中している。

1 のつづき

問７　下線部⑥と⑧について，⑥と⑧の「平和のための国際機関」は異なる機関を指している。それぞれの名称《めいしょう》と，その本部がある都市名の組み合わせとして適切なものを，ア～エから１つ選び，記号で答えなさい。

ア　⑥…国際連合（ジュネーブ）　⑧…国際連盟（ニューヨーク）
イ　⑥…国際連盟（ジュネーブ）　⑧…国際連合（ニューヨーク）
ウ　⑥…国際連盟（ニューヨーク）　⑧…国際連合（ジュネーブ）
エ　⑥…国際連合（ニューヨーク）　⑧…国際連盟（ジュネーブ）

問８　下線部⑦に関連して，次のア～ウの写真を，年代順に古い方から並べかえなさい。

ア　日本の攻撃《こうげき》を受けた真珠湾のアメリカ艦隊《かんたい》

イ　疎開《そかい》先で食前の感謝をする女子児童

ウ　日独伊三国同盟の成立を祝う様子

（朝日新聞社，毎日新聞社より）

問９　下線部⑨について，「持続可能な開発目標」の略称《りゃくしょう》として適切なものを，ア～エから１つ選び，記号で答えなさい。

ア　WTO(ダブリューティーオー)　イ　EURO(ユーロ)　ウ　SDGs(エスディージーズ)　エ　UNICEF(ユニセフ)

問 10　下線部⑩について，現代の社会問題の一つに「食品ロス」がある。「食品ロス」とは，まだ食べられるのに廃棄《はいき》される食品のことである。この「食品ロス」について，後の各問いに答えなさい。

①　１年間で，一般《いっぱん》家庭で廃棄される食品は約 291 万トンにもなる。図１は食品ロスが生まれる理由についての調査結果である。この図を参考にして，私たちが食品ロスを減らすためにすべきことを簡単に説明しなさい。

②　大量の食品ロスは食べ物をむだにするだけではなく，二酸化炭素を大量に発生させることにもつながると言われている。なぜ大量の二酸化炭素を発生させることにつながるのか，その理由を簡単に説明しなさい。

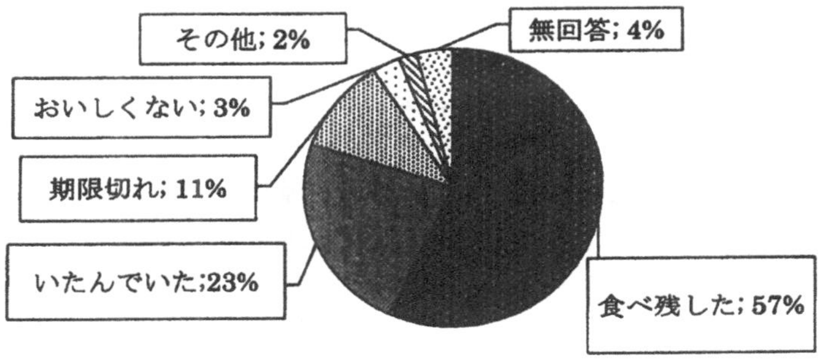

図１　食品廃棄の理由

（平成 29 年度徳島県における食品ロス削減《さくげん》に関する実証事業の結果の概要《がいよう》より）

2 次の地図の読み取りに関する問い【Ａ】・【Ｂ】に答えなさい。

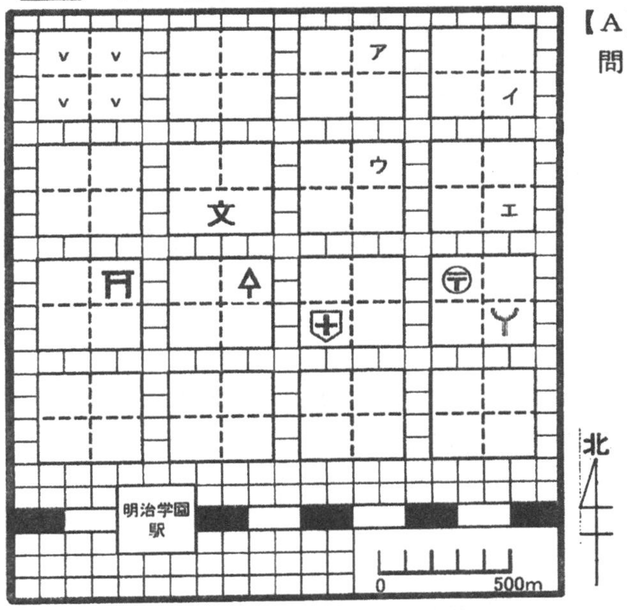

【Ａ】左の地図は，明治学園駅周辺の地図である。地図を見て後の各問いに答えなさい。

問１　次の文章を読み，下線部①～③の建物の場所を，下の【地図記号】を用いて，解答用紙の地図中に記入しなさい。

・明治学園駅の北口を出て 400m 北に進むと，東側の区画に①市役所がある。
・郵便局の出口は北側にある。その出口を出て北側の通りを 1.0km 西に進むと，小学校の向かい側に②交番がある。
・畑作地を出て，その南側の通りを東に進み，２つ目の交差点を右に曲がる。そこから南に 900m 進んだところにある交差点を左に曲がり，300m 進んだところの北側の区画に③図書館がある。

【地図記号】

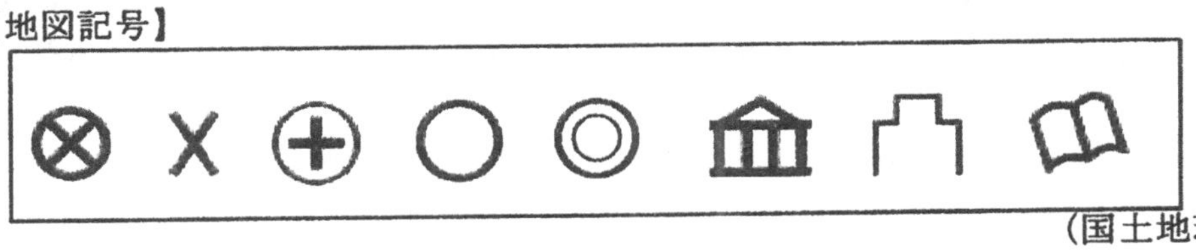

（国土地理院より）

問２　次の文章を読み，太郎さんの家の場所を地図中のア～エから１つ選び，記号で答えなさい。

明治学園駅の北口を東へ進み，２つ目の交差点を左に曲がり，約 1.5 km先の交差点を東へ進み，約 300m 進んだ左手の区画に，太郎さんの家がある。

（40分）

1

次の文章は子どもの人権について書かれたものである。この文章を読み，下の各問いにそれぞれ答えなさい。

今，世界には①「子どもの権利条約」という取り決めがあります。②2019年２月時点でこの条約を結んでいる国や地域の数は196にものぼります。この条約は子どもの人権を守るためのものです。いったいなぜ子どもの人権が主張されるようになったのでしょうか。

人権という考えが広まってきたのは，③今から300年ほど前のヨーロッパでした。当時は王や貴族といった高い身分の人がその他の多くの人々を支配する社会でした。しかし，「人はみな平等である。誰であっても自由や幸せを求める権利がある」という考えを持つ人が出てきました。そしてイギリスやアメリカ，フランスなどで，個人が自由かつ平等に生きることができる社会の実現が目指されるようになりましたが，④女性や子どもの人権については置き去りにされてきたのです。

子どもの権利が主張されるようになった大きなきっかけは⑤第一次世界大戦でした。多くの子どもが戦争の犠牲《ぎせい》になり，飢《う》えや貧困《ひんこん》で苦しんだり，心や体に傷を負ったりしたのです。こうしたことを反省し，第一次世界大戦後に設立された⑥平和のための国際機関の総会で「児童の権利に関するジュネーブ宣言」が採択《さいたく》されました。この中で，人類には子どもに対して最善のものを与える義務があり，子どもの権利は人種や国籍《こくせき》などの理由にかかわらず保障されると宣言されました。ところが1939年に⑦第二次世界大戦が起こってしまいました。「ジュネーブ宣言」で世界の国々が約束したにもかかわらず，再び多くの子どもが戦争の犠牲になりました。

二度と戦争を起こさせないという固い決意のもと，⑧平和のための国際機関が創設されたのは1945年です。さらにそれから30年以上が経過し，「子どもの権利条約草案」が起草され，1989年にこの国際機関の総会で採択されました。日本もこの条約を1994年から守るようになりました。この条約ではどんな差別も禁止し，子どもに意見表明の機会をより多くの場面で与えることなどが定められています。

2015年には⑨「持続可能な開発目標」という取り決めも採択され，⑩資源や環境だけでなく人権への関心もよりいっそう高まってきています。世界にはいまだに人権が十分に守られていない人々がいます。世界の人々が声を上げて「子どもの権利条約」が結ばれたように，私たちには全ての人の人権が守られるように行動することが求められているのです。

問１　下線部①について，現在の世界の人口は約74億人である。その中で日本の15歳《さい》未満の子どもの人口は約1500万人（日本の人口の約12%にあたる）である。世界の15歳未満の子どもの人口はどのくらいか。ア～エから適切なものを１つ選び，記号で答えなさい。

ア　約９億人　　イ　約19億人　　ウ　約38億人　　エ　約55億人

問２　下線部①について，「子どもの権利条約」第24条では健康と医療《いりょう》への権利が定められている。かつて日本では公害が問題となった。右の地図中Ａ～Ｄで起きた公害の組み合わせとして適切なものを，ア～エから１つ選び，記号で答えなさい。

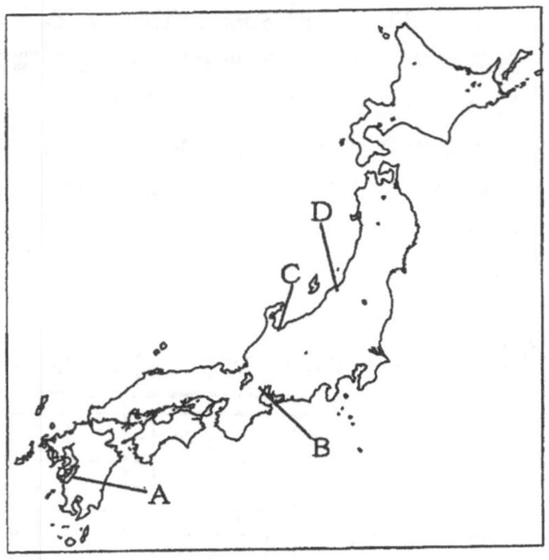

ア　Ａ…四日市ぜんそく　　Ｂ…新潟水俣病　　Ｃ…イタイイタイ病　　Ｄ…水俣病
イ　Ａ…イタイイタイ病　　Ｂ…水俣病　　Ｃ…新潟水俣病　　Ｄ…四日市ぜんそく
ウ　Ａ…水俣病　　Ｂ…イタイイタイ病　　Ｃ…四日市ぜんそく　　Ｄ…新潟水俣病
エ　Ａ…水俣病　　Ｂ…四日市ぜんそく　　Ｃ…イタイイタイ病　　Ｄ…新潟水俣病

問３　下線部②について，世界のほとんどの国が「子どもの権利条約」を結んでいる。一方で，この条約を結んでおらず，国土面積が世界で３番目に広く，人口が世界で３番目に多い国を，ア～オから１つ選び，記号で答えなさい。

ア　カナダ　　イ　ブラジル　　ウ　ロシア　　エ　中国　　オ　アメリカ

問４　下線部③について，今から300年ほど前の日本で活躍《かつやく》していた人物として適切なものを，ア～エから１つ選び，記号で答えなさい。

ア　北里柴三郎　　イ　井伊直弼　　ウ　近松門左衛門　　エ　雪舟

問５　下線部④について，日本でも第二次世界大戦後まで女性の地位は低く，社会進出が難しい時代であった。「もとは，女性は太陽であった」と呼びかけ，さらに婦人参政権を獲得《かくとく》するための運動をおこなった人物として適切なものを，ア～エから１つ選び，記号で答えなさい。

ア　平塚らいてう　　イ　津田梅子　　ウ　与謝野晶子　　エ　樋口一葉

問６　下線部⑤について，このころ起こった出来事として適切なものを，ア～エから１つ選び，記号で答えなさい。

ア　米騒動　　イ　ノルマントン号事件　　ウ　足尾銅山鉱毒事件　　エ　満州事変

(3)　図４のように，黒い画用紙で「ア」の形をつくり，それを鏡の反射面にはって実験を行いました。壁に映る光はどのようになりますか。次の①～④から正しいものを１つ選び，記号で答えなさい。

図４

(4)　次に，鏡と同じように光をよく反射するうすいアルミニウムの板を用いて実験を行いました。ここで，アルミニウムの板を図５のように曲げると，壁に映る光の明るさと光が映る範囲は，曲げる前に比べてそれぞれどのようになりますか。次の文中の空欄①，②にあてはまる語句を，続く【語群】から選んで書きなさい。

光の明るさは［　①　］，光が映る範囲は［　②　］。

【語群】
①の語句：明るくなり　・　変化せず　・　暗くなり
②の語句：せまくなる　・　変化しない　・　広くなる

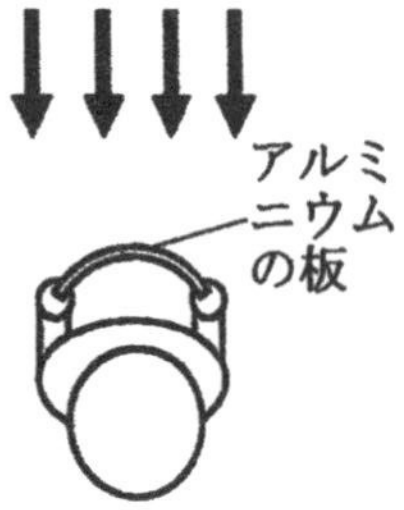

図５　真上から見た図

(5)　図６のように，２枚の鏡に赤色のセロハンと緑色のセロハンをそれぞれはって実験を行うと，２つの光が重なったところは黄色になります。ここで，光が重なっている壁の近くに細い棒を立てると，壁にその棒の影《かげ》が２本できます。左右２本の影の色はそれぞれ何色になりますか。次のア～オから正しいものを１つ選び，記号で答えなさい。

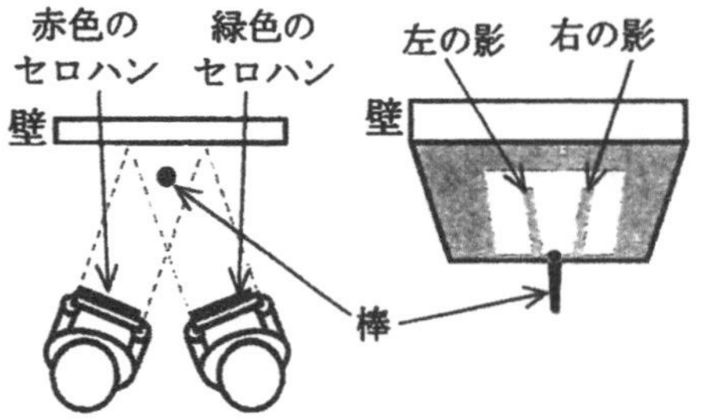

図６　真上からとななめ上から見た図

ア　２本とも黒色　　イ　２本とも白色
ウ　２本とも暗い黄色　　エ　左が赤色で右が緑色　　オ　左が緑色で右が赤色

(6)　赤色と緑色の光が重なった所に，さらに青色の光を重ねてみると，白に近い色になりました。このように，さまざまな色の光を重ねると白色になります。同じように，太陽の光はほぼ白色ですが，この光の中には様々な色の光が含まれています。このことと最も関連の深い現象を次のア～オから１つ選び，記号で答えなさい。

ア　影　　イ　しんきろう　　ウ　月の満ち欠け　　エ　虹《にじ》　　オ　日食

(7)　次に，はっていたセロハンを取りのぞきました。３つの光が集まったところでは，壁の温度が高くなっていました。太陽の光を集めるのに，最も適しているものを，次のア～エから１つ選び，記号で答えなさい。ただし，使える鏡やレンズは１枚とします。

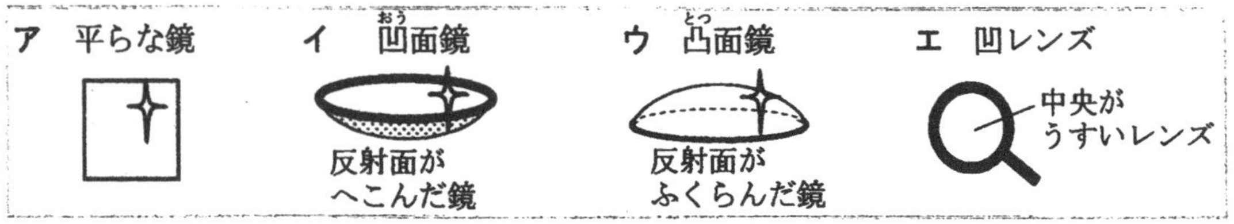

(8)　自転車の車輪などにつける反射板は，どのような角度から光を当てても，必ず光がやってきた方向に光をはね返すのが特徴です。これは，２枚の鏡の反射面を内側にして 90°に開いた状態で置くことで再現でき，実際の反射板も，この構造を小さくしたものがたくさん並んだものと考えることができます。さて，図７のように 90°に開いた鏡を回転台の上に立て，右目を閉じた人が鏡の中央に映る自分の顔を見ながら回転台を矢印の向きに回転させました。映る像はどのようになりますか。表情を①～④から，像が動く向きを⑤～⑦からそれぞれ選びなさい。ただし，２枚の鏡の接している辺を回転軸《じく》と一致《いっち》させました。

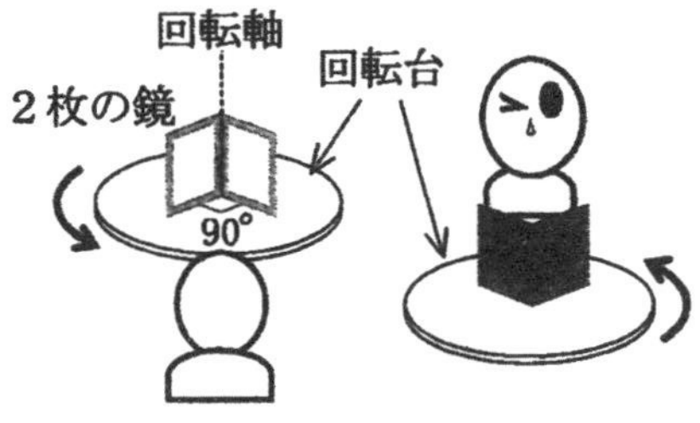

図７　人を背後からと正面から見た図

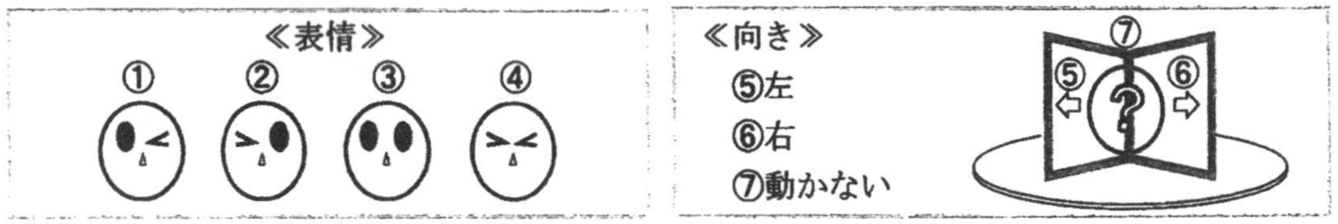

(5)　下線部②について，次の図ア～エは，ある台風が日本列島に接近したときの 24 時間ごとの雲画像です。日付の早い順にならべ，記号で答えなさい。

ア

イ

ウ

エ

気象庁「気象衛星画像」（https://www.jma.go.jp/jp/gms/#explain）を加工して作成

(6)　下線部②について，大雨によって洪《こう》水などの災害が発生することがあります。この川の中流では，この川とその支流が右の図のように流れていました。明さんは，この川と周辺のようすから次のア～オのように考えました。これらのうち，下線部に誤りを含むものを１つ選び，記号で答えなさい。なお，図の矢印は，川の流れの向きを表しています。

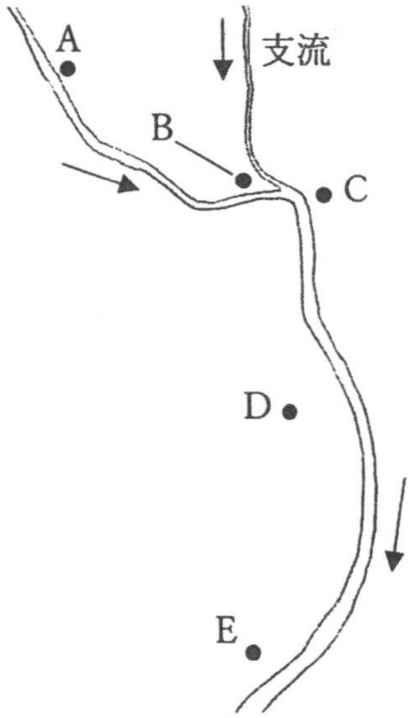

ア　山間部のＡ地点では，川のはんらんだけでなくがけ崩《くず》れなどの土砂災害にも注意が必要である。

イ　川が合流しているＢ地点では，浸《しん》水被害が生じる可能性が高い。

ウ　川沿いに道路があるＣ地点では，地面が大きくけずられて，道路が寸断されるおそれがある。

エ　平地が広がるＤ地点では，浸水被害が広範囲《こうはんい》に及ぶ可能性が高い。

オ　比較《かく》的川幅の広いＥ地点では，川がはんらんする可能性はない。

(7)　会話文中の下線部③および空欄［ c ］について，石灰岩はおもに何が固まってできていますか。【語群１】のア～オから１つ選び，記号で答えなさい。また，空欄［ c ］にはどのような言葉が入りますか。【語群２】のカ～ケから１つ選び，記号で答えなさい。

【語群１】

ア　サンゴや貝がらなど　　イ　れきやどろ　　ウ　ねんど
エ　火山灰など　　オ　マグマや流れ出たよう岩

【語群２】

カ　海底だった　　キ　火山だった　　ク　湖底だった　　ケ　森林だった

4　ある晴れた日に校庭に出て，図１のように，鏡を用いて日光を白くて平らな壁《かべ》に向かって反射させる実験を行いました。日光が鏡で反射するとき，「反射の法則」が成り立っています。これは，反射面に垂直な線と光の進む方向のなす角が，反射する前後で等しいという法則です。このことをふまえて次の問いに答えなさい。

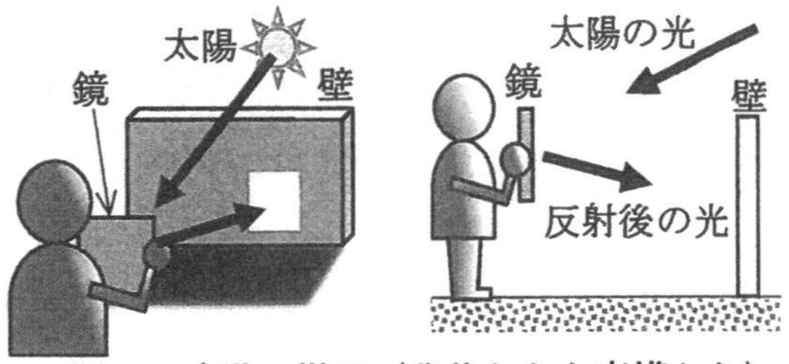

図１　実験の様子（背後からと真横から）

(1)　図２のように鏡に光を当てたとき，鏡で反射したあとの光の道筋はどのようになりますか。解答欄に直線で示しなさい。ただし，解答欄中の点線は反射する前の光の道筋を示しています。

図２

(2)　光が壁に当たる位置を図３の矢印のように上に動かしたい場合，鏡の反射面をどのようにかたむければよいですか。上・下・左・右で答えなさい。ただし，鏡を持つ手の高さは変えないとします。

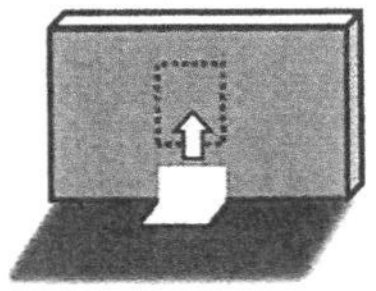

図３

3　明さんは，夏休みを利用して自宅近くを流れる川について，上流から下流までのようすを調べました。下はそのときのお父さんと明さんとの会話です。続く問いに答えなさい。

Ⅰ　川の上流にて

お父さん：このあたりが川の上流だよ。

明さん　：かなり山奥《おく》まで来たね。自宅近くと比べるとずいぶん川幅《はば》が（　あ　）くて，水の流れが（　い　）なあ。

お父さん：そう，よく気がついたね。川のまわりの地形からも何か気づくかな。

明さん　：川のまわりは急な斜面《しゃめん》になっていて，まるで川を流れている水が土地をけずり取ったようになっているよ。そうか，これが学校で習った（　う　）というはたらきだね。

お父さん：うん，その通り。では，次は中流に行ってみよう。

Ⅱ　川の中流にて

明さん　：お父さん，①ここでは川が大きく曲がっているね。

お父さん：そうだね。曲がっているところの内側と外側をよく観察してごらん。

明さん　：内側には小石や砂が多く積もっていて，広い川原になっているね。そして外側は，がけになっているよ。

お父さん：そうだよ。なぜそうなると思う？

明さん　：それは，外側では水の流れが［ a ］，（う）が進み，内側では［ b ］からだよね。

お父さん：うん，正解だよ。明はよく勉強しているね。

明さん　：あれ，あの橋では何か工事をしているね。何の工事だろう？

お父さん：おそらく，去年の②台風とそれにともなう大雨の影響で橋が壊《こわ》れてしまったのだろう。その補修工事をしているのだと思うよ。

明さん　：いくら大雨といっても，鉄やコンクリートでできた橋が壊れたりするのかな。

お父さん：明，川の中にあるあの岩を見てごらん。

明さん　：うわっ。周りの石に比べてずいぶん大きいね。

お父さん：あんなに大きな岩が，なぜこの中流にあるのかを考えれば，大雨で橋が壊れてしまう理由もわかると思うよ。では，下流に向かおう。

Ⅲ　川の下流にて

明さん　：下流になると川幅がとても広いなあ。あれ，でもよく見ると川が途中《とちゅう》で２つに分かれて，海側でまた１つに合流しているぞ。

お父さん：そのように，川の中ほどにできた陸地を中州《す》というよ。より上流から運ばれてきた土砂が積もってできるんだ。

明さん　：そうか。中流で川が曲がっているところの内側が広い川原になっていたのと同じ理由だね。それにしてもいろいろな色の石があるなあ。お父さん，この白っぽい石は何だろう？

お父さん：ふむ。これはおそらく③石灰岩だね。この川の上流には石灰岩でできた山があったから，そこから運ばれてきたのだと思うよ。

明さん　：ということは，その山は大昔には［ c ］ということになるね。

(1)　会話文中の空欄（あ）～（う）に適する言葉を答えなさい。

(2)　下線部①について，下の図のように曲がっている川の底の断面図を，川の深さがわかるようにかきなさい。

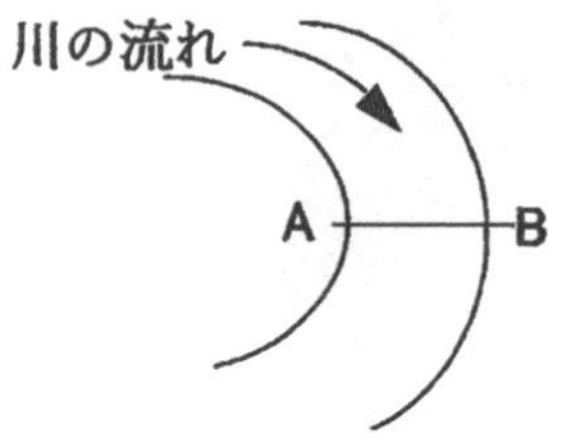

川を上から見た図

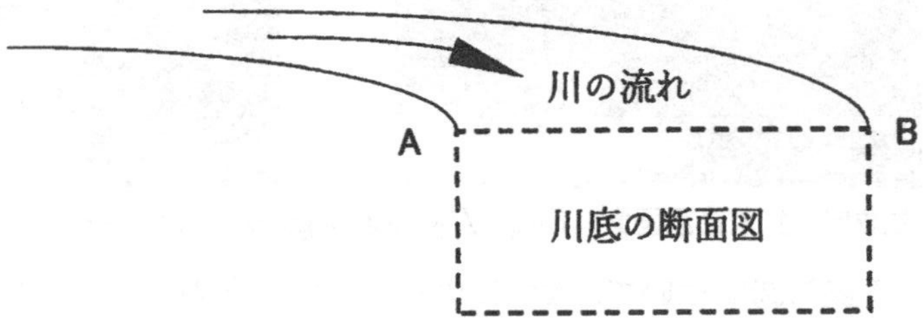

(3)　会話文中の空欄［ a ］にあてはまる語句を，次の【語群】から１つ選びなさい。また，［ b ］に適する文を，流れる水のはやさとはたらきにふれて答えなさい。

【語群】

はやくて　　ゆるやかで　　止まっていて

(4)　下線部②について，台風は，主に赤道付近で発生した低気圧とそれにともなう雲が発達してできます。どのような雲が発達して台風になりますか。次のア～エから１つ選び，記号で答えなさい。

ア　うね雲　　イ　すじ雲　　ウ　せきらん雲　　エ　らんそう雲

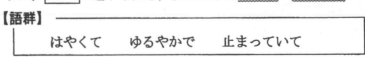

【実験３】

マイタケ以外のキノコでもタンパク質を分解できるのか調べるため，生のマイタケ，エノキタケ，ブナシメジを用いて**実験２**と同じように実験を行った。

容器に入れたもの	結果
ゼラチン液６ｇ	ゼラチン液は固まった。
生のマイタケ　１ｇ＋ゼラチン液　５ｇ	ゼラチン液は液体のままで固まらなかった。
生のエノキタケ　１ｇ＋ゼラチン液　５ｇ	ゼラチン液は固まった。
生のブナシメジ　１ｇ＋ゼラチン液　５ｇ	ゼラチン液は固まったが，やわらかくてかんたんにくずれた。

(6)　**実験３**の結果から，マイタケ，エノキタケ，ブナシメジの３種類のキノコを，タンパク質を分解する力が強いものから，順番にならべなさい。

(7)　マイタケなどのキノコは，植物のなかまではなく「菌類《きんるい》」というなかまに分類される生物です。

植物は，光合成によって栄養分をつくっていますが，菌類は光合成をすることができません。動物は，ほかの生物を食べて消化管で消化して栄養分を吸収しますが，菌類は口や消化管をもっていません。

菌類は，かれ木や動物の死がいを栄養にしていますが，どのようにして栄養分を得ていると考えられますか。**実験２**，**実験３**の結果も参考にして，次の文**ア**～**エ**から適切なものを１つ選び，記号で答えなさい。

ア　菌類は，かれ木や死がいに含まれるタンパク質を，口から体内に吸収し，消化管内でプロテアーゼによって消化している。

イ　菌類は，かれ木や死がいに含まれるタンパク質を，プロテアーゼによって体の外で消化してから吸収している。

ウ　菌類は，かれ木や死がいに含まれるプロテアーゼによってタンパク質を消化し，それを吸収している。

エ　菌類は，かれ木や死がいに含まれるタンパク質によってプロテアーゼを消化し，栄養分として吸収している。

2　次のⅠ，Ⅱに関する各問いに答えなさい。

Ⅰ　二酸化マンガンにうすい過酸化水素水を加えたところ，気体Ａが発生しました。

(1)　気体Ａは何ですか。

(2)　気体Ａの性質として正しいものを，次のア～エから１つ選び，記号で答えなさい。

ア　石灰水を白くにごらせる。　イ　火のついた線香を激しく燃やす。

ウ　空気中の約 80 ％をしめる。　エ　水によく溶けて酸性を示す。

(3)　気体Ａの集め方として最もよいものを次のア～ウから１つ選び，記号で答えなさい。

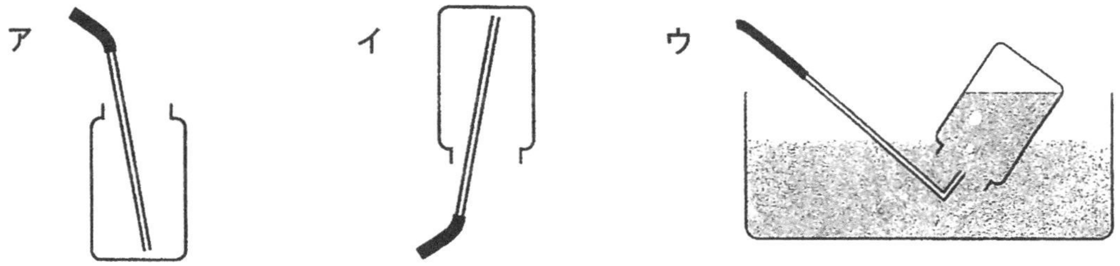

Ⅱ　石灰石に含まれる炭酸カルシウムの割合を調べるために次の実験を行いました。

ある濃《のう》度のうすい塩酸 50.0 cm^3 に 2.50 g，5.00 g，7.50 g，10.00 g，12.50 g，15.00 g の炭酸カルシウムを加え，発生する気体Ｂのおもさを測定しました。下の表はその結果をまとめたものです。

炭酸カルシウム〔g〕	2.50	5.00	7.50	10.00	12.50	15.00
気体Ｂ〔g〕	1.10	2.20	ア	3.52	3.52	イ

(4)　気体Ｂは何ですか。

(5)　表中のア，イにあてはまる数値をそれぞれ答えなさい。

(6)　炭酸カルシウムが 10.00 g と 12.50 g のとき，発生する気体Ｂのおもさが同じになるのはなぜですか。説明しなさい。

(7)　このうすい塩酸 50.0 cm^3 とちょうど反応する炭酸カルシウムは何 g ですか。小数第２位まで答えなさい。

(8)　ある石灰石 5.00　g をこの塩酸 50.0　cm^3 に加えたところ，気体Ｂが 2.10　g 発生しました。石灰石の主成分は炭酸カルシウムであり，炭酸カルシウムとうすい塩酸が反応して気体Ｂが発生します。この石灰石にふくまれる炭酸カルシウムの割合は何％ですか。小数第１位を四捨五入して，整数で答えなさい。

理　科

(40分)

1 明子さんはお父さんと茶わんむしを作りました。キノコが好きな明子さんがマイタケを入れようとすると，「マイタケを入れると茶わんむしが固まらなくなるから，入れたらだめだよ。」と言われました。生のマイタケにはタンパク質を分解する酵素《こうそ》（プロテアーゼ）が含《ふく》まれているため，卵のタンパク質が固まらなくなるのだそうです。明子さんは，だ液をデンプンと混ぜたときと同じようなことが起こるのかなと思いました。だ液がデンプンを糖に変えるのは，だ液にはデンプンを分解する酵素（アミラーゼ）が含まれているからです。

そこで，明子さんは小学校で行っただ液の実験を思い出して，次のような実験をしてみました。

【実験１】

３本の試験管に，デンプンのりを水に溶《と》かしたものを同じ量ずつ入れ，水，だ液，加熱しただ液をそれぞれ同じ量ずつ加えた。試験管を40℃の湯に30分間つけてから，ヨウ素液を加えた。

試験管に入れたもの	結果
デンプン液＋水	（ ① ）色に変化した。
デンプン液＋だ液	色は変化しなかった。
デンプン液＋加熱しただ液	（ ② ）

(1) **実験１**の表の結果の①にあてはまる色を答えなさい。

(2) **実験１**で，だ液を入れずに水だけを加えた試験管は何のために用意したものですか。次のア～エから適切なものを１つ選び，記号で答えなさい。

ア デンプン液をうすめることで，分解されやすくするため。

イ 加えたものの体積を同じにすることで，だ液以外の条件を同じにするため。

ウ デンプンが分解されるには，40℃で30分間おくことが必要であると示すため。

エ デンプンが分解されるには，だ液に含まれる水が必要であると示すため。

(3) だ液に含まれているアミラーゼは，加熱するとはたらきを失います。**実験１**の表の結果の②にあてはまる文を次のア～ウから１つ選び，記号で答えなさい。

ア （ ① ）色に変化した。

イ 色は変化しなかった。

ウ 沈殿《ちんでん》ができた。

卵のタンパク質は加熱すると固まりますが，ゼラチンというタンパク質は冷やすと固まる性質をもっています。そこで，卵のかわりにゼラチンを使って次のような実験をしました。

【実験２】

製菓《せいか》用ゼラチンを湯に溶かしてゼラチン液を作り，表のように容器に入れ，冷蔵庫に入れて冷やした。

容器に入れたもの	結果
ゼラチン液６ｇ	ゼラチン液は固まった。
生のマイタケ １ｇ＋ゼラチン液 ５ｇ	ゼラチン液は液体のままで固まらなかった。
加熱したマイタケ １ｇ＋ゼラチン液 ５ｇ	ゼラチン液は固まった。

(4) 下のア～オから，マイタケを表した図を１つ選び，記号で答えなさい。

ア　イ　ウ　エ　オ

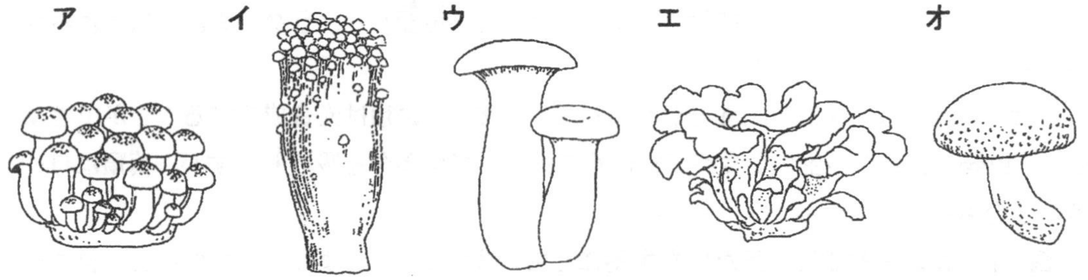

(5) 次の文は，**実験２**の結果からわかることをまとめたものです。文中の空欄《らん》①，②に適切な文を入れなさい。

実験２の結果より，マイタケのプロテアーゼのはたらきでタンパク質が分解されると，ゼラチンが固まらなくなることがわかる。また，マイタケに含まれるプロテアーゼは［ ① ］ことがわかる。以上のことから，マイタケ入りの茶わんむしをつくるためには，マイタケを［ ② ］すればよいとわかる。

4 次の会話は，学さんと明子さんが消費税について考えているときのものです。次の①～④にあてはまる数を答えなさい。ただし，「品物の値段」は消費税抜きの値段，「支払う金額」は消費税込みの金額を表します。

学　：消費税が話題になっているね。
明子：消費税が８％のときと10％のときについて考えようよ。
学　：支払う金額を計算するときは，小数点以下を切り捨てるんだよ。
明子：ということは，消費税が８％のとき，品物の値段が1111円ならば，支払う金額は［　①　］円になるね。
学　：消費税が10％のとき，支払う金額が2020円ならば，品物の値段は［　②　］円だね。
明子：消費税が８％と10％では，品物の値段が高くなるほど影響《えいきょう》が大きくなるよね。
学　：そうだね。例えばお父さんが2500万円の家を買うとすると，消費税が８％のときよりも10％のときの方が［　③　］万円多く支払うことになるよ。この差は大きいね。
明子：消費税が８％でも10％でも，支払う金額が同じになるような品物の値段が知りたくなったよ。
学　：調べてみると，消費税が８％のときに支払う金額と10％のときに支払う金額が同じになるような品物の値段のうち，最も高いものは［　④　］円だよ。
明子：そうなんだ。消費税について，もっと考えてみたくなったよ。

5 半径３cmの球の体積は，底面が半径３cmの円で，高さが６cmの円柱の体積の３分の２に等しいことが知られています。このことを利用して，次の問いに答えなさい。ただし，円周率は3.14とします。

(1) 半径３cmの球の体積を求めなさい。

(2) 図１のような直方体の箱があります。この箱の内部を半径３cmの球が自由に動き回るとき，動き回ることのできる部分は図２のような立体になります。この立体の体積は，半径３cmの球の体積の何倍ですか。

図１

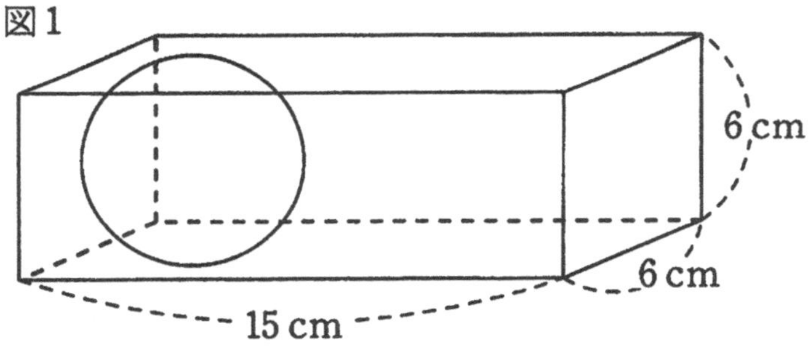

図２

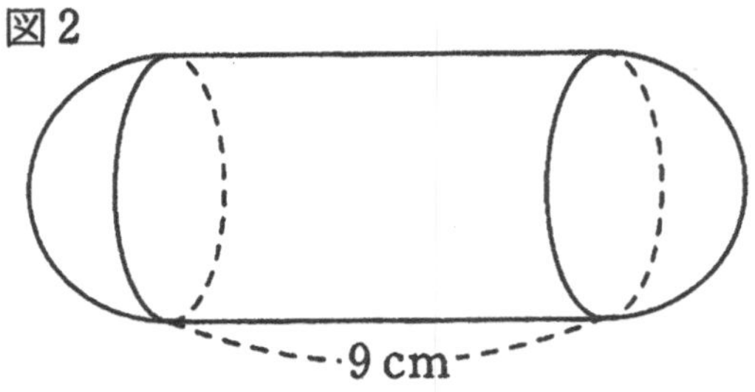

(3) １辺の長さが15cmの立方体の箱があります。この箱の内部を半径３cmの球が自由に動き回るとき，動き回ることのできる部分の体積を求めなさい。

2 オリンピックに向けて新しい競技場を建設します。この競技場を建設会社Ａだけで建設すると27ヶ月かかります。また，建設会社Ａが３ヶ月でする仕事の量は建設会社Ｂが２ヶ月でする仕事の量と等しく，建設会社Ｂが３ヶ月でする仕事の量は建設会社Ｃが２ヶ月でする仕事の量と等しいです。このとき，次の問いに答えなさい。

(1) 建設会社Ｂだけで建設すると競技場が完成するまでに何ヶ月かかりますか。

(2) 建設会社Ｃだけで建設すると競技場が完成するまでに何ヶ月かかりますか。

(3) 建設会社Ｃが４ヶ月でする仕事の量は建設会社Ａの仕事の量の何ヶ月分ですか。

(4) 建設会社Ｃだけで２ヶ月建設した後，残りを建設会社ＡとＢだけで建設し，競技場が完成しました。このとき，建設会社ＡとＢだけで建設した期間は何ヶ月間ですか。

3 学さんは，自宅から10 km離《はな》れた明子さんの家まで自転車で行くことにしました。ところが，途中《とちゅう》でタイヤがパンクしたので，自転車店まで自転車を押《お》しながら歩いて戻《もど》りました。タイヤの修理が終わってから，また自転車に乗って明子さんの家まで行きました。右のグラフは，学さんが自宅を出てからの時間と自宅から学さんの位置までの距離の関係を表したものです。

このとき，次の問いに答えなさい。

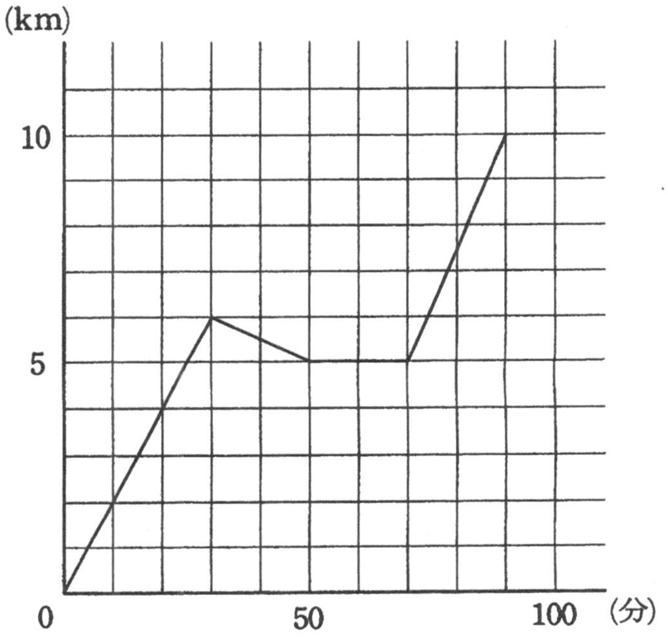

(1) タイヤがパンクしてから自転車店まで歩いて戻るまでの学さんの歩く速さは，分速何ｍですか。

(2) 学さんが自転車店にいた時間は何分間ですか。

(3) 学さんの自転車で進む速さについて，次の２つの速さＡ，Ｂを考えます。

Ａ：自宅を出てからタイヤがパンクするまでの速さ

Ｂ：タイヤを修理してから明子さんの家に着くまでの速さ

Ａ，Ｂについて，どのようなことがわかりますか。

下の(ア)～(エ)から１つ選び記号で答えなさい。

(ア)　ＡがＢより速い。

(イ)　ＢがＡより速い。

(ウ)　ＡとＢは同じである。

(エ)　どちらが速いかわからない。

(4) 学さんが自宅を出発して10分後に，学さんのお母さんは自宅からジョギングにでかけました。お母さんが学さんと同じ道を時速６kmで走ったところ，途中で自転車店にいる学さんを追い越《こ》しました。しばらくするとお母さんは学さんに追い越されました。

①　お母さんが学さんを追い越したのは，お母さんが自宅を出発して何分後ですか。

②　お母さんが学さんに追い越されたのは，お母さんが自宅を出発して何分何秒後ですか。

（50分）

1 次の(1)～(10)は□の中にあてはまる数や言葉，記号を答え，(11)は問いに答えなさい。

(1) $18-8\times(4-2)+15\div3=$ □

(2) $1.2+0.8\div\frac{2}{5}\times5=$ □

(3) $\left\{88-\left(5\times\square+57\right)\right\}\div\frac{4}{5}=20$

(4) １から10までの整数のうち，素数をすべて答えると□です。

(5) Ａ，Ｂ，Ｃ，Ｄの４人がリレーの順番を決めるとき，Ａが１番目に走るような順番の決め方は全部で□通りです。

(6) 2020年１月18日は土曜日です。この日から30日後は□曜日です。

(7) 図１は，あるクラス31人の通学時間を整理したものです。図１から正しいと読み取れることがらを，次の(ア)～(エ)からすべて選ぶと□です。

(ア)　通学時間が35分の児童がいる。
(イ)　通学時間が60分以上の児童は１人もいない。
(ウ)　通学時間が短い児童は，歩く速さが速い。
(エ)　通学時間が短い順に数えてちょうど真ん中である児童の通学時間は，20分以上30分未満である。

図１

時間(分)	人数(人)
0以上 ～ 10未満	6
10 ～ 20	9
20 ～ 30	10
30 ～ 40	3
40 ～ 50	2
50 ～ 60	1
計	31

(8) 図２は，駅と駅の間の距離《きょり》を表したものです。Ａ，Ｂ，Ｃ，Ｄ，Ｅ駅はこの順に一直線上にあるものとします。例えば，Ａ駅とＣ駅の間の距離は18.3 km です。このとき，図２の①にあてはまる数は□です。

図２

				Ｅ駅
			Ｄ駅	
		Ｃ駅	5.1	
	Ｂ駅		7.8	11.8
Ａ駅	①	18.3		

（単位は km）

(9) 図３は，正方形ABCDと２つのおうぎ形を組み合わせ，点Ａと点Ｅ，点Ｄと点Ｅをそれぞれ結んだものです。このとき，三角形AEDにおいて㋐の角は□度です。

図３

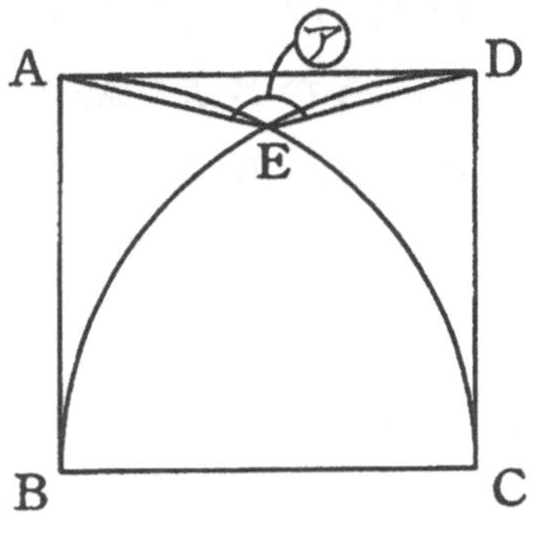

(10) 図４は，２つの直角三角形と２つのおうぎ形を組み合わせたものです。の部分の面積は□cm² です。ただし，円周率は3.14とします。

図４

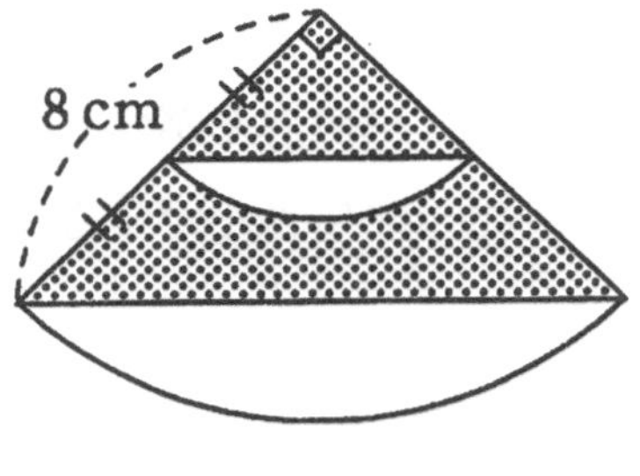

(11) 100点満点の算数のテストを５回受けました。得点はすべて整数です。次の(ア)～(オ)のうち，５回の平均点として考えられないものをすべて選び記号で答えなさい。また，その理由を書きなさい。

(ア)　66.4　　(イ)　69.7　　(ウ)　74.3　　(エ)　77.5　　(オ)　88.2

一　資料Ⅲの、ひろしくんが捕まえたアサギマダラについて、

（1）アサギマダラの羽には文字が書いてありました。これは、他のチョウにはないアサギマダラの特徴《とくちょう》を調べるために書かれたものです。アサギマダラの特徴とは何ですか。資料Ⅰから十三字でぬき出しなさい。

（2）羽に書かれている「軽井沢」「9／15」は何を示していますか。資料Ⅱを参考にして、説明しなさい。

二　ひろしくんはアサギマダラを観察したあと、空に放ちました。その後、次の地図のA～Dのどこに行くと再会する可能性が高いですか。資料Ⅳを参考にして、最も適切なものを地図中のA～Dから選び、記号で答えなさい。

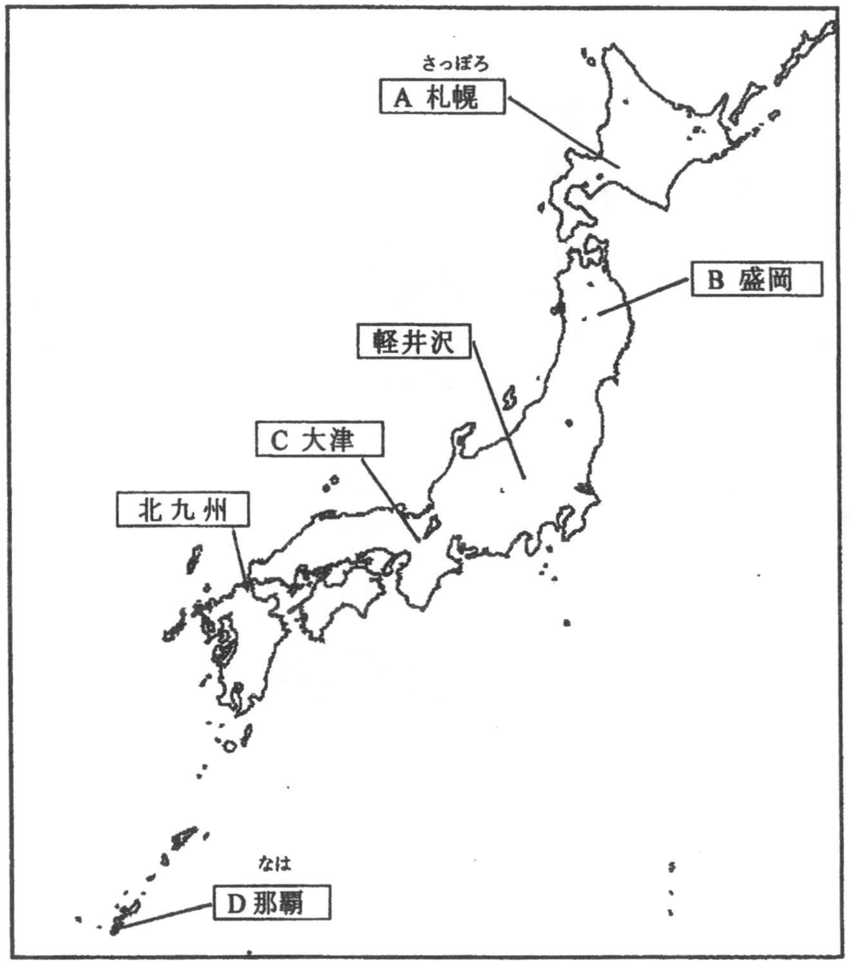

三　ひろしくんは、アサギマダラのことを知らないクラスメイトにも、アサギマダラの調査協力をしてほしいと思い、学級新聞に記事を書きました。これを読んで、後の問いに答えなさい。

A

ぼくは令和元年10月15日に明治学園の森でアサギマダラを捕まえました。

アサギマダラの羽には文字が書きこまれていました。これについていろいろ調べていくと、このチョウについて全国で大規模な調査が行われていることがわかりました。

ぼくはみなさんにもこの調査に協力してほしいと思いました。

アサギマダラはアゲハチョウぐらいの大きさで、色は赤茶色の地にうすい水色の模様が入っていて、どう体は水玉模様の美しいチョウです。春と秋には明治学園がある北九州でも見かけることがあります。

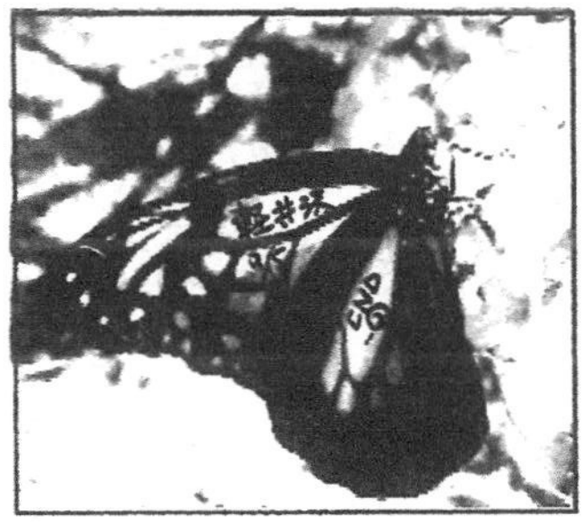

みなさんも、アサギマダラを見つけたら、羽に文字が書いてないかを確にんしてみてください。そしてその文字の内容を、次のところに連らくしてください。

ぜひ、ご協力お願いいたします。

（連絡先）
アサギマダラの会
（電話）
000（000）0000

（1）記事のAに入る見出しとして最も適切なものを次から選び、記号で答えなさい。

ア、探してみよう　アサギマダラ　　イ、アサギマダラの森を守って

ウ、アサギマダラを捕《つか》まえないで　　エ、育ててみよう　アサギマダラ

（2）記事の内容をよりわかりやすく伝えるためには、どのようにすればよいですか。最も適切なものを次から選び、記号で答えなさい。

ア、アサギマダラと他のチョウの大きさを比較《ひかく》した図をのせる。

イ、アサギマダラの旅の道筋を書いた日本地図をのせる。

ウ、アサギマダラがふ化してから成虫になるまでの解説をする。

エ、アサギマダラの羽に書かれた文字の解説をする。

【四】ひろしくんは10月15日に福岡県《ふくおかけん》北九州市にある明治学園の森で「アサギマダラ」と呼ばれるチョウを一匹《ぴき》捕《つか》まえました。その羽には文字が書かれており、調べていくうちに「アサギマダラ」の魅力《みりょく》にとりつかれました。資料Ⅰ～Ⅳを読み、後の問いに答えなさい。

資料Ⅰ　アサギマダラとは

アサギマダラはタテハチョウ科のチョウで、大きさはアゲハチョウほどです。重さは０・５グラムにも満たないほどの軽いチョウで、普通《ふつう》にふわふわと飛んでいるだけに見えますが、何と春と秋には１０００㎞から２０００㎞もの旅をします。定期的に国境と海を渡《わた》ることが標識調査で証明されたチョウは世界に一種しかありません。

小学生の頃《ころ》、昆虫《こんちゅう》少年だった私の周囲には、折々にアサギマダラが飛んでいました。平地や山地に見かける程度だったそのチョウが、ある時期から特別な関心を引くことになりました。１９８０年代の初頭に、アサギマダラが旅をするチョウであることがわかってきたのです。その旅を調べるために、羽に標識を書いて飛ばし、遠隔地《えんかくち》で再捕獲《ほかく》する「マーキング調査（標識調査）」が同好の人達《たち》の間で始まりました。２００１年には台湾《たいわん》から鹿児島《かごしま》県や滋賀《しが》県への北上個体が確認《かくにん》され、北米のオオカバマダラのように国境を越《こ》えることがわかりました。

資料Ⅱ　マーキングの仕方

標識、すなわち羽へのマーキングは、再捕獲した人に「どこで、何月何日に、誰《だれ》が、何番目に標識した個体か」がわかるように記載《きさい》すればよい。つまり、「場所、月日、標識者、番号」を記入する。標識者記号としてはイニシャルを用いる人もいるが、他の人と混同されないことが重要である。３文字の方が安全であり、ほかの人と一致《いっち》しそうにないものを選ぶのがよい。文字は細い油性ペンを用いて書く。その際、アサギマダラの羽を閉じた状態にして、羽のうら側の見やすい場所を選ぶこと。

資料Ⅲ　ひろしくんが捕まえたアサギマダラの写真

資料Ⅳ　アサギマダラの旅について、ひろしくんがまとめたもの

・春の北上個体の場合は、秋に産卵《さんらん》されるとその年のうちにふ化する。幼虫のまま越冬《えっとう》し、春になったらさなぎになり、羽化《うか》する。したがって北上個体は３月に羽化して旅を始める。本州のどこかで産卵し、８月頃までが寿命《じゅみょう》である。東北地方では８月頃まで移動した成虫が見られる。

・秋の南下個体の場合は、６月前後に産卵されると速《すみ》やかにふ化《か》して、７月から８月にかけて成長し、さなぎになり、羽化する。したがって８月の下旬《げじゅん》頃から南下の旅を始める。南下した場所で産卵し、12月頃までが寿命である。沖縄《おきなわ》県では12月頃まで移動した成虫が見られる。

（資料Ⅰ・Ⅱ・Ⅳの文章は、栗田昌裕《くりたまさひろ》『謎《なぞ》の蝶《ちょう》　アサギマダラはなぜ海を渡るのか？』を原典とし、一部改変している。）

（小泉和子『和食の力』より、一部改変している。）

（注）※ここしばらく前から…本書は二〇〇三年に発行された。
※愕然…非常に驚くさま。
※浮遊化…定まらなくなってきていること。
※孤食…家族が一人ひとり、別に食事をとること。
※懐石料理…ここでは高級な日本料理のこと。
※所詮…結局。
※飽食…食物に不自由しないこと。
※カルト…閉鎖《へいさ》的な新興宗教集団のこと。

一　傍《ぼう》線部①「愕然としてしまった」とありますが、若者たちのどのようなことに愕然としたのですか。次の（　　）に入る適切なことばを本文中から二十五字で探し、初めと終わりの五字をぬき出して答えなさい。
　若者たちの、（　　　　）こと。

二　□に入る適切な内容を、本文をよく読み、二十五字以内で考えて答えなさい。

三　傍線部②「こうした状態」とはどのような状態ですか。二十字以内で答えなさい。

四　傍線部③「食べ物番組をやっていない局はない」を、「ない」ということばを使わず、同じ内容になるように書きかえなさい。

五　「食べ放題」や「食べ物番組」の現状から、筆者はどのような点を問題だと考えていますか。答えなさい。

六　傍線部④「現にすでに学級崩壊、～次々と起こっている。」とありますが、これらの問題が起こらないようにするためには、どうすればよいと考えられますか。本文の内容に即《そく》して説明しなさい。

【三】次の傍《ぼう》線部①～③は漢字の読みを書き、④～⑩はカタカナを漢字に直しなさい。必要ならば送りがなも書くこと。

①先生の声に呼応して朗読がはじまる。
②窓辺にネコがいる。
③苦しみを経て成長する。
④赤ちゃんがタンジョウする。
⑤ツウカイな青春ドラマ。
⑥名演奏にカンゲキする。
⑦ミジカイ小説ばかり読む。
⑧キョウド料理を食べる。
⑨善と悪はヒョウリ一体だ。
⑩シュウシ無言のままだった。

生徒　さっきまでは暴風雨だったけれど、ここでは［　Ｙ　］ことが読み取れます。

先生　なるほど。情景の変化に着目したんですね。では、さらに一歩踏《ふ》み込《こ》んでみましょう。ここでは「ぼく」が「新しい光」を片耳の大シカの背中に見たんですよね。ということは、「新しい光」は「ぼく」の「片耳の大シカ」に対する見方を象徴していると考えられませんか。さあ、ここまできたら、自分たちで何を象徴しているのか考えてみましょう。

（１）［　Ｘ　］に入ることばを漢字二字で答えなさい。

（２）［　Ｙ　］に入る内容を五字前後で答えなさい。

（３）傍線部『新しい光』は～考えられませんか」とありますが、「ぼくたち」のシカたちへの見方が変化するきっかけとなった出来事を、二つ答えなさい。

（４）会話の後に、二重傍線部「その新しい光を背中いっぱいにあびて」が何を象徴しているのかについて、四人の生徒が話し合いました。象徴しているものの説明として最も適切な発言を次から選び、ア～エの記号で答えなさい。

ア、　生徒Ａ　片耳の大シカがいまいましい存在ではなくなり、次の機会に正々堂々と狩りを行う対等な存在になったことを象徴していると思うな。

イ、　生徒Ｂ　いや、ここは、これまでいまいましく思っていた大シカに深い感謝の気持ちと親近感を持つようになったことを象徴していると思います。

ウ、　生徒Ｃ　そうかしら。感謝や親近感ではなく、人間も動物も命の重みには差がないことを教えてくれた大シカに対する敬う気持ちを象徴していると思うわ。

エ、　生徒Ｄ　ちがうよ。ここは、人間がちっぽけな存在にすぎないと気づき、今後、吉助おじさんたちとぼくがシカ狩りをしなくなることを象徴しているんだよ。

【二】次の文章を読んで、後の問いに答えなさい。

は、ここで死ななければならないのかもしれない。

ふるえながら、ほらあなをながめまわした時、くらさになれたぼくたちは、いようなものをみて、ぎくっとした。

一メートルとはなれぬ、ほらあなの中に、三十頭にちかいシカの群れと、十五、六頭のサルとが、シカはたがいにからだをすりつけて横になり、サルは、人間のようにひざを立てて、かたまりあっているのであった。

かれらは、ぼくたち三人が、ほらあなの中にころげこんで行っても、べつに逃げるようすも、さわぐようすもなく、まだ、べつに、気にとめるふうもなく、ふしぎに静まりかえっているのである。

だれかの探検記で、大嵐《おおあらし》のとき、ヘビもネズミも山犬も、同じところで、いつもは、たがいに、にらみあい、かみあっているものたちが、仲よく避難《ひなん》していた話を読んだことがあるが、動物たちは、おたがいのからだに、同じような危険がおそいかかってきたばあいには、おたがいに助けあうというような習性をもっているのかもしれない。

ぼくたちは、はじめは、③おどろいて、そのシカの寝姿《ねすがた》をみていたが、そのやわらかそうな毛なみが、そのかわいてあたたかそうなからだの色が、ぼくたちの、生きたい、生きたいという気持ちを、むしょうにかきたてて、ぼくたち三人は、むちゅうでシカの群れの中にとびこんで、そのぬくぬくしたからだにまきつくと、ぼくたちの冷えきったからだを、ぐっとおしつけた。

シカたちは、べつにさわぎたてもしなかった。

なんという、よい気持ちだろう。ほのかなぬくみが、野生のシカたちの毛皮をとおして、ぼくたちのからだに、心よくしみてくる。これで、ぼくたちは、こごえ死にから救われるという安心のためか、つかれて、冷えきったからだに、適度のぬくみをえたためか、ぼくたちは、いい音楽でもきいているような、うっとりした気持ちで、そのまま深いねむりにおちていった。

さあ、どのくらいの時間、ぼくたちはねむったのであろうか。とつぜん、どすんと、投げ飛ばされたような気がして、はっと目がさめた。目がさめて、ひやっとした。三十頭近いシカの群れが、いっせいに立ちあがって、大きな角をふりたてていた。いったい、どうなることであろうか。鉄砲は、着物といっしょに、ほらあなのすみに投げてある。武器のないぼくたちは、シカの群れがあの鋭《するど》い角でむかってくれば、せっかくたすかった命も、またここで捨てなければならぬのだ。が、どうすることもできぬので、運を天にまかせてじっと、横になっていた。しかし、シカたちは、べつにぼくたちに目もくれず、一列にそろって、ほらあなの外に歩きだして行ってしまった。

シカたちは、しずかに、がけをつたわって、谷間におりて行く。しかも、その先頭に立っているのは、あの、片耳の大シカではないか。

「おお、あいつだ。あの片耳だ。」

こうつぶやくと、次郎吉さんは、ほらあなのすみに投げてあった銃《じゅう》を取りあげて、すばやく肩《かた》にあてると、片耳の大シカの頭のまん中にねらいをつけた。ぼくは思わず叫んだ。

「あっ！よしなよ、次郎吉さん。あの片耳の大シカのためにきょうは命がたすかったのじゃないですか。」

おじさんもにっこりうなずいて、かるく次郎吉さんの肩をたたいた。次郎吉さんは、ちょっとはずかしそうな顔をしたが、すなおに、うなずいて、銃をかたわらにおいた。

その新しい光を背中いっぱいにあびて、片耳の大シカは、群れをひきいて、谷底におりて、やがて杉林の中に、姿をけしてしまった。

（椋鳩十《むくはとじゅう》『片耳の大鹿』より、一部改変している。）

（注）※センをかうように…ふたをするように
　　※中風やみ…脳の出血などにより、体や腕《うで》・脚《あし》などの運動神経が麻痺《まひ》していること。

一　傍《ぼう》線部①「えーい、くそっ。片耳の大シカだ」からは、吉助おじさんが片耳の大シカをいまいましく思っていることが読み取れます。吉助おじさんがそう思うようになった理由を説明しなさい。

二　傍線部②「ぼくたちは、～わからない」とありますが、この状況を次のように二通りに言いかえることができます。ひらがな四字を入れて、それぞれ完成させなさい。

> ・命□□□□ほらあなにたどりついた。
> ・□□□□の体《てい》でほらあなにたどりついた。

三　（　　）Ａ・Ｂに入ることばとして最も適切なものを次から選び、それぞれ記号で答えなさい。

ア、また　　イ、そして　　ウ、まるで　　エ、しかし　　オ、たまに

四　傍線部③「おどろいて」とありますが、なぜ「おどろい」たのですか。四十字以内で説明しなさい。

五　次は、二重傍線部「その新しい光を背中いっぱいにあびて」に関して、生徒と先生が交《か》わした授業中の会話です。これを読んで、後の問いに答えなさい。

生徒　先生、この「その新しい光を背中いっぱいにあびて」という部分なんですけど、すごくイメージのわく表現ですね。ここからは何か大切なことが読み取れるような気がするのですが、それが何かよく分からないんです。

先生　いいところに気づきましたね。この描写《びょうしゃ》は象徴《しょうちょう》的表現といって、ただ眼前の情景を示すだけでなく、考えや気持ちなど形のないものを何かに投影《とうえい》して読者に伝えるものです。

生徒　たとえば「白いハト」が「　Ｘ　」の象徴であるというようなものですか。

先生　それもその一つですね。

生徒　では、「その新しい光を背中いっぱいにあびて」は何を象徴しているのかなあ。

先生　この部分からは、これまでの場面と何かが変わっていることを読み取ることができますよね。

※注意　字数が指定されている場合は、句読点・記号も一字として数えます。

【一】次の文章を読んで、後の問いに答えなさい。

屋久島に住むシカ狩《が》りの名人である「吉助《きちすけ》おじさん」からシカ狩りに来るようにとの誘《さそ》いを受けた「ぼく」は、十二月のなかば、屋久島を訪《おとず》れ、「吉助おじさん」と二頭の日本犬と一緒《いっしょ》に入山しシカ狩りに出かける。

わん、わんという鳴き声が、しだいに大きくなってきた。おじさんは、こうふんのためにすこしほおがあからんで、さあ、いつでも飛びだしてこいというように、引き金に指をあてて、ぐっとくちびるをかみしめた。

「①えーい、くそっ。片耳《かたみみ》の大シカだ。」

おじさんが叫《さけ》んだ。

みると、先ほど、おじさんが、かならずあそこを通るといった立《た》ち枯《が》れの杉《すぎ》の大木より、ずっとはなれた山の尾根《おね》を、一頭の大シカが、あとに、十二、三頭のシカの群れを引きつれて、はしっていた。

「片耳の大シカですって……。」

「そうだ。狩人《かりゅうど》の手から、いくたびも、あぶない命をのがれて、すっかり狩人のやり口をおぼえこんでしまったあの大将《たいしょう》。いつも、われわれのうらをかいては、シカの群れを引きつれて、うまく逃《に》げてしまうやつだ。四、五年前、鉄砲《てっぽう》でやられて、一方の耳をもぎとられているので、狩人なかまは、片耳の大シカっていっている。われわれは、なんとかして、あいつをやっつけたいと、みなでねらっているんだ。」

こういうと、おじさんは、口に二本指をつっこんで、ピーと口笛を吹《ふ》いた。

すると、杉木立のかなたからも、ピーという口笛の返事があった。おじさんは、そのほうにどんどんかけだした。

二百メートルもはしると、こちらにかけてくる、ずんぐりとした人間がみえた。

「次郎吉《じろきち》、みたかあ。」

と、おじさんは叫んだ。次郎吉といわれた男も、

「おおみたとも、吉助さーん、今のやつ片耳じゃねえかよう。」

と、大きな声で叫びかえした。

「そうだとも、片耳の大シカよ。おまえむこうがわの平の峰《みね》に犬を追いやって、わんわんほえたててくれ、おれの犬は後を追わしたから……そうすりゃあ、片耳のやろう、千が谷のどこかに出るにちがいない。そうしておまえは、千が谷の大岩の上で、おれは一本杉の下でまちうけるとすりゃあ、なんとかなろうぞえ。」

「よしきた。」

次郎吉さんは答えると、ヒュッヒュッヒュッとかるく口笛を吹きながら、小石をピューとかなたに投げた。すると、次郎吉さんのつれていた三頭の犬は、いっせいに、ほえたてながら、石の飛んでいった方向にはしり去って行った。

その後、三人は合流し、五頭の犬たちが片耳の大シカとシカの群れをがけの上に追いつめている様子を目にした。

今度こそ片耳の大シカを狩ることができると確信した一行だったが、またしても大シカはこの状況を脱《だっ》し、三人は大シカを追ってかけていく。

半分も行かないうちに、ざあっ、とはげしい雨がふりだした。風も、ますます強くなって、大波がつづけざまに、岩壁《いわかべ》に打ちつけるように、枝を大木を山じゅうを、ひっかきまわすように、ゆさぶった。

雨は、ま横から、石つぶてのように、たたきつけてくる。まるで、大海の波の中にまきこまれたようだ。風と雨で鼻ではいきができない。しかたないので、口でいきをすれば、口の中に※センをかうように、横なぐりの雨がたたきこまれてくる。

〈中略〉

夏でも寒い高山で、頭からずぶぬれに、冬の雨にうたれているのだ。

寒さと、おそろしさのために、がたがたとふるえて歯の根もあわない。

からだじゅうがしびれて、自分のからだか人のからだかわからない。冬の雨の中で、このままこおってしまうような気がする。

ぼくは、歩く勇気も、動く勇気もしだいになくなっていった。おじさんと次郎吉さんとに、左右からささえられて、ねむりたい、ねむりたいと思った。ほんとに、このまま、なにも考えずにねむったら、どんなに気持ちよいことだろうと思った。歩きながら、ぼくは、うつらうつらしたにちがいない。

「ねむったらあかん。ねむったら、そのまま死んでしまうのだ。」

〈中略〉

「霧《きり》がほらの、ほらあなまで。」

「そうだ、あの、ほらあなまで。」

おじさんと次郎吉さんとは、おたがいに、そんなことをつぶやきあっていた。

②ぼくたちは、どのようにして歩き、どうして、そこまで、命がたすかってたどりついたかわからない。がけの中腹に、ぽかっと口をあいているほらあなの中にころげこんだ。

「おお、霧がほらの、ほらあなだ。」

と、いったきり、さすがのおじさんも、そこにぺったり、しりもちをついたきり、動けなくなった。

外では、ごうごうと風と雨がうなっていたが、あなの中は、しーんと静まりかえって、ふしぎに風も雨も吹きこんでこなかった。

ぼくたちは、しばらく、ぽかーんとして、アホウのように、べったりすわったままでいた。

が、おちついてくると、（　Ａ　）、がまんのできないほどの寒さがおそって、※中風《ちゅうぶう》やみのようにからだじゅうががたがたふるえてきた。

「さあ、服をぬいで、そいつをぎゅっとしぼって、それでたがいにからだをこすりあうのだ。」

またしてもおじさんが指揮をして、おたがいのからだをごしごしとこすりあった。

（　Ｂ　）、これくらいのことで、ひえきったからだは、なかなかぬくもりはしない。気がたしかになればなるほど、寒さが感じられて、からだがますます、はげしく、大きくふるえてくるのだ。

せっかく、ほらあなに逃げこんでも、あるいは、ぼくたち